내일을 바꾸기 위해 오늘 꼭 알아야 할 우리 시대의 지식

생각해봤어?

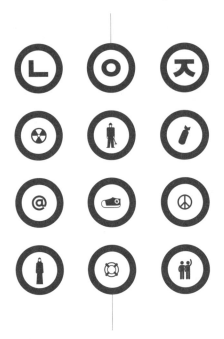

노회찬 + 유시민 + 진중권 지음

웅진 지식하우스

무기력과 냉소에 맞서는 용기

인간의 호기심은 끝이 없다. 이 호기심은 단지 모르는 것을 아는 것에서 끝나지 않는다. 우리의 호기심은 왜? 그래서? 어떻게?와 같은 질문의 연속이다. 인간이 다른 생물들보다 진화가 빨랐던 것도 이 때문이다. 이것이 바로 생각의 힘이다. 그런데 이 생각이라는 건 한 사람의 머릿속에서만 일어나는 일이 아니다. 한 공동체의 생각, 한 사회의 생각이 어떤 방향으로 흐르느냐가 중요하다.

대한민국은 어떤 생각의 흐름 속에 서 있을까. 불평등이 심해지고, 초고령화 사회로 넘어가고 있는 지금, 이제까지와는 다른 행동과 사고가 필요하다고 느낀다. 하지만 그 답을 찾기가 쉽지 않다. 어떤 기술의 도움으로 미래를 예측한다고 해도, 그것은 모두 '예언'일 뿐 현실은 아니다. 인류가 전 우주를 정복한다 해도, 영원히 미래를 정복할 수는 없을 것이다. 우리가 좋은 미래를 가져오기 위해 할 수 있는 유일한 일은 오늘의 문제를 해결하기 위해 최선을 다하는 것뿐이다. 그렇다면 오늘 우리가 가장 고민해야 할 것, 우리 세대의 손으로 해결해야 하는 것은 과연 무엇일까?

이 책은 팟캐스트 〈노유진의 정치카페〉가 그동안 다룬 이야기 중에서 꼭 알아야 할 주제, 우리 사회가 앞으로 어떤 방향으로 나갈지 힌트가 될 내용만 추려 담은 것이다. 2014년 5월, 이 방송을 처음 시작할 때만 해도 주변에서 말이 많았다. 말빨 센 걸로, 아는 것 많은 걸로, 어디 내놔도 빠지지 않는 셋이 모였으니 얼마나 티격태격하겠느냐 혹은 비슷한 성향의 세 사람이 모였으니 들으나 마나 뻔한 소리를 하지 않겠느냐고도 했다.

　그러나 답이 분명한 문제라고 생각했는데 새롭게 바라봐야 하는 문제도 있었고, 서로 입장이 판이하게 다른 문제에서 의외로 일치하기도 했다. 무엇보다 국회의원과 노동운동가, 문화평론가와 현장활동가, 집권 여당의 장관과 소수 정당의 대표 등 노, 유, 진, 세 사람의 지난 경험들이 서로 부딪치는 것이 큰 기쁨이었다. 이 책의 내용이 다소 정밀하지 않을 수 있고, 읽는 이들마다 이견이 있을 수 있겠다. 하지만 소통과 공감은 머리가 똑같아지는 게 아니라, 함께 즐거워하는 마음 혹은 아파하는 마음을 나누는 것이다. 그런 과정이 중요하다는 것을 새삼 깨닫는 시간이었다.

이 책에서 함께한 이들이 있다. 김근수, 김익중, 김종대, 김훈기, 박경신, 박홍순, 서보혁, 심상정, 오건호, 전중환, 정태인, 조희연, 한귀영(이름은 가나다 순, 직함 생략) 님께 감사드린다. 그들은 사회활동가로, 연구실 학자로, 행정가 등으로 각기 다른 일을 하고 있지만 자신들의 일이 누군가의 절실한 삶과 연결돼 있음을 알고 있었다. 그 마음이 모여 즐거운 나눔의 시간이 되었다. 이 지면에 등장하지 않은 다른 출연자 분들께도 감사드린다.

백정현 피디를 비롯한 팟캐스트 제작진과 이 내용을 책으로 만들기 위해 애쓴 웅진지식하우스 편집부에도 감사드린다. SNS와 같은 개인 커뮤니케이션 수단이 활발해지고, 팟캐스트와 같이 가벼운 형태의 미디어가 많이 등장하고 있다. 하지만 그럴수록 정말 필요한 콘텐츠에 대한 갈망은 더 커지는 것 같다. 무엇보다 좋은 내용을 갖추고, 더 많은 이들에게 전달되기 위해서는 숱한 이들의 노동과 편집력이 필요하다. 이런 일에 종사하는 지식노동자들이 자부심을 가지는 사회일수록 좋은 여론과 담론이 만들어질 수 있을 것이다.

끝으로 우리는 어떤 답을 알려주기 위해서 이 책을 내지 않았다. 그보다는 삶에 필요한 무기를 찾기 위해서라고 말하고 싶다. 무기력한 시대일수록 냉소가 지배한다. 그 냉소에 맞설 수 있는 힘이 바로 말과 글이다. 세상을 바꿀 권력이나 자본이 없다고 여기는가. 우리는 여전히 생각할 수 있고, 말할 수 있고, 글로 나눌 수 있다. 마르코스가 말했던 것처럼 말과 글은 우리의 무기이다. 이 책이 작으나마 그와 같은 역할을 하길 진심으로 바란다.

2015년 3월

노회찬, 유시민, 진중권 씀

차례

생각 없이
말없이
사는 게 가능해?

뭘 그리
꼬치꼬치
캐물어?

✚ 진중권 **진중권입니다. 여기 유시민 씨와 노회찬 씨도 함께하고 있습니다. 저희 소개를 굳이 한다면, 왕년의 논객? 왕년의 집권 세력? 노회찬 씨는 뭐라고 해야 할까요? 왕년의 투사? 왕년의 국회의원?**

▲ 유시민 **노회찬 씨는 왕년이 아니죠.**

✚ 진중권 **그럼 노회찬 씨는 빼고. 골치 아픈 이야기를 하는 사람, 뭐든 쉽게 안 넘어가고 꼬치꼬치 캐묻는 사람, 우리가 이런 사람인 것 같은데요. 이 세 사람이 모여서 굳이 또 뭔가 이야기해보자, 생각해보자, 이러면 벌써부터 골 아프다고 하실 분들이 계실 것 같아요.**

■ 노회찬 **원래 세상 사는 게 골치 아픈 거예요.**

✚ 진중권 **그래서 재미있는 이야기부터 해보겠습니다. 영화 〈모터사이클 다**

이어리〉 아시죠? 철없던 체 게바라가 모터사이클을 타고 돌아다니면서 민중이 사는 모습을 본 후 혁명가가 되잖아요. 두 분은 어떻게 사회문제에 관심을 갖게 되셨어요? 계기가 있었나요?

▲ 유시민 그게 재미있는 이야기입니까? 아무튼 왜 이렇게 됐냐고요? 왜 이리 됐느냐, 꼴이?

✦ 진중권 멀쩡했던 사람들이 말이죠.

■ 노회찬 제가 어릴 때는 읽을 책이 많지 않았어요. 주로 교과서를 읽었어요. 9월 1일이 개학이면 8월 27, 28일이 소집일이에요. 소집일에 가면 신학기 교과서를 줬거든요. 그걸 받아 오면 표지가 해질까 봐······.

✦ 진중권 달력을 뜯어서······.

■ 노회찬 맞아요. 달력이나 누런 종이로 교과서 표지를 싼 후에 읽어요. 다른 책이 없으니까, 학교에서 배우기도 전에 먼저 읽는 거예요. 저는 음악 교과서도 읽었어요. 초등학교 음악 교과서에 나오는 악보를 아직도 외우고 있거든요.

▲ 유시민 그러니까 저분은 뭔가 있는 거야. 첼로도 연주하시잖아요.

■ 노회찬 저야 교과서에서 배운 대로 살았을 뿐이에요. 그러니까 제 잘못은 없습니다. 교과서대로, 하라는 대로 하다 보니까 이렇게 돼버렸어요.

▲ 유시민 아니, 못된 선배하고 알게 됐다든가, 뭐 이런 거 없어요?

■ 노회찬 저는 그런 세대가 아니었어요. 제가 고등학생일 때는 박정희 대통령께서 유신 독재하에서 헌법도 고치고, 계엄 선포도 하던 때였죠. 대학생들 데모하는 기사가 신문에서 지워지기도 하고, 잘 읽던 잡지가 폐간되기도 했고요. 제가 〈다리〉라는 잡지를 좋아했거든요. 창간호부터 폐간호까지 모두 갖고 있어요. 〈씨알의 소리〉도 있었고 〈사상계〉라는 잡지도 있었어요. 고등학생 때 〈씨알의 소리〉 함석헌 선생한테 전화를 했어요. "만나고 싶습니다" 하니까 "누구냐" 해서 "저는 노회찬입니다"라고 대답했죠. "노회찬이 누군데?" 하시기에 "만나면 말씀드리겠습니다" 하니까 댁으로 오라고 하시더라고요. 그래서 댁으로 갔습니다.

▲ 유시민 역시 어디가 달라도 달라요.

■ 노회찬 그리고 1972년 7.4 남북공동성명 이후에 천관우 시인과 선우휘 〈조선일보〉 편집국장의 대담이 실린 적이 있어요. 평화통일을 해야 한다는 내용이었는데, 그때 선우휘 씨가 어떤 사람인지 잘 몰랐죠. 유명한 소설가로만 알고 있었거든요. 전화해서 "만나고 싶습니다"라고 했어요. 이번에도 오라고 하더라고요. 그런데 막상 가니까 수위가 제가 고등학생인 걸 보고서 집에 가라고 하더군요. 후에 항의 전화를 다시 해서 만났습니다. 만나서 이야기를 들어보니 괜찮은 분 같아서 우리 반에 한번 모셨어요. 그런데 와서 하시는 말씀이 평화통일 이야기는 안 하고 학생은 공부를 열심히 해야 한다, 대학에 가야 한다, 이런 이야기만 하시는 거예요.

저야 교과서에서 배운 대로
살았을 뿐이에요

▲ 유시민 친구들한테는 유익했겠네요. 하하하.

■ 노회찬 마지막으로 〈다리〉라는 잡지가 하도 대단해 보여서 어떤 사람이 이걸 내는지 궁금했어요. 당시 발행인이 김상현이라는 분인데, 광화문 당주동에 있는 사무실로 갔어요. 그때가 고등학교 2학년이었는데, 교복을 입고 사무실로 들어갔더니 "학생이 여기 웬일인가" 하시는 거죠. "어제 약속한 사람인데요"라고 말하니 "네가 노회찬이냐" 하고 물으시더라고요. 놀란 거죠. 설마 고등학생일 줄은 몰랐던 거예요.

▲ 유시민 운동권 영재야, 영재.

■ 노회찬 몹시 실망스런 이야기를 하셨어요. "학생, 뜻은 잘 알겠는데 일단 공부 열심히 해서 대학교 들어간 뒤에 다시 와."

▲ 유시민 옳은 말씀이지.

■ 노회찬 그래서 '기성세대는 다 똑같다'라고 생각하기 시작했어요. 나중에 커서 김상현 씨를 만나 이 이야기를 드렸어요. 그런데 기억을 못 하시더라고요. 아무튼 〈다리〉는 정말 좋았습니다. 거기서 많은 걸 배운 거죠.

▲ 유시민 그러니까 불온서적을 만들어 제작·판매한 불온 지식인들 때문에 이렇게 된 거죠.

✚ 진중권 저는 집에 있는 누님 책장에서 호기심에 꺼내 봤던 책이 리영희 선생님 책이었어요. 《우상과 이성》, 《전환시대의 논리》. 중학교 때니까 뭘 알겠습니까?

▲ 유시민 진중권 씨 큰누님이 제 구로동 야학 선배이시거든요.

✚ 진중권 그리고 또 하나 생각나는 게 있는데, 당시에 안국동 근처에 민주 당사가 있었어요.

■ 노회찬 제가 학교 다니면서 늘 들렀던 곳이에요.

✚ 진중권 거기 가서 10원인가를 내면…… 제목도 기억나요, 〈민주전선〉.

■ 노회찬 김동길 박사 강연 내용이 실렸죠.

✚ 진중권 헉, 어떻게 아시지? 그때 종이에 보면 누른 자국이 있었잖아요. 그게 기사를 삭제한 거였어요. 기사를 읽다 보면 한 줄이 없었어요. 검열한 뒤에 나온 거죠. 그걸 들고 버스에서 어른들이랑 같이 읽었던 기억이 나요.

▲ 유시민 저는 고등학생 때만 해도 누굴 만나는 건 엄두도 못 내는 아주 소

심한 학생이었어요. 그러다 대학 들어와서 이렇게 된 건데……. 사실 전 알고 있었어요. 원래부터 세상은 불공평하다는 것, 세상이 고르지 않다는 것, 성실히 노력했다고 다 성공하는 게 아니라는 것. 이런 것들을 누가 가르쳐준 건 아니지만 어른들이 주고받는 대화나 신문 등을 통해서 알게 된 거죠. 고등학생만 돼도 알잖아요. 그렇게 결론을 내린 근거가 좀 우습긴 해요. 고등학교 졸업 전까지는 담배를 피우면 벌을 받지만 졸업만 하면 그날부터는 담배를 피워도 되잖아요. '인간사 이런 거지, 절대적인 기준이란 게 뭐 있겠어' 이렇게 애늙은이처럼 생각했던 것 같아요.

✚ 진중권 애늙은이가 이제 늙은 애가 되셨군요.

▲ 유시민 대학 들어가서는 특별한 경험이나 활동을 하면서 세상에 눈을 뜬 게 아니고, 순전히 책을 읽으면서 그렇게 된 거예요. 그냥 입 딱 다물고 있기에는 세상이 너무 개판인 거예요. 스스로가 비겁해 보이고. 내가 움직인다고 뭔가가 이루어지지는 않아도, 뭐라도 해야 인간적으로 덜 비겁하겠구나 생각한 거죠.

✚ 진중권 유인물 상태로 된 〈전태일 열사의 일기〉 같은 걸 중학교 때 읽었던 것 같아요. 아마 누나들 때문인 것 같은데, 엄청 감명받았던 기억이 나요. 사실 20대를 길바닥에서만 보낸 것 같아요. 아스팔트 위에서 돌 던지고…….

▲ 유시민 실제 돌 던진 날은 며칠 안 돼요. 그런데 그 며칠 안 되는 날을 만들기 위해서 수많은 밤을 지새웠죠.

✦ 진중권 전 스스로가 굉장히 날라리라고 생각했는데, 나중에 보니 전설적인 데모에는 다 참여했더라고요. 의미도 모르고 데모만 있으면 거의 나갔거든요. 그러다 보니 지금 젊은이들이 누리는 청춘의 생활, 연애라든지 이런 것들은 다 놓친 것 같아요.

▲ 유시민 청춘에 놓치고 말고, 정상적이고 말고가 어디 있어요?

✦ 진중권 옛날에 상징적인 사건이 하나 있었습니다. 서울대 총학생회에서 쌍쌍파티를 했는데, 운동권 학생들이 열 받는다고 거기다가 최루탄을 터뜨렸잖아요. 그런 분위기였다는 거죠.

▲ 유시민 1978년 10월이에요. 제가 다니던 서클에서 한 짓인데, 축제 기간 마지막 날에 쌍쌍파티가 있었어요. 그날 모이라고 그러더라고요. 그런데 파트너를 하나씩 만들어 오라는 거예요. 저는 아는 여자가 없어서 혼자 갔어요. 저보다 1년 선배인 77학번 형이 여대 운동권 누나랑 짝을 지어서 잠입하고, 저는 혹시 무슨 일이 생겨서 입장이 저지됐을 때 필요한 육탄돌격조로 근처에 배치가 됐어요. 그렇게 해서 무대 앞까지 뚫고 갔어요. 당시 사회자가 〈뽀뽀뽀〉 진행자로 유명한 왕영은 씨랑 현재 SM엔터테인먼트 회장인 이수만 씨였거든요. 저희 시작 신호가 대운동장 스탠드 너머에서 시작되는 불꽃놀이 점화였어요. 그때가 타이밍이었던 거죠. 무대 10m쯤 앞까지 접근해서 대기하고 있었어요.

■ 노회찬 다 기억하고 있네요.

▲ 유시민 워낙 긴장했으니까요. 그 형이 최루탄을 누나 핸드백에서 꺼내 터뜨리면, 우리는 바람잡이로 "경찰들이 여기까지 와서 최루탄을 터뜨리냐!"라고 소리치는 거죠. 그러면서 "이야, 경찰들이 학생들 축제까지 방해하냐!" 등의 유언비어를 유포하고…….

■ 노회찬 이거 문제가 되겠는데? 공소시효가 끝난 건가요?

▲ 유시민 왕영은 씨하고 이수만 씨에게 미안합니다. 생각하니까 참 웃기네요. 하하하. 선배 잘못 만나서 이래저래 한 일들이에요. 제가 한 게 아니에요. 하여튼 어떤 의미에서는 매우 엄숙했어요.

✦ 진중권 대학 시절에 연애는 안 해보셨어요?

▲ 유시민 연애는 못 해봤죠.

✦ 진중권 한 번도요? 만나본 여자도 없었고, 데이트도 못 해보고?

▲ 유시민 그런 정도는 있어도 제대로 된 연애는 할 수 없는 환경이었죠.

✦ 진중권 남들은 운동도 잘하고 연애도 잘하던데.

■ 노회찬 그런 경우도 물론 있죠.

▲ 유시민 대학교 2학년이 됐을 때에는 이미 학생운동 조직에 들어가 있었

어요. 그러면 언젠가 내가 시위를 주동해야 되는 거예요. 그렇게 되면 졸업을 할 수가 없고, 감옥을 가야 되고, 갔다 와서는 취직을 제대로 하기 어렵고. 이게 예정돼 있었기 때문에 같은 운동권 여자가 아니고는 양심상 진지한 연애를 할 수가 없는 거예요.

■ 노회찬 아주 정확한 이야기입니다.

✚ 진중권 정상적인 연애를 한 사람은 저밖에 없는 것 같네요.

▲ 유시민 연애에 정상이 어딨어요, 연애는 어차피 다 질병인데. 일종의 마약 중독과 같은 상태에서 하는 게 연애잖아요.

✚ 진중권 자, 그렇게 하다 보니 이렇게 되셨다. 이걸로 청년 시절을 정리하겠습니다. 그럼 앞으로의 일에 대해 이야기해볼까요? 버킷 리스트라고 있죠? 자기 삶에서 놓치고 지나친 대목들, 한번쯤 꼭 이루어보고 싶은 것들, 그런 게 있으면 말씀해주시죠.

■ 노회찬 놓친 건 많아요. 그중에 다시 해야겠다고 생각하는 것도 있지만 포기한 것들도 꽤 많죠.

▲ 유시민 어떤 게 있어요?

■ 노회찬 저는 오토바이를 타고 싶었어요. 속도를 내는 거죠. 그런데 자전거밖에 못 타 봤어요. 기회가 없었죠.

✚ ^{진중권} 지금이라도 할 수 있을 텐데요.

■ ^{노회찬} 지금은 옛날만큼 강렬하게 타고 싶은 생각이 안 들어요. 타는 사람들 보면 예뻐 보이기는 하지만.

✚ ^{진중권} 노회찬 씨가 가죽바지 입고, 할리데이비슨 타면 멋질 것 같아요.

▲ ^{유시민} 헬멧은 특수 제작해야 될 거 같아요. 대두…….

■ ^{노회찬} 그런 분들은 헬멧은 잘 안 쓰시고, 수건으로 머리를 동여매죠.

▲ ^{유시민} 저는 이상하게 살면서 해보고 싶었던 게 별로 없는 것 같아요. 〈버킷 리스트〉라는 영화도 있잖아요. 그런데 저는 '죽기 전에 이건 꼭 해봐야지' 이런 생각 자체가 별로 없어요. 반대로 열 살쯤 더 들고 나서 해보고 싶은 게 딱 하나 있긴 해요. 카브리오라고 그러죠? 뚜껑 열리는 차요.

✚ ^{진중권} 오픈카.

▲ ^{유시민} 네, 조그마한 걸로, 빨간색으로요. 10년 후면 어디 시골로 갈 텐데, 날씨 좋은 날 집사람하고 둘이 지붕 없는 빨간색 차를 타고 싶어요.

✚ ^{진중권} 저는 하고 싶은 게 있는데 이게 불가능한 거라서요. 2차 대전 당시에 태어나서 비행기 조종사가 되는 거예요.

■ 노회찬 좋은 비행기?

＋ 진중권 아니요, 전투기. 로열 에어포스요. 영국군의 스핏파이어를 모는 것, 그게 첫 번째예요. 두 번째는 비행기 디자이너가 되는 건데, 요즘 것 말고 옛날 비행기요.

▲ 유시민 땅바닥에 붙어 다니는 거 타고 싶다고 그랬더니, 하늘 나는 거 만들고 싶다고 하시네.

＋ 진중권 지금 가능한 것은 경비행기를 타고 세계를 한 바퀴 도는 거예요.

■ 노회찬 그게 가능해요? 바다를 어떻게 건너요?

＋ 진중권 섬을 연결해 가는 거죠. 징검, 징검, 징검.

■ 노회찬 그 징검, 징검이 가능해요?

＋ 진중권 그때마다 돈이 다 들어가죠. 으……. 힘들죠. 그런 불가능한 꿈이 있습니다.

▲ 유시민 그런 발칙한 꿈이…….

가족들이 오랜만에 만나면
왜 꼭 정치 이야기가 나올까
그게 사람 사는 문제라 그래요

✚ 진중권 과거로도 돌아가보고, 앞으로 해보고 싶은 것에 대해서도 이야기 해봤습니다. 그러고 보니 저희가 특별히 정치적인 사람도 아닌 것 같은데요. 충분히 비정치적이지 않습니까?

▲ 유시민 그런데 꼭 비정치적으로 산다는 게 일상적으로 사는 걸 말하는 게 아니잖아요. 사실 정치 이야기를 가장 많이 할 때가 설이나 추석 같은 명절이거든요. 여기저기 다른 곳에서 살던 가족 친지들이 오랜만에 모이는 자리에 왜 꼭 정치 이야기가 나올까. 그게 바로 사람 사는 문제라서 그래요. 우리 인생이 언제 어떻게 끝날지 모르잖아요. 하루하루가 모여서 인생이 되죠. 그래서 할 수 있을 때 할 말도 하고, 하고 싶은 일도 해야죠. 언제 생이 마감될지 모르니 충분히 사랑하고 표현하고 나누는 것처럼, 세상일에 대해서 관심을 가지는 것도 마찬가지죠. 오늘의 문제를 내일로 미루면 정작 내일이 없는 겁니다.

■ 노회찬 명절이면 싸웠던 형제도 만나서 같이 고스톱도 치고, 윷놀이도 하듯이. 우리가 손에 손잡고 연대해서, 모두가 풍성한 시간을 보낼 수 있도록 해야죠.

✦ 진중권 이렇게들 말하니까 운동권이라는 소리를 계속 듣는 거예요.

■ 노회찬 아니, 세상에 그렇지 않은 게 뭐가 있어요. 제사만 해도 그래요. 교회 가는 가족과 그렇지 않은 가족들이 제사를 지내야 하나를 두고 싸우잖아요. 거기에도 배경이 있어요.

▲ 유시민 성경에 제사를 지내지 말라고 돼 있나?

■ 노회찬 구약 시절에는 다 제사를 지냈죠.

✦ 진중권 그랬나요? 아닌데.

▲ 유시민 우상숭배라고 안 하는 거 아니에요?

✦ 진중권 천주교가 처음에 제사를 안 지낸다는 이유로 박해를 받았잖아요.

▲ 유시민 교회는 유일신 외에 잡신들을 숭배하지 말라는 거지, 제사를 지내지 말라고는 안 했죠. 조상을 모시는 건 신을 모시는 게 아니니까.

■ 노회찬 그러니까 제사를 지내는 문제에도 처음 천주교가 들어올 당시의 정치적인 이해관계, 거기에 따른 종교 박해의 구실 등이 다 개입돼 있는 거죠. 그런 걸 모르면, 저 종교를 믿는 사람들은 조상도 몰라보는 사람들이니 다 죽여라, 이런 선동에 우르르 넘어가는 거예요. 그분들이 지금 다 순교자가 된 거 아닙니까.

✦ 진중권 네, 결국 저희는 저희들이 살던 대로 살아야겠습니다. 듣는 것이 없으면 생각하던 대로 살게 되고, 말하지 않으면 함께 잘사는 방법을 찾을 수 없잖아요. 듣지도 말하지도 않으면 그게 바로 눈먼 자가 되는 겁니다. 그렇게 되면 무엇보다 내가 아프고 다치게 되고, 또 남을 해칠 수도 있잖아. 그러니 우리 사회에서 벌어지고 있는 일들을 어떻게 바라봐야 하는지, 어떤 문제가 우리의 미래를 좌우지할지 이야기하는 시간을 가져보려 합니다.

■ 노회찬 어떤 이야기를 나눌 겁니까?

▲ 유시민 나눌 건 널리고 널렸어요. 그것도 메가톤급으로다가.

✦ 진중권 그렇죠. 임금님 귀는 당나귀라고 외치고 싶은 것만 해도 너무 많죠.

▲ 유시민 전국이 대나무 숲이 될 판이야.

■ 노회찬 다양한 이들과 함께 이야기를 해보죠. 내 머릿속 생각만으로 떠들면 안 되는 겁니다. 말이 센 사람들을 보면, 우선 제대로 들을 줄 아는 사람들이에요.

✦ 진중권 네, 그러면 다들 어디 가서 입담으로는 기죽지 않는 분들이지만, 열린 귀를 가지고 같이 이야기를 나눌 분들도 모셔보도록 합시다.

01

교황과 미래의 지도자

+ 김근수 신학자

이 시대에
필요한
은총은
뭔가요

그분이 던진 메시지를
어떻게 안아야 하는지
무엇을 해야 하는지 생각해야죠

♦ 진중권 2014년 8월 프란치스코 교황이 한국에 왔습니다. 이를 계기로 교황 돌풍이 일었습니다. 교황의 방문 자체가 특별한 이벤트이기도 하지만, 단순히 그렇게만 보이지 않는 건 아무래도 우리 사회의 어떤 목마름에 대한 반증이 아닐까 싶은데요. 우리는 왜 프란치스코 교황을 그토록 반겼던 것인지, 교황의 말과 행동에서 무엇을 얻고자 했던 것인지 이야기해봐야 하지 않을까 싶어요. 그래서 해방신학자 김근수 씨를 모셨습니다.

▲ 유시민 독일 마인츠대학 유학 시절에 같이 고스톱도 치고, 소주도 마시고 했던 추억이 있는데요.

● 김근수 유시민 씨는 젊은 시절 얼굴을 그대로 간직하고 계십니다.

▲ 유시민 같이 늙어가니까 못 느껴서 그래요.

✦ ^{진중권} 철이 아직도 안 들었다는 뜻으로 받아들이겠습니다. 해방신학자 김근수 씨는 천주교 신앙을 200년 이상 지켜온 가정에서 태어났습니다. 외가는 김대건 신부의 후손이고, 친가도 순교자 조상이 여러 분 계십니다. 철학을 전공하셨고, 졸업 후 사제가 되기 위해서 광주가톨릭대학교에 입학한 후, 재학 중에 독일 마인츠대학에서 공부하면서 유시민 씨를 만나 고스톱도 치고.

● ^{김근수} 제가 많이 잃었습니다. 하하하.

✦ ^{진중권} 유시민 씨가 좀 잃어드리지 그러셨어요. 그리고 마인츠대학에서 신약성서와 카를 라너를 연구하다가 가난한 사람들의 눈으로 예수를 공부하고 싶어서 해방신학의 세계 최고 권위자인 혼 소브리노 교수를 사사했습니다. 엘살바도르의 중앙아메리카대학에서요. 현재는 제주도에서 아내, 딸과 함께 외국어학원을 운영하면서 저술, 강연 등 신학 활동과 관련해서 얻는 수입은 모두 사회에 환원하고 계십니다.

▲ ^{유시민} 그거 이야기하지 말라고 하셨는데. 성경에 보면 오른손이 하는 일을 왼손이 모르게 하라고 했는데.

✦ ^{진중권} 또 그런 걸 이야기해주는 게 제 일이지요. 그리고 교황의 스승 가운데 한 사람인 해방신학자 후안 카를로스 스카논 신부를 인터뷰하면서 프란치스코 교황이 해방신학으로부터 받은 영향에 대한 의견을 교환한 바 있고, 교황 방문을 전후해 한국 사회에 프란치스코 교황의 진면목을 알리기 위해서 노력하고 계십니다.

그동안 교황께서 전 세계인들에게 보여준 감동적인 행보가 대한민국에서는 불가능하지 않겠냐는 우려가 많았지만, 오히려 대한민국 전체가 교황의 활동에 감동했는데요, 교황의 방한을 어떻게 평가하십니까?

● 김근수 사실 방한 전에는 혹시 교황의 방한이 정치적으로 이용되지 않을까 하는 염려가 있었던 게 사실입니다. 하지만 돌아보니 아쉬움과 감동이 정말 커서, 괜한 걱정을 했던 것 같습니다.

✦ 진중권 교황 방문을 보도한 일간지 1면 사진들이 아주 재미있었습니다. 〈조선일보〉와 〈동아일보〉는 교황과 박근혜 대통령이 만나는 장면을 올렸고요. 〈중앙일보〉는 좀 중립적이더라고요, 교황님과 가톨릭 관계자인 듯한 어떤 분이 함께 있는 사진을 올렸고요. 〈한겨레〉와 〈한국일보〉는 교황님이 세월호 가족들을 만나는 사진을 올렸습니다. 우리나라에서는 교황 방문조차 정치적으로 중립적이기 힘들다는 걸 단적으로 보여주죠.

● 김근수 프란치스코 교황은 한국을 방문한 역대 세 번째 교황입니다. 묘하게도 세 분 모두 국내에 문제가 많을 때에 오셨죠. 1984년 전두환 정권, 1989년 노태우 정권, 그리고 이번 박근혜 정권. 사실 교황 방문은 방문 국가 정부에게 절호의 찬스입니다. 정치적으로 이용할 수 있는 기회인데, 이번만큼은 별 성과가 없었다고 평가됩니다.

▲ 유시민 저서에 프란치스코 교황을 '개혁 교황'이라고 하셨더라고요.

● 김근수 교회 개혁과 사회 개혁을 동시에 부르짖는 분입니다.

▲ 유시민 책 서문에 보면 이런 표현이 있어요. "교황을 모르면 가톨릭교회를 알 수 없다." 그 정도로 교황의 위상이 가톨릭교회에 결정적입니까?

● 김근수 사실 교황을 전혀 모른다고 해도, 예수를 알 수 있습니다. 그러나 로마 가톨릭계 신자가 교황을 모른다면, 마치 군인이 육군 참모총장을 모르고 군대 생활을 하는 것 같다고 할 수 있습니다. 사병이 기나긴 연결 관계를 다 몰라도, 자기에게 미치는 영향력이 사실상 총장으로부터 시작된다는 것을 알 수 있지 않습니까? 그렇게 봤을 때 가톨릭 신자들은 교황을 모르면 자기에게 오는 영향력을 이해할 수가 없습니다.

새로운 형태의 가난을 만들어내고
노동자들을 소외시키는
비인간적인 경제모델을 거부하기를 바란다

▲ 유시민 교황이 한국에 방문한 기간 동안 미디어의 행태 등을 보면 교황이 내놓은 메시지나 행보에 대한 반응이 단순히 가톨릭교회 내부의 행사나, 교황과 신자 사이의 관계 같은 것에 그치는 것이 아니었어요. 아주 보편적이고 일상적인 메시지가 전해졌습니다. 그러니까 가톨릭적이지 않은 해석까지 섞이면서 그 영향이 가톨릭교회의 범위를 넘어서서 사회 일반으로 확산됐다는 말이죠. 도대체 왜 그런 거죠?

● 김근수 교황의 방한은 언제나 매스컴을 통해 폭넓게 전파되죠. 특히 이번에는 SNS의 영향도 매우 컸습니다. 때문에 순전히 종교적인 행사라 할지라도 그 파장은 종교를 넘어섰다고 봅니다. 물론 받아들이는 정도는 다르겠지만요.

♣ 진중권 교황 스스로가 '우리들만의 성스러운 교회'를 내세우는 것이 아니라, 사회 속에서 적극적으로 활동하도록 주문하는 분이기 때문이 아닐까요. 그래서 단지 교회 내부의 행사에 그치는 게 아니라 영향력이 자연스럽게 커졌던 것 같습니다.

▲ 유시민 프란치스코 교황이기 때문에 이런 거예요?

● 김근수 바로 이전 교황이었던 베네딕토 교황이나 요한 바오로 2세가 왔다면 분명 영향력이 달랐을 겁니다. 그러니까 교회 개혁이나 사회 개혁에 다소 주저하는 분이었다면 지금과 같은 파장은 일어나지 않았을 것이라고 생각합니다.

♣ 진중권 트위터에 재미있는 이야기가 있더라고요. 프란치스코 교황이 자본주의를 계속 비판하지 않습니까? 신자본주의를 비판하죠. 이러다 보니 일각에서는 마르크스주의 아니냐, 공산당 아니냐, 이렇게 비판을 했더라고요. 여기에 교황이 답하셨어요. 마르크스주의는 역사가 200년밖에 안 됐다. 우리는 2000년 됐는데, 2000년 된 게 어떻게 200년을 베꼈겠느냐. 거꾸로 마르크스주의자들이 우리 교회를 베꼈다. 명답이죠.

■ ^{노회찬} 프란치스코 교황이 한 이야기 중에 "살인하지 말라"가 기억에 남습니다. 십계명에 나오는 말 아닙니까? 구약시대부터 있었던 교리인데, 그것을 현대적으로 재해석했죠. 단순히 살인만 하지 말라가 아니라 온갖 형태의 살인, 예컨대 경제적 살인, 노동력 착취, 소득 양극화 같은 것들을 하지 말라는 뜻으로 재해석한 게 상당히 설득력을 가진다는 거죠. 이번에도 "새로운 형태의 가난을 만들어내고 노동자들을 소외시키는 그런 비인간적인 경제모델을 거부하기 바란다"라는 이야기를 하셨어요. 이 이야기는 사실 프란치스코 교황이 했기 때문에 그냥 넘어갔지, 유시민 씨나 제가 했으면 내란선동이죠.

▲ ^{유시민} 과거에 공소장이 이렇게 시작되잖아요. "자신의 가난과 불행을 사회의 책임인 양 망상한 나머지……." 프란치스코 교황님이 자신의 가난과 불행이 나의 책임만은 아니고 사회의 책임일 수 있다는 것, 내 주위 다른 사람들이 겪는 고통이 그 사람만의 잘못이 아니라 세상의 잘못일 수 있다는 것을 이야기한 거 아니에요. 그럼 당장 공안 검사들이 빨간 줄 긋고 기소하죠.

■ ^{노회찬} 교황이 2013년 3월에 취임한 후에 쓰신 책에 놀라운 구절이 있어서, 제가 베껴 적기까지 했어요. "우리는 더 이상 보이지 않는 손과 보이지 않는 힘을 신뢰할 수 없다. 시장 만능에 맡길 수 없다." 시장이 모든 걸 다 조화롭게 해주지 못할 거라는 말이죠.

▲ ^{유시민} 보이지 않는 힘은 뭐예요?

◆ 진중권 권력이겠죠.

■ 노회찬 권력이죠.

▲ 유시민 기도만 해서는 안 된다는 뜻 아니에요?

■ 노회찬 여기 보면, "소득을 공평하게 배분하고 일자리를 창출하고, 이러한 보편적 복지국가로 나아가자⋯⋯." 당으로 치면 진보정당입니다.

● 김근수 누가 교황의 발언 그대로 10분 정도만 말하면 바로 국가보안법 위반으로 기소될지도 모릅니다.

■ 노회찬 좀 공격적인 질문을 드리도록 하겠습니다. 교황 방문에서 느낀 것 중 하나가 '왜 정치권이 해야 할 일을 교황이 대신하게 하느냐'이거든요. 그래서 하게 되는 질문이 '과연 교황이 오기 전에 한국 천주교는 뭘 했느냐', '프란치스코 교황이 간 뒤에 한국에는 뭐가 남느냐' 이런 거거든요.

● 김근수 그렇습니다. 교황이 한국 주교들에게 "교회의 존재 목적은 가난한 사람을 위한 것이다" 이런 말씀을 했습니다. 이를 다른 말로 바꾸면 '한국 천주교 지도부는 그동안 가난한 사람들을 위해 뭘 했느냐'라는 질책입니다. 말은 평화롭게, 외교적으로 하지만 그 내면에는 상당히 날카로운 의미가 있습니다.

▲ 유시민 그럼 좀 달라지는 거예요? 한국 가톨릭교회가⋯⋯.

● 김근수 한번 기대해봐야겠습니다.

▲ 유시민 프란치스코 교황이 이탈리아에서 아르헨티나로 이민 간 집안 출신이잖아요? 일찍부터 노동도 했고, 없이 사는 사람들 사이에서 살았고, 추기경 시절에 나이트클럽 화재 사고를 수습하는 데 직접 몸으로 뛰었고, 이런 면모를 보면 우리나라의 정의구현사제단 비슷해요. 문규현 신부님, 문정현 신부님, 함세웅 신부님, 고인이 되신 김승훈 신부님 이런 분들을 뵙는 것 같은 느낌이에요. 그래도 교황은 지금 세계 가톨릭계에서 제일 높잖아요? 그런데 우리나라 가톨릭교회에서 정의구현사제단 신부님들은 별로……

■ 노회찬 그러니까 대통령은 진보정당 출신인데, 광역단체장들은 보수정당에서 많이 나오고. 그런 상황과 비슷하지 않나요?

● 김근수 교황이 개혁적인 사람으로 바뀌었다 할지라도 추기경, 주교, 사제들이 한 번에 모두 바뀔 수는 없습니다. 그러면 지금 있는 분들과 어떻게든 바꿔가면서 함께 일을 해야 하는데, 사람이 변하는 속도나 깨침이라는 게 다 같을 수는 없지 않습니까? 그건 각 사회와 각 종교 공동체의 실력에 달려 있습니다.

♦ 진중권 저서에서 교황을 알기 위한 세 가지 코드를 말씀하셨어요. 첫 번째가 조국, 즉 교황의 조국. 두 번째가 예수회, 세 번째가 프란치스코 성인이라고 하셨거든요. 어떤 의미입니까?

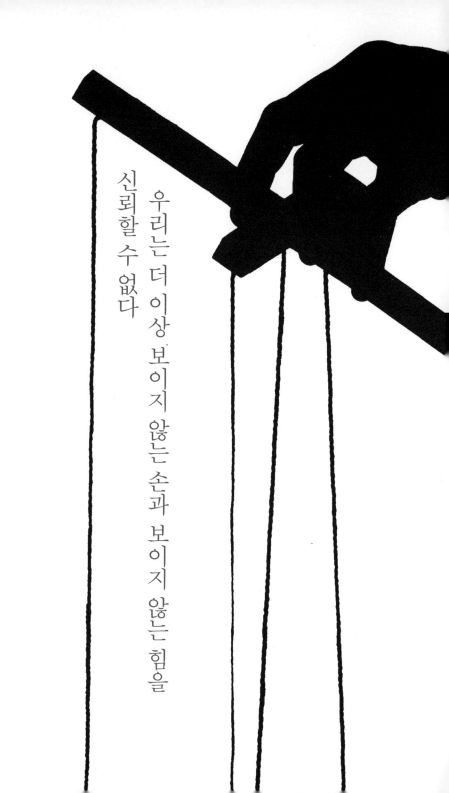

우리는 더 이상 보이지 않는 손과 보이지 않는 힘을
신뢰할 수 없다

● 김근수 먼저 교황의 조국인 아르헨티나는 한국처럼 군사독재, 경제 위기, 계급 갈등 등을 많이 겪은 나라입니다. 그런 사회에서 자라며 사제에서 교황으로 변하기까지, 베르골리오라는 한 개인의 경험이 아주 중요했다는 것을 말씀드리고 싶었습니다.

두 번째가 예수회인데요, 예수회는 가톨릭의 여러 수도회 중에서도 가장 변두리에 위치한 비주류 집단입니다. 옛날에는 보수세력이었지만, 현대에 와서는 비판세력으로서 정치 권력 등에 대해서도 잘못된 점을 거침없이 지적했습니다. 그동안 예수회 출신으로 교황 자리에 오른 이는 한 명도 없었습니다. 다른 수도회에서 항상 경계한 거예요. 예수회의 영향력을 두려워해서.

▲ 유시민 그러면 프란치스코 교황이 서강대를 방문하신 것은, 박근혜 대통령 모교를 방문한 게 아니고 예수회가 세운 학교를 방문한 거네요?

● 김근수 프란치스코 교황은 대통령의 모교가 어디인지 아마 몰랐을 겁니다.

▲ 유시민 그런데 신문에는 대통령 모교 방문이라고 나왔던데.

■ 노회찬 제 동생 모교입니다.

● 김근수 프란치스코 교황은 공업고등학교 출신입니다. 학력에 따라서 사람을 차별하는, 그런 것에 관심이 없는 분이죠.

▲ 유시민 그러니까 우리가 공식적으로 정리를 해야 돼요. 예수회에서 세운

고등교육 기관을 방문하신 거예요. 확실히 합시다.

● 김근수 그렇습니다.

✦ 진중권 마지막으로 프란치스코 성인의 의미는 무엇입니까?

● 김근수 프란치스코 성인은 물질적인 재산을 포기하고 평생 가난한 삶을 살겠다고 한 이탈리아의 성인입니다. 이번 프란치스코 교황은 자신이 교황이 된 후 이름을 선택할 때 그동안 가톨릭교회에서 선출된 교황 266명 중에 단 한 명도 택하지 않았던 '프란치스코'라는 이름을 택했습니다. 그것은 교회를 가난하게 만들겠다, 전쟁에 반대하겠다, 이웃 종교와 대화하겠다, 이 세 가지 큰 주제를 교황으로서 내건 것입니다. 그 세 가지 모범을 프란치스코 성인이 보여줬기 때문입니다.

✦ 진중권 이 성인이 종교화에 자주 나오는 아시시의 프란치스코죠? 다른 이웃 종교와 대화하겠다는 것과 프란치스코 성인하고 어떤 관계가 있나요?

● 김근수 아시시의 프란치스코 성인은 이슬람교와도 대화를 했습니다. 지금 그리스도교 국가와 이슬람 국가의 갈등은 아주 심각한 문제입니다. 이것이 교황이 당면한 가장 큰 과제인데요. 평화의 분위기, 대화할 수 있는 분위기를 북돋는 것이 하나의 목표입니다. 종교 간의 평화 없이 세계 평화도 없죠.

✦ ^{진중권} 교황의 어린 시절은 어땠나요?

● ^{김근수} 이민자의 후손으로 13살 때부터 공장에서 일을 했습니다. 육체노동을 했고, 21살 때 폐렴으로 오른쪽 폐의 일부를 떼어냈어요. 그 고통과 노동을 통해서 세상 보는 눈을 갖게 됐습니다. 그리고 20대 때 신부가 되기 위해서 신학을 공부했고, 30대 때 군사독재를 겪으면서 정치의 패악을 경험했습니다. 아르헨티나에서는 1976년에서 1983년까지 비델라 장군의 쿠데타를 통해서 약 3만 명의 사람들이 죽었죠.

■ ^{노회찬} '더러운 전쟁'이죠.

● ^{김근수} 그다음에 민주 정부가 들어선 후 경제 위기를 겪었습니다. 강의실에서 신학을 공부한 전임 교황들과는 달리 현실의 아픔을 잘 아는 분입니다. 그렇기 때문에 교황의 입에서 나오는 말이나 행동이 아주 다른 것 같습니다.

▲ ^{유시민} 프란치스코 교황의 선출 과정은 어땠나요?

● ^{김근수} 2005년 교황 선거 당시 1순위가 라칭거 추기경이었습니다. 그분이 바로 교황 베네딕토 16세입니다. 그리고 차점자가 베르골리오 추기경, 지금의 교황이었어요. 3위가 이탈리아 성서학자인 마르티네 추기경이었는데, 파킨슨병을 앓게 되면서 사퇴했어요. 그리고 베네딕토 16세가 2013년 그만둔 후 열린 선거에서 투표권을 가진 추기경이 118분이었는데, 그중 50명이 지난 2005년에 이미 선거를 해본 분들이었습니다. 이들

은 베르골리오가 차점자였다는 것을 이미 알고 들어간 거죠. 무엇보다 보수 성향이었던 요한 바오로 2세와 베네딕토 16세가 재임한 37년 동안 교회에 많은 문제가 있었어요.

■ 노회찬 금융 사고나 마피아 연루 같은.

● 김근수 그래서 보수파에서는 교황 후보를 내세울 명분이 없었습니다. 그래서 아예 후보를 못 냈습니다.

▲ 유시민 새누리당은 그래도 후보 다 내던데…….

● 김근수 어떻게 보면 아주 쉽게 당선된 셈이죠. 더 이상 보수파 세력에서 교황직을 맡았다가는 다 덤터기를 쓰니까 이번만큼은 포기하자, 그래서 자연히 개혁파에서 교황이 나왔습니다.

▲ 유시민 주님의 뜻이오. 이때 뭐라고 말해야 돼요?

✦ 진중권 아멘.

▲ 유시민 할렐루야.

슬픔을 느끼는 사람끼리 손을 합쳐라
혼자 하면
외로우니까

♣ 진중권 우리 사회에서 교황을 받아들이는 코드라고 할까, 이런 게 다양했던 것 같습니다. 어떤 분은 종교적인 코드로 받아들이고, 누군가는 사회적인 코드로 받아들이고.

● 김근수 교황이 인기가 있는 이유 중 하나가 바로 성품 때문인 것 같습니다. 소탈함, 검소함, 가난함, 친절함, 배려심 같은…….

▲ 유시민 서명하시는데 이름을 진짜 콩알만 하게 쓰시더라고요. 원래 글씨가 작은 거예요?

● 김근수 네, 그렇게 작게 씁니다. 일부러.

■ 노회찬 잉크를 아끼려고…….

▲ 유시민 진짜 깨알만 하게…….

● 김근수 또한 가난한 교회, 가난한 사람을 위한 교회라는 개혁 코드가 아주 중요합니다. 니체가 말했듯 "어떤 사람이 개혁가라면 그 사람을 더욱

좋은 사람으로 포장해놓고, 그러나 그 개혁적 성향은 죽이려"고 할 수 있습니다. 지금 교황도 개인적인 성품을 부각해 그분의 개혁 이미지를 가리려는 세력이 있습니다. 그것에 속아서는 안 됩니다.

■ 노회찬 일부 언론이 교황 방한 기사를 이벤트 위주로 전달하면서 메시지를 차단시키는 모습을 보였죠.

▲ 유시민 교황이 사용한 용어나 문장의 구조가 대개 평이해요. 그 메시지의 문장도 무척 단순하고요. 그리고 매우 서정적인 어휘들을 사용했어요. 겉으로 보기에는 그런데, 그 단순한 문장과 서정적인 어휘들을 쭉 읽다 보면 거기에 담긴 메시지들은 굉장히 직선적이더라고요.

● 김준수 여러 가지 이유가 있습니다. 우선 남미 사람들이 문맹률이 높고, 학력이 높지 않아서 문장을 짧게 써야 합니다. 그리고 교황은 옛날에 문학을 가르쳤습니다. 문학청년이었다고 해요. 어떤 이들은 아주 날카로운 말로 비수를 꽂지만, 그 효과가 금방 증발해버릴 때가 있지요. 반대로 어떤 이들은 아주 평이한 문장을 쓰지만 우리 몸에 아름다움으로 남아 계속 묵상하게 합니다.

▲ 유시민 진중권 씨랑 제가 전자고, 프란치스코 교황이 후자고.

✚ 진중권 왜 또 절 끌고 들어가세요. 혼자 하시지…….

▲ 유시민 저 혼자 하면 외롭잖아요.

Franciscus

● 김근수　청와대 연설에서 교황이 이런 말씀을 전했습니다. "한국의 민주주의가 더욱 강화되기를 바란다." 이건 사실 아주 평이한 문장이지만, 정부 입장에서는 엄청 불쾌한 발언입니다. 비수 같은 말이 아닌 평범한 말인데도 폐부를 콕콕 찌릅니다. 이런 말씀을 아주 잘하십니다.

■ 노회찬　"평화는 전쟁이 없는 상태를 의미하는 게 아니다."

● 김근수　"평화는 전쟁이 없는 상태나 비방이 아니고, 정의의 결과다." 얼마나 아름답습니까? 저는 여기에서 성인 아우구스티누스의 명언이 생각납니다. 그분은 유시민 씨처럼 글을 잘 쓰지는 않았지만, 글을 쓰는 원칙이 두 가지가 있었습니다. 하나는 정확하게, 두 번째는 아름답게. 그런데 여기에다 교황님이 세 번째 '쉽게'를 덧붙였습니다.

■ 노회찬　교황의 말과 행동을 보면서 이분을 지나치게 신격화할 필요는 없다, 이런 생각이 많이 들었어요. 그러니까 아무나 될 수 없는 사람이 아니라 누구나 될 수 있는 프란치스코가 아닌가. 그리고 사실 모든 생각이 진보적이지도 않고, 극단적이지도 않아요. 진보적인 대목이 있는 반면, 전통적인 종교적 쟁점이라 할 수 있는 동성애나 여성 문제에는 보수적인 관점을 유지하고 있더라고요.

　그래서 저는 오히려 굉장히 보편적이다, 보통 사람들의 생각을 크게 뛰어넘지 않는다는 느낌을 받았어요. 종교 이외의 사회현상에 대한 발언들을 보면서 살아 있는 헌법 같다는 생각을 참 많이 했어요. 헌법에는 담겨있으나 실현되지 않고 있는 것들을 이야기하니까요. 그래서 우리가 도달할 수 없는 어떤 경지의 이야기가 아니라, 마땅히 우리가 가까이에서 실현해야 할 것들을, 하지 못하는 것들을 일깨워주는 게 아닐까 싶습니다.

● 김근수 프란치스코 교황에게서 본받을 점은 우리 중의 하나처럼 평범하다는 겁니다. 이번 방한 기간 동안 제가 교황님과 스페인어로 대화를 했는데, 우리 친할아버지 같았습니다. 이분하고 내가 커피를 놓고 10분 동안 대화를 할 수도 있겠다 싶더라고요.

▲ 유시민 어쩌면 비판적으로 들릴 수 있는 소감을 한마디 드리면, 잠시 위로받을 수는 있겠지만 그걸로 해결되는 문제는 없다는 생각이에요. 결국 우리 사회의 문제를 해결하려면, 마음을 아프게 하는 나쁜 일들을 극복하려면, 우리 스스로 판단하고 필요한 행동을 하고 다른 사람 손을 잡고, 문제 해결을 위해 일어서야 해요. 위로받고 기대고 싶은 마음이야 누구나 있지만, 그것은 해법이 아니니까요.

● 김근수 그래서 교황이 한 말에 더욱 주목이 됩니다. "한국인들이 슬픔으로 하나가 된다." 세월호 사건을 가리킵니다. 그다음 말이 중요합니다. "이제 연대해라. 슬픔을 느끼는 사람끼리 손을 합쳐라. 그 무관심의 세계와 맞서서 연대의 세계화를 해라." 교황은 한국의 현실을 하나도 바꿀 수가 없어요. 앞으로 손은 우리가 잡아야 하고, 결국 우리가 해결해야 합니다. 그래서 교황 방한의 가장 중요한 의미는 역설적으로 보면 '아, 교황이 우리 문제를 해결해주지 못한다. 우리 문제는 우리가 해결해야 한다' 이런 자각이 아닌가 하는 생각이 듭니다.

■ 노회찬 교황의 메시지는 '이제 그만 울어라'가 아니라 '이제 더 울어라'입

니다. 아르헨티나에서 큰 사고가 났을 때도 이런 말씀을 하셨다고 해요. '더 울어라' 이거예요. 잘못된 걸 고쳐서 싸워나가라, 그 이야기죠.

✤ 진중권 마지막으로 교황의 메시지들을 한번 짚어보는 게 좋을 거 같아요. "외교는 가능성의 예술이며, 평화란 상호 비방과 무익한 비판이나 무력시위가 아니라 상대방의 말을 참을성 있게 들어주는 대화를 통하여 이루어질 수 있다는 확고부동한 믿음을 바탕으로 하기 때문입니다." 남북 관계에 적용하면 좋을까요? 어디에 적용하면 좋을까요?

▲ 유시민 외교뿐만이 아니라 내치에서도 마찬가지죠.

✤ 진중권 그다음 것도 읽어볼까요. 가난한 이들과 연대 문제.

▲ 유시민 "우리는 가난한 사람들을 돕는 일을 사업적인 차원으로만 축소시키고, 모든 사람은 반드시 한 인간으로서 성장하고 자신의 인격과 창의력과 문화를 존엄하게 표현해야 한다는 것을 잊어버리는 위험에 빠질 수 있습니다. 가난한 사람과 함께하는 연대는 그리스도인 생활의 필수 요소로 여겨야 합니다." 일회성 사업으로 돕고 끝내지 말고, 그 사람이 중요하다는 걸 항상 생각해라, 그런 말씀입니다.

✤ 진중권 물질주의, 비인간적 경제모델에 관한 내용이 있습니다. 굉장히 강한 어조를 쓰셨어요. "새로운 형태의 가난을 만들어내고 노동자들을 소외시키는 비인간적인 경제모델들을 거부하기를 빕니다."

■ 노회찬 저는 근로자라고 하지 않고 노동자라고 한 것부터가 다르다고 봅니다. 우리 권력자들에게서 잘 듣지 못했던 것이네요.

♣ 진중권 우리 노동자들은 이름마저도 잊었죠.

▲ 유시민 "평화는 단순히 전쟁이 없는 것이 아니라 정의의 결과입니다. 정의는 하나의 덕목으로서 자제와 관용의 수양을 요구합니다. 정의는 우리가 과거의 불의는 잊지 않되, 용서와 관용과 협력을 통하여 그 불의를 극복하라고 요구합니다." 한국의 소위 진보세력에 속하는 지식인들이나 시민들이 새겨들을 필요가 있다고 생각해요. 자제와 관용이 부족해서 사실 우리들이 좋은 마음을 가지고 일을 하고 있는데도 사람들이 조금 두려워하는 거 아닌가, 그런 느낌이 들어서요.

■ 노회찬 교황 방한쯤이었나 봅니다. 입장이 굉장히 다른 어떤 분으로부터 만나자는 연락이 왔어요. 도저히 만나고 싶지 않은 사람이었죠. 그때 텔레비전에서 교황이 "정의는 우리가 과거의 불의는 잊지 않되, 용서와 관용과 협력을 통하여 그 불의를 극복하라고 요구합니다"라고 말한 게 나오더라고요. 그래서 만나겠다고 했습니다.

▲ 유시민 박수 한번 쳐야 돼요.

♣ 진중권 이렇게 변화가 일어나고 있습니다. 할렐루야. 교황의 살아온 과정, 그분이 던진 메시지들, 그리고 그 메시지들을 우리 사회가 어떻게 안아야 할 것인가, 우리 스스로는 무엇을 해야 하는지를 생각해봐야죠.

● ^{김근수} 결국 교황 방한이 우리에게 주는 메시지는 교황은 한국의 현실을 바꿀 수 없다는 것입니다. 한국의 운명은 한국의 손에 달려 있고, 이제 우리가 또 다른 교황이 돼야 한다는 것을 전해주었다고 생각합니다.

✦ ^{진중권} "이 사건은 저만의 사건이 아닙니다. 생명보다 이익을 앞세우는 탐욕적인 세상, 부패하고 무능하며 국민보다 권력의 이익을 우선시하는 정부라는, 인류 보편의 문제입니다. 우리 정부를 압박해주십시오. 그래서 힘이 없어 자식을 잃고 한도 풀어주지 못하고 있는 우리를 구해주십시오." 이 글은 세월호 참사 희생자인 고(故) 김유민 학생의 아버지 김영오 씨가 교황께 전달한 편지 내용의 일부입니다. 어쩌면 이 목소리는 바로 우리의 목소리이며, 그 목소리에 응답해야 할 사람들 역시 우리 자신이 아닐까요?

전쟁 없는 70년, 끝까지 갈 수 있을까

요즘 대한민국은
안보가 안 보입니다
주변 정세가 너무 안갯속이에요

✦ 진중권 한반도를 둘러싼 중국과 일본, 미국의 파워 게임이 여전히 이어지고 있습니다. 여기에 잊을 만하면 강력한 한 방을 선사하는 북한까지 더해 바람 잘 날이 없습니다. 게다가 우리 안을 들여다보면 軍 병사의 인권 문제 등으로 시끌시끌한데요. 지리학적 특수성에 따라 끊임없이 주변 국가의 침입을 방어하거나 강대국 사이에서 샌드위치 같은 위치를 차지했던 우리나라. 지금 우리는 '우리나라'를 잘 지키고 있는 것일까요? 〈디펜스21플러스〉의 편집장 김종대 씨와 함께 자세한 이야기를 나누어보겠습니다. 우리나라, 정말 괜찮은 건가요?

■ 노회찬 〈디펜스〉편집장이시니 드리는 말입니다만, 북한도 공격의 가능성이 있지만 전쟁 가능성을 높이는 또 다른 여러 움직임들이나 세력들도 다 디펜스(defense, 방어) 대상이겠네요.

● 김종대 네, 그게 우리의 적입니다. 저는 주적 의식이 확고합니다.

▲ 유시민 요즘 일본 자위대도 새롭게 등장했는데요.

✦ 진중권 그런데 진보 진영에서 안보, 국방 이런 쪽에 별 관심이 없었잖아요.

▲ 유시민 관심은 많죠.

■ 노회찬 안보를 정권 유지의 수단으로 삼는 데 관심이 없는 것이지, 안보 자체에는 오히려 관심이 더 많죠. 누구보다도 평화를 중시하는 세력이니까요.

● 김종대 평화는 곧 안보인데요. 요즘 대한민국은 안보가 안 보입니다. 주변 정세가 안갯속이에요.

✦ 진중권 우리 병사들의 현주소부터 살펴보고 싶어요. 우선 2014년 6월 고성 22사단 GOP(일반전초) 총기 난사 사건을 되짚어봐야 한다고 봅니다. 임 모 병장이 총기를 난사해 장병 5명을 살해하고 7명을 다치게 한 사건이죠.

● 김종대 사건이 벌어진 22사단, 참 이상합니다. 사건이 벌어지기 일주일 전인 6월 초에 22사단 소속 병사가 속초에 휴가를 나왔다가 간부 세 명과 식당에서 마주칩니다. 그런데 도주하다가 추락사하는 사고가 발생했습니다. 이후로 22사단의 분위기는 통제, 규율, 기강 잡기로 흘러갔어요. 외출, 외박, 휴가가 전면 금지되고 조직의 스트레스가 굉장히 커졌죠. 사실 그 일이 아니더라도 세월호 사건 이후에 장병들의 음주, 외박, 골프, 회식

이 다 금지된 상황이었거든요. 스트레스를 해소할 길이 없는데 이 사건까지 일어난 거예요. 그러고 나서 사단의 기강 잡기가 강해지면서 병사들이 일상을 빼앗긴 겁니다. 기본권이 완전히 날아갔어요. 그런 상태가 장기간 이어지고 누적되면서 결국 폭발했다고 보는 겁니다. 사건의 원인도 눈여겨볼 점이 많지만 이후 수습 과정에서도 불편한 구석이 꽤 있습니다. 국방부가 초기 발표 때 가장 치명적인 실수를 했어요. 탈출한 임 병장을 진압하려고 9개 대대가 출동했어요. 4천 명에 가까운 병력이에요. 거기서 교전이 벌어졌고 소대장 하나가 팔에 관통상을 입었다고 했는데, 이런 초기 설명도 다 거짓으로 밝혀졌습니다.

■ 노회찬 그 과정에서 임 병장이 밤에 10km 이상을 도주했어요. 그러면서 수색하는 병사들과 여섯 번 마주쳤지만 심부름 간다는 등 여러 가지 말로 둘러댔다고 하는데, 그게 과연 가능한 일입니까?

● 김종대 국방부는 원래 세 번 마주쳤다고 했습니다. 그런데 실제로는 여섯 번이었죠. 여섯 번 마주칠 때마다 전부 무사히 통과했습니다. 어떤 지점에서는 위험하니 빨리 가라는 조언까지 들으면서 유유히 빠져나간 거죠.

■ 노회찬 이런 일이 벌어지게 된 배경도 문제라면, 다른 한편으로 이 사고에 대처하는 과정과 방법의 문제점이 있죠. 이게 무장 공비였다면 큰일 아니겠습니까? 안보의 최일선에 있는 우리 장병들이 자신의 역할에 대해 제대로 긍지와 사명을 느끼고 훈련할 수 있는 병영문화가 조성돼 있느냐? 이런 점에서 보면 심각하게 우려가 됩니다.

● 김종대 군사전문가로서 제일 먼저 드는 생각이, '과연 저 군대가 전쟁할 수 있는가, 제대로 저 군대가 싸움을 할 수 있는가'입니다. 저는 회의적입니다. 한국 징병제의 뿌리가 흔들리고 있다고 봅니다. 그 이유는 전방에 근무하는 일선 전투원들의 생명 가치가 총체적으로 경시되고 있기 때문입니다. 먹고, 입고, 자는 문제부터 개인 장구류까지 보면 제가 군대 생활을 하던 25년 전하고 거의 변한 게 없습니다. 그 사이에 사회는 바뀌었어요. 1가구 1자녀 시대이고요. 이제 한 자녀는 집안의 전 재산이기 때문에, 자식 하나가 죽으면 대여섯 식구가 애통해합니다. 옛날과 생명의 가치가 달라요.

실제 전쟁이 일어나면, 제1방어선인 알파선 방어에 전방 병력의 40%가 손실됩니다. 괴멸되는 거죠. 지금 30만 명이 전방에 깔려 있고 15개 사단이 있는데, 제1방어 시에 대부분이 희생된다는 거죠. 이런 식으로 최전선에 사람들을 쭉 깔아놓은 상태에서 장구류도 제대로 안 주고, 막사도 시원치 않고……. 이렇게 자신의 생명 가치가 경시되는데 당연히 고립감이나 반발심이 생기지 않겠습니까.

▲ 유시민 제가 화천에서 GOP 복무를 했어요. 22사단이 예전에도 사고가 많이 난 부대예요. 기본적으로 이 부대는 비무장지대에 있어요. 정확히 말하면 비무장지대 맨 끝에 북한 철조망이 있고, 우리 측 철조망이 있습니다. 그리고 철책선과 철책선 사이에 들어가 있는 게 GP(휴전선 감시 초소)입니다. 철책선에 통문이 있어요. 그 통문 주변에 1개 소대 단위가 경계를 서는 소초가 있고, 그걸 GOP라고 합니다. 보통 사단 경우에는 3개 연대가 1년씩 돌아가기 때문에 복무 기간 중 3분의 1 정도만 GOP 근무를 하면 되는데, 22사단은 군 복무 기간 내내 GOP 근무를 해요.

GOP 부대는 한번 들어가면 외출도 외박도 없습니다. 거의 수도원 생활과 비슷해요. 날씨가 나쁘거나 안개가 끼거나 달이 없는 날은 해 질 무렵에 투입돼서 해 뜰 무렵까지 통째로 밤을 새야 하고요. 굉장히 고립된 지역에서 적은 인원들이 밀착도가 높은 상태로 장기간 지내게 돼 있는 거죠. 부대문화나 인간관계가 좋으면 같이 고생하기 때문에 그 기간에 전우애가 깊어지고 서로를 위해주는 문화가 형성될 수 있죠. 하지만 지휘관이 잘못 지휘를 한다든가 그릇된 부대문화가 형성돼 있으면, 갈등이 극도로 첨예해질 수 있어요. 그런 위험이 상존하고 있는 근무 환경입니다.

■ 노회찬 예전부터 철책선 부근에 과학 장비를 동원하는 등 전근대적인 경계 방식을 개선하겠다고 했습니다. 그 계획들은 진척되고 있는 겁니까?

● 김종대 예정대로 안 됐습니다. 2005년부터 '경계과학화 사업'이라는 것을 했습니다. 지금의 방식은 한국전쟁 이래로 한 번도 변한 적이 없는, 눈으로 하는 육안 경계에다가 밀어내기식 경계입니다. 정해진 시간대마다 초소를 이동하는 방식인데, 이미 인민군들이 이걸 다 알아요. 아주 규칙적인 패턴으로 이동하니까요. 그것만 알면 인민군들이 캥거루처럼 폴짝폴짝 뛰어넘어 올 수 있습니다. 이 방식을 바꿔보자, CCTV도 설치하자, 광망 경계를 도입하면 인력을 줄일 수 있다, 이런 의견이 나왔습니다. 그런데 이걸 추진하는 과정에서 업체 비리 문제로 몇 차례 시끄러웠습니다.

게다가 육군 본부에서는 전방 병력의 숫자를 유지하는 데 민감하다보니까 다소 저항이 있었습니다. 육군은 경계 병력을 줄이는 게 능사가아니라고 봅니다. 그 경계 병력은 유사시 전투 병력인데, 전방에서 전투 병력을 줄일 수 없다는 입장이에요. 그러다 보니 군이 이 사업에 적극적이질 않습니다. 그리고 장비에 대한 요구 사항이 너무 많습니다. 툭 건드리기만 해도 이게 짐승인지 사람인지 알아야 된다고 하는데, 기계가 어느 정도 오류는 있지 않겠습니까. 사람과 기계가 보완을 해서 경계 효과를 높여야 하는데, 너무 완벽한 장비를 내놓으라고 하다 보니 이 조건을 맞출 수가 없는 거죠.

이런 식으로 계속 겉돌며 아직까지도 본격화되지 않았습니다. 낙마하긴 했지만 2013년 김병관 국방부 장관 후보자가 재미있는 말씀을 하셨는데, 현재 방식대로라면 전방의 초기 전투에서 40%가 손실된다고 했어요. 이건 군의 예측치이고, 전문가들은 70%까지 봐요. 거의 다 손실된다고 봅니다.

▲ 유시민 북에서 다 겨냥하고 있단 말이에요.

● 김종대 이미 조준이 다 끝났어요. 지금은 무기 체계가 발전해서 조금 거리가 떨어져 있더라도 충분히 전투가 가능한데, 왜 이렇게 전방에 많이 배치해서 많은 사상을 자초하느냐, 이게 이상하다는 거예요. 그래서 당시 김병관 후보자가 시뮬레이션을 해봤다고 해요. 페바 알파(제1방어선) 쪽 병력을 빼서 2선에서 교전할 경우, 전투 효율은 증가하면서 병력 손실률이 17%로 줄더라는 겁니다.

◆ 진중권 그런데 지금은 병사들을 십자포화망 속에다 다 가둬놓은 거죠. 얼마나 귀한 우리 자식들입니까? 저는 어쩌면 이것 때문에 전쟁이 안 일어나는 것 같아요. 귀한 우리 동생, 자식들이 있는데, 어떻게 전쟁을 결

심합니까.

▲ 유시민 그런데 힘 있는 사람들의 아들들은 거기 안 가잖아요.

● 김종대 군 복무 하다가 시간 강사 나가고 석박사 학위 받고…….

■ 노회찬 요즘 군은 문무겸비를 지향하는 모양이죠?

● 김종대 물론 부유층 권력층 자제가 사단 본부에 많이 있습니다. 이건 객관적 사실이에요. 그런데 병사들 사이에 제일 심한 갈등은 학력도 아니고, 지역도 아니고, 빈부 갈등입니다. 이것 때문에 위화감이 심해요. 그러다 보니 역설적으로 좋은 집 자제를 전방에 넣기도 어렵습니다. 따돌림 당하니까.

■ 노회찬 소비 성향도 다르고요. 1인당 GDP 1만 달러 사단과 GDP 5만, 7만 사단이 따로…….

● 김종대 따로 존재한단 말입니다. 이런 실상과 비교해볼 만한 다른 나라 군대를 찾고 찾아봤는데, 없어요. 그나마 러시아 군대가 우리와 유사해 보입니다.

■ 노회찬 군대 내 폭력은 비슷한 것 같더라고요.

● 김종대 비슷해 보이는데, 러시아 군대는 2020년까지 모병제로 전환합

니다. 비교해볼 만한 징병제 국가로 대만이 있었습니다만, 여기도 역시 2016년에 완전 모병제로 전환합니다.

▲ 유시민 거긴 대체 복무도 이미 허용돼 있고요.

● 김종대 네, 그래서 비교할 만한 국가가 없어요. 한국군은 좁은 공간에 각종 갈등 요소가 다 있는 데다가, 간부가 통솔을 못합니다. 옛 세대의 경우에는 군대에 가서 기술도 배우고 한글도 배우는 등 뭔가 얻는 게 있었어요. 소대장, 중대장이 존경받았습니다. 학벌도 높았고요. 그런데 지금은 병사들보다 못합니다. 어떻게 지휘 통솔을 하겠습니까. 그리고 간부들 중에 사이코도 있어요.

▲ 유시민 우리 모두 다 겪었죠. 아, 끔찍해요, 정말.

● 김종대 관심 병사뿐만 아니라 관심 간부 문제도 심각해요. 사디스트 성향을 가감 없이 드러내는 간부들이 있습니다. 병 복무 기간이 21개월로 줄어들면서 간부의 자질이 더 떨어졌어요. 복무 기간이 긴 간부로 가느니 차라리 병사로 가서 21개월 몸으로 때우겠다는 이들이 많은 거예요. 현재 서울 시내 대학 학군단 지원율이 50%에 못 미칩니다.

남북한이 함께 고기 잡으면
영토가 넓어지는 거지
어떻게 영토를 포기하는 겁니까

✦ 진중권 국민의 정부, 참여정부 때에 비해 안보 노선에 대한 관념이 확 무너진 느낌이 있습니다. 옛날에는 안보를 '북방 외교 아젠다'라는 넓은 개념으로 인지했어요. 그런데 지금은 안보를 군사적 개념으로만 이해한다고 말씀하셨죠.

● 김종대 안보에는 두 가지 관점이 있습니다. 전통적 안보 개념이 있고 포괄적 안보 개념이 있습니다. 포괄적 안보는 군사 안보뿐 아니라 인간의 생활에 기본이 되는 여건을 유지하는, 국민 개개인의 안전 그 자체를 중시하는 것입니다. 그리고 특정한 적을 상정해서 그 적의 어떤 군사적 위협으로부터 국가의 생존, 가치, 이익을 지킨다는 것이 바로 전통적 안보입니다. 세월호 사건 때 김장수 청와대 안보실장이 "우리는 컨트롤 타워가 아니다"라고 말한 것은, 전통적 안보만 한다는 뜻입니다. 참여정부 때는 청와대 위기관리센터에서 해경들의 움직임을 CCTV로 다 봤어요. 조난 신호도 직접 받았습니다. 그런데 이런 게 사라져버렸습니다. 위기 대응 매뉴얼도 마찬가지고요. 흔적이 남아 있질 않아요. 그런 가운데 점점 더 전통적 안보에 치중하고 있습니다. 군사적인 안보죠.

GOP 이야기를 하다가 말씀드렸지만 지난 20년간 군사분계선 일대에 직접적 교전은 없었습니다. 단 한 건도 없었습니다. 무력시위 아니면 귀순만 있었어요. 왜 그럴까요? 지상 전선이 교착 상태에 들어갔고, 이제 피를 흘리면서 소모적인 희생을 불러일으키는 행동은 하지 않는 것입니다. 그만큼 우리나라 정전 협정은 세계적으로도 유일하게 성공한, 의미 있는 정전 협정이에요. DMZ가 이렇게 유지·관리되고 정착된 것은 성공적인 전쟁 예방 장치가 기능하고 있음을 보여주는 거죠. 그런데 정전 협정이 이뤄지지 않은 곳은 문제가 됩니다.

✚ ^{진중권} NLL.

▲ ^{유시민} 바다 위.

● ^{김종대} 이런 곳은 도리어 분쟁적인 요인이나 성격이 점점 커진 겁니다. 해상 경계선을 정전 협정 체결 당시 합의하지 못했고, 아직 게임의 규칙이 정해지지 않았습니다. 북한에서 보기에는 우리나라 서북 해역의 5개 섬 일환을 감싸고 있는 NLL이 사실상 북한에 대한 봉쇄선일 뿐만 아니라, 유사시에 군사적으로 압박하기에 굉장히 유리한 공간이라고 여기는 것 같습니다. NLL을 사이에 두고 우리는 섬이지만 저쪽은 광활한 육지입니다. 백령도에서 평양까지가 70km인데, 인천까지가 230km입니다. 대한민국 영토 중에 북한 수도에 더 가까운 영토는 거기밖에 없어요.

✚ ^{진중권} 북한 입장에서도 성가시지 않을까요?

● ^{김종대} 성가신 정도가 아니죠. 해주와 남포는 NLL 때문에 완전히 갇혀버렸습니다. 그런데 우리가 장차 북한을 개혁 개방으로 이끈다, 변화시킨다

고 할 때 누가 보더라도 그 관문은 해주, 남포입니다.

▲ 유시민 2007년 남북정상회담 합의, 6.15 공동선언을 보면 결국 해주항을 개방하는 게 북측에서도 이익이니까 합의한 거예요. 기존의 NLL에 관한 해법 없이는 해주항 활용이 불가능했거든요.

● 김종대 NLL을 군사적으로 처리할 것이냐, 아니면 평화적이고 경제적인 방식으로 처리할 것이냐, 두 가지 관점이 있습니다. 20년 전까지만 해도 국민들은 NLL이라는 게 있다는 것도 몰랐어요. 그때만 해도 안보 위협이 있다고 하면 동해 쪽이나 휴전선을 이야기했지, 서해에 NLL이 있다는 걸 군인 중에도 몇 명이나 알았겠습니까. 넘어와도 괜찮다고 했던 곳입니다. 그리고 원래 여기는 1960년대부터 공동어로구역입니다. 북한이 어업을 하던 곳이란 말입니다. NLL 자체는 암묵적으로 통제해온 선일 뿐이었는데, 어느 날 이것이 남북 경계선이 됐어요.

✦ 진중권 공동어로구역이었다는 게 어떤 말씀인가요?

● 김종대 1970~1980년대까지 연평도는 조기 어장이었어요. 그땐 다 섞여서 잡았죠. 사실상 공동 어로였던 겁니다.

✦ 진중권 그 과정에서 간첩 사범도 되고 납북도 되고……

▲ 유시민 조기 떼가 북쪽으로 가면 눈앞에 돈이 헤엄쳐 가니까 대한민국 어선들이 잡으러 가는 거고, 북쪽에 있던 조기 떼가 밑으로 쭉 내려오면

북한 어선들이 따라 내려오는 거예요.

● 김종대 그렇죠. 그런데 1990년대 들어와서 아무도 예기치 못한 이상한 일이 벌어진 게, 저 양쯔 강 하류에서 꽃게 수십만 마리가 바닷속을 걸어서 연평도까지 옵니다. 연평도에서 꽃게가 잡힌다는 소리가 그때부터 나온 거죠. 1990년대 중반부터 그 꽃게가 어선을 몰고 오고, 어선이 남북 군함을 몰고 왔던 겁니다. 그런데 노무현 대통령 집권 5년간 한 방의 총성도 안 들렸어요. 조용했거든요? 그 이면을 보면 그 5년 동안은 꽃게가 안 잡혔어요. 어획량이 8분의 1, 9분의 1로 떨어집니다. 반면 김대중 대통령 때는 우리나라 연근해 어업 수확고의 40%가 서해 꽃게입니다.

▲ 유시민 그래서 연평 해전이 터진 거죠.

■ 노회찬 꽃게 전쟁이군요.

● 김종대 많은 사람들이 거기서 목숨을 잃었는데, 교전 와중에도 우리는 북한 꽃게를 수입해 먹었습니다. 우리 밥상에 피 냄새가 났습니다. 전 그렇게 봅니다. 그런 꽃게였습니다. 이러다가 노 대통령이 NLL 문제를 걱정하시니까 꽃게들이 회의를 한 거죠. 한반도의 대통령이 너무 노심초사하신다, 가지 말자.

✦ 진중권 꽃게가 노빠였네요.

● 김종대 꽃게가 안 온 그 틈에 우리가 서해에 평화 구상을 할 여유가 생긴

거예요, 사실은.

✦ ^{진중권} 하지만 지금 남은 건 오직 이거예요. 'NLL을 사수하자.'

● ^{김종대} 사수라는 말뜻이 죽음으로 지킨다는 거 아닙니까? 살아서 지켜야죠. 사수가 아니라 생(生)수를 해야죠.

✦ ^{진중권} 이번 정권의 대응은 뭡니까? 강경 대응이라는 것밖에 모르겠는데요.

● ^{김종대} 박근혜 대통령 선거 공약도 노무현 대통령의 공동어로구역을 수용하겠다는 겁니다.

▲ ^{유시민} 네, NLL을 지킨다는 전제 위에서.

● ^{김종대} 똑같은 주장입니다. 그런데 NLL 대화록을 정치적으로 이용하는 바람에 스스로 족쇄를 채워놓은 거죠. 그렇지만 이 안건 자체는 이견의 여지가 있을 수 없습니다. 서해를 죽음의 바다에서 생명의 바다로, 분쟁의 바다에서 평화의 바다로. NLL을 존중하는 가운데 우리의 영토를 넓히겠다는 거죠. 저 죽음의 바다에서 남북한이 고기 잡으면 영토가 넓어지는 거지 어떻게 영토를 포기하는 겁니까. 누구도 이견을 달 수 없는 거예요.

■ ^{노회찬} NLL이라는 거 자체가 북방한계선 아니에요? 북방한계선은 북쪽

으로 더 올라가지 말라는 선이지, 남쪽으로 더 내려오지 말라는 선이 아니고. 그러니까 사실 북방한계선의 의미는 우리 해군하고 어선 사이에 지킬 거냐 말 거냐가 문제가 되는 선인 거죠.

● 김종대 그렇습니다.

■ 노회찬 아까도 육상, 해상 구분해서 말씀하셨지만 바다에는 두 가지 쟁점이 있는 거예요. 하나는 육지처럼 이른바 분계선에 대한 양측의 합의가 있어야 하는데 합의가 안 된 상태라는 것. 또 하나는 그럼에도 불구하고 우리가 일방적으로 점유하고 있는 것도 사실이라는 거예요.

▲ 유시민 실효적으로 지배해왔죠.

■ 노회찬 그런데 이 북방한계선, 해양분계선을 가지고 대화하자고 하면, 마치 우리가 이미 점유하고 있는 걸 포기하는 것처럼 허위 사실을 자꾸 만들어내잖아요. '너희가 포기한 거지? 포기하려고 하는 거지?' 이런 식으로 몰아치면서 여론을 선동하고 있는 게 문제인 거죠.

▲ 유시민 결국 남북 관계를 국내 정치에 악용한 것 아니에요?

● 김종대 두말하면 잔소리입니다. 1978년에 우리나라에서 영해법을 제정했습니다. 당시 서북 해협의 경계선이 불확실한 와중에 북한이 200해리 경제수역을 선포했기 때문에 우리도 빨리 해상경계선을 정해야겠다는 분위기였고, 그래서 만든 게 영해법입니다. 이때 박정희 대통령이 웬일인

지 서해에는 아무런 언급 없이 우리나라 태안반도 옆에 있는 소령도 이
북은 영해에서 다 빼버렸습니다.

지금 이 순간도 법적으로 경기도에는 우리나라 영해가 없습니다. 인천
앞바다는 우리만의 영해가 아니에요. 헌법 3조에 의해서 한반도와 부속
도서는 대한민국 영토이기 때문에 그것에 준해, 이 부분은 분쟁이 되기
때문에 내버려두자. 이게 박정희 대통령의 의지였습니다. 박근혜 대통령
이 여기가 영해라고 주장하려면 영해 선포를 하지 않은 아버지 무덤에
가서, 아니면 그때 외교부 장관 불러서 이 부분이 영해로 처리가 안 된
이유를 들어야 하는 거죠. 이번에 센카쿠 열도(댜오위다오) 분쟁이 있을
때 일본의 한 언론에서는 "이렇게 되면 중국하고 우리가 전쟁을 하게 되
니, 박정희의 지혜를 배우자"라고 했죠.

♣ 진중권 지금 남북한 평화 협력은 물 건너가서 사실은 동결된 상태죠. 자
주 국방 문제, 전시작전권 회수는 계속 연기되고 있어요. 이해가 안 되는
게 보통 같으면 권한을 주겠다고 하면 받으면 되는데, 왜 우리나라 보수
들은 거부할까요?

● 김종대 이해가 안 가죠. 군인이라면 내가 지휘를 하겠다고 말해야 되거든
요. 그런데 우리나라 군은 그 반대 이야기를 하고 있어요. 전시와 평시의
지휘권이 다르다는 건 세계적으로도 없는 사례입니다. 평시에는 허정무
감독이 훈련을 시키다가 월드컵 본선 때는 히딩크로 바꾸겠다는 이야기
입니다. 전시와 평시가 어떻게 다릅니까. 지휘가 통일돼야죠.

▲ 유시민 1990년대 말, 2000년대 초에 미국도 부담이 되니까 먼저 전시작

대통령이 NLL 문제를 걱정하시니까
꽃게들이 회의를 한 거죠
한반도의 대통령이 너무 노심초사하신다
가지 말자

전통제권을 한국군에게 돌려주겠다고 제안한 겁니다. 노무현 대통령이 그 이야기를 듣고 잘됐다며 받아들여서 합의가 된 거예요. 그런데 2012년에 다 받기로 돼 있던 것을 몇 차례 연기한 거죠.

● 김종대 2015년으로 한 번 연기가 됐고, 지금 또 연기가 추진되고 있습니다.

▲ 유시민 이건 독립국가로서의 명예와 자부심과 관련된 문제예요. 최근 일본이 집단 자위권을 내세워서 한반도에 파병할 수 있다고 했잖아요. 만약 한반도에 전쟁이 일어나서 전시작전통제권을 가진 미국 사령관이 일본 자위대 사령관한테 군대 좀 보내달라고 하면, 우리 정부나 국민의 의사와 상관없이 일본군이 한반도에 올 수 있는 건가요?

● 김종대 그래서 빨리 전시작전권을 가져와야 합니다. 지금의 전쟁 수행 체제를 보면 일차적으로 한미 연합 사령관이 한반도 전구 사령관이 됩니다. 그러면서 유엔군 사령관을 겸임하고 있습니다. 우리는 유엔의 권위로 전쟁을 하는 체제예요. 그런데 지금 일본에 유엔의 후방 기지가 일곱 군데 있습니다. 하와이에도 있고요. 모두 유엔 한미 연합 사령관이 통제하는 기지로 전쟁이 일어나면 이곳을 동원해서 작전을 지휘하는 거예요. 실제 한미 연합 사령관은 유엔군 사령관 권위 없이 한반도에서는 전쟁을 못 한다고 생각하고 있어요. 전쟁 시 일본에서 지원군이 온다는 이야기입니다.

또한 최근 미국이 한반도에 군사를 증원할 때, 그 중간 기점을 전부 일본으로 하고 있습니다. 일본이 거대한 기지국가, 병참국가로 바뀌고 있어요. 일본 열도를 후방 병참 기지로 한다는 이야기입니다. 이렇게 전쟁을 국제전으로 유도해가는 방향으로 모든 작전 계획을 수립해놓았고, 평시에 이미 여기에 맞춰 연습하고 있습니다. 이런 상황에서 만약 전쟁이 선포됐는데 그 급박한 순간에 한국 대통령 또는 우리 합참의장이 '일본은 못 오게 해' 이 말을 할 수 있을까요? '자위대는 안 돼' 이 말을 할 수 있을까요?

▲ 유시민 일본에 있는 미군 기지가 형식상으로는 유엔군으로 돼 있지만, 일본군의 지원 위에 미군이 서 있는 거 아니겠어요? 주일 미군이 한반도에 오게 되면 일본군도 같이 안 올 수 없잖아요.

● 김종대 일본은 작전권을 가지고 있습니다. 작전권이 없는 나라는 지구상에 우리나라밖에 없어요. 자꾸 출병 문제를 이야기하는데, 한국과 관계없이 일본 자위대가 미국과 합동 작전을 통해서 평양을 직접 폭격할 가능성이 더 크다고 봐야죠. 실제로 지금 아베가 추진하고 있는 '방위계획대강'에 나오는 이야기예요. 미사일 대책이라고 하는데, 미사일 방어만 가지고 안 되니 미사일 종합 대책으로 가겠다는 겁니다. 진짜 미사일 발사대의 위치를 아직 정확히 파악하지는 못했지만, 동창리나 백두산 일대에 북한의 미사일 발사 기지가 있습니다. 이 공격을 받지 않으려면 미사일 발사 전에 제압해야 된다며, 일본은 미사일 종합 대책이라는 이름으로 군사화를 추진하고 있는 것입니다.

■ 노회찬 방금 말씀하신 건 굉장히 복잡한 문제예요. 동북아시아의 정세가 변했고 그에 대한 미국의 광범위한 군사 계획과 개념이 변화한 겁니다. 소련의 붕괴, 북한 군사력의 저하 등 여러 배경이 있는데 그 속에서 주

한 미군의 역할 자체를 변경한 거죠. 이제까지 주한 미군이 존재해온 유일한 이유는 북한의 침공에 대비한다는 것이었어요. 그런데 이제 북한의 침공 가능성이 낮아지고, 북한도 과거에 비해 힘이 약화됐잖아요. 그렇기 때문에 주한 미군을 북한을 막기 위해서만 존재하는 군대가 아니라, 세계 어디나 갈 수 있는 군대로 재편성하는 겁니다.

그런 측면에서 보병 2사단이 평택으로 내려가는 것이고요. 이러한 맥락에서 작전지휘권을 우리에게 주겠다는 겁니다. 또한 과거에는 주일 미군과 주한 미군이 수평적인 관계였다면, 이제는 주일 미군 지휘 아래 주한 미군이 배치되는, 동북아 지도에서 미군 배치의 개념이 바뀌는 과정과 맞물려 있는 거죠.

▲ 유시민 미국 오바마 대통령이 아베 정권의 헌법 재해석을 통한 집단 자위권 보유 선언에 대해서 바람직한 일이라고 입장을 냈어요. 다만 한국과 잘 상의해라, 이런 정도의 논평을 냈던데……. 우리는 이제까지 미국의 동아시아 군사 전략에서 일본이 부사장 정도의 위치라고 해석을 했는데, 이번 일을 보면 일본이 동아시아 담당 지사장으로 승진한 것 같아요. 한국은 대충 부사장하고 맞먹던 관계였는데 이제는 완전히 과장급으로 내려오는 것 같고요.

● 김종대 기발한 비유인데요. 그렇게 보면 미국의 부사장이 두 명이 있습니다. 남방삼각관계를 이끄는 호주, 북방삼각관계를 이끄는 일본. 이렇게 두 부사장이 계열사 사장으로 남북을 분할하고, 나머지 한국, 필리핀, 말레이시아, 심지어 인도, 베트남, 싱가포르, 이런 나라들이 군소 계열사나 지사장 정도 되는 거죠. 이렇게 하나의 거대한 동맹 위계 구조가 형성

되고요.

◆ ^{진중권} 또 주목할 것은 호주와 일본이 서로 접촉하고 있다는 겁니다.

● ^{김종대} 핵심 중의 핵심입니다. 미국이 동아시아에 뿌리는 안보 우산의 두 축은 일본과 호주예요.

◆ ^{진중권} 일본이 집단 자위권 선언을 하고, 미국에서 환영 성명을 냈는데 우리 정부의 공식적인 입장은 어떻습니까?

● ^{김종대} "집단적 자위권은 일본의 주권이다"라고 했지요. 이건 사실상 용인이에요. 다만 국민들을 의식했는지 "한반도의 일본 자위대의 출동 문제는 우리 동의 없이는 안 된다"라는 입장입니다. 나머지는 다 일본의 주권이라고 정리가 됐고요. 이미 제주도에서 한미일 해상 훈련을 하고 있습니다. 미사일 방어(MD)체계에 관한 대화도 착수됐고, 정보 협력을 하기 위한 실무 그룹이 움직이고 있어요. 이런 일들이 다 차곡차곡 쌓이고 있습니다. 그러면서 정치적인 입장은 일본의 주권이다, 한국에 대한 부분은 우리의 동의를 받아야 된다라고 하는 건 하나마나한 이야기죠.

주도해야 할 때 하지 못하면
주도당합니다

▲ 유시민 2014년에 한중 정상회담이 있었잖아요. 시진핑 주석이 일본도 북한도 안 갔는데 한국에 왔다고 의전을 야단스럽게 하고, 중국 〈인민일보〉에서는 1면에 사진을 네 컷이나 실었더라고요. 시진핑 주석이 그렇게 활짝 웃는 얼굴로 온 건 어떻게 봐야 할까요?

✢ 진중권 중국에서는 신났더라고요. 굉장히 큰 성과를 거뒀다고.

● 김종대 한반도에서의 지정학적 충돌 조짐이죠. 그러니까 한미일 군사동맹이 이렇게 강화되고, 일본이 이야기하는 집단 자위권인 '집단방위'가 용인되고 있지 않습니까. 이건 명백히 중국을 견제하는 겁니다. 북한을 견제하는 거라면 닭 잡는 칼로 충분한데 소 잡는 칼을 갖고 나서느냐는 거죠.
▲ 유시민 소도 잡고 남을 칼이죠.

● 김종대 그 소는 중국입니다. 중국은 한미일 동맹 중에 제일 약한 고리가 한국이라고 보는 거죠. 이왕이면 이탈해줬으면 좋겠다는 중국의 희망적 사고가 있는 것이고요. 이런 의도가 한국에게 매력적인 외교 공세로 나타난 겁니다. 판다가 오고, 시진핑 주석의 부인 펑리위안이 오는 등 여러 가지로요.

▲ 유시민 위안화와 원화의 직거래 시장을 열고요.

● 김종대 그렇습니다. 외교 공세를 듬뿍 뿌려서 중국이 일본을 견제하는 데 한국이 보조를 하게 하는 거죠.

✤ 진중권 우리 정부에서 받아야 할지 말아야 할지 헷갈려하는 상황이 벌어지기도 했습니다.

● 김종대 너무 많이 주니까요. 2013년 6월에 박근혜 대통령이 중국에 가서 안중근 의사 기념비를 세워달라고 했는데 기념비가 아니라 기념관을 세웠어요. 2014년 시진핑 주석이 방한했을 때 서울대에서 한 연설을 보십시오. 우리 역사가 다 나와요. 이순신이 나오고 김구가 나오고 윤봉길, 안중근……. 시진핑 주석이 2014년에 방한하면서 얻은 최대의 성과는 박근혜 대통령으로부터 일본의 집단적 자위권에 대해 우려한다는 발언을 이끌어낸 거예요. 이건 굉장한 겁니다. 집단적 자위권이 동아시아 정세 변화의 핵심 의제인데, 이 부분에서 한국과 인식을 같이했다는 걸 돌아가서 엄청나게 홍보할 수 있는 거죠.

✤ 진중권 그래서 미국이 굉장히 불편해했죠.

▲ 유시민 시진핑 내외가 와서 활짝 웃는 모습을 보면서 '이야, 한국이 몸값이 올랐나?' 싶더라고요. 결국 동아시아 국제무대에서 대한민국의 몸값이 지금 굉장히 올라가고 있는 것 같은데, 이건 정말 좋은 기회잖아요. 우리가 평소에 주변국들의 협조를 받지 않으면 풀기 어려운 문제를 한번

에 풀 수 있는 호기 아닌가요? 남북 관계 같은 것?

● 김종대 탈냉전 이후에 최대의 호기, 절호의 기회라고 봅니다. 우리가 한반도 주변 정세를 주도하면서 우리 운명을 개척해볼 수 있는 기회입니다. 지금까지 우리가 얼마나 강대국 정치에 시달렸습니까. 남북한이 협력을 못 해서 얼마나 소모적인 대결을 해왔습니까.

■ 노회찬 하지만 일본의 집단 자위권 행사를 묵인한다면 동북아의 신질서구축은 퇴행적 방향으로 굳혀 나갈 것이고, 그러면 호기가 위기가 될 수 있는 거예요.

✦ 진중권 우리가 능동적이고 주체적으로 미국과 중국 양쪽의 긴장을 활용하는 게 아니라, 미국 만날 땐 그쪽에 쏠리고, 중국 만날 땐 이쪽에 쏠리고…… 갈피를 못 잡는 것 같아요.

● 김종대 그게 바로 눈치 외교의 시작입니다. 자기가 호기를 주도할 의지가 없으면, 주도해야 할 때 주도하지 못하면 주도당합니다.

■ 노회찬 당할 건 다 당하고 결과적으로 용납하면서 '나는 악수 안 해, 나는 아베랑 안 만나' 하고 있잖아요. 안 만나면 뭐합니까. 아베는 안 만났지만 집단적 자위권은 만났잖아요.

✦ 진중권 아주 인상적인 장면이 있었어요. 어버이연합 분들이 시진핑 주석이 방한했을 때 오성홍기랑 태극기를 같이 세워놓고 거기다 절을 하는

거예요. 한미일 동맹에 의해서 중국과 북한을 고립시키는 게 보수의 전통적인 전략인데, 보수도 헷갈리는 거 같아요. 왜냐하면 시진핑이 왔을 때 미국에선 굉장히 고까워했거든요. 불안해하고 불만을 표출하지 않았습니까? 그런데 애매모호한 게 사실 중국의 위상이 좀 달라졌잖아요. 대미 교역 규모보다 대중 교역 규모가 더 크죠. 게다가 북한에 압력을 가할 때 중국을 통해서 압력을 가하는 것 이상으로 효과적인 방법이 없었잖아요. 일본에 대해서도 역사 왜곡이나 자위권에 대해서 중국과 연대해서 대응하면 효과적이기 때문에 전략적인 가치가 생겼죠.

● 김종대 중국 대학의 사회대학원을 방문해서 한반도 전문가들과 토론할 때마다 가장 인상적인 것이, 이 사람들이 '한중 밀월 관계'라는 표현을 아예 입에 달고 다닌다는 겁니다. 우리가 한국전쟁 당시의 중국 육군 유해를 중국에 송환해줬는데, 중국 대륙이 정말 좋아했습니다. 드라마 〈별에서 온 그대〉 때문에 중국 전역에 치맥 열풍이 불기도 했죠. 중요한 건 중국이 한국의 전략적 가치를 부각시키면서 많은 것을 노리고 있다는 겁니다. 동아시아에 대한 구상을 하나둘 구체화하고 있는 거죠. 물론 경계해야 합니다. 우리가 지금까지는 어떤 화장발로, 의상 외교로 버텨왔다고 봐요. 일견 잘 버텨온 측면도 있습니다.

  그런데 보수 매체는 계속 아전인수식으로 한국이 중국과 잘 협력했고 그 결과 중국이 북한 편 안 들고 우리 편을 들었다고 말하고 있는데, 이게 사실이 아닙니다. 오히려 북한은 지금 중국의 저런 행보에 보조를 다 맞추고 있다고 봐야 합니다. 더 이상 대립하지 말고 화해하자, 군사 적대 행위를 중지하자라는 북한의 성명도 그와 관계가 있다고 생각해요.

■ 노회찬 중국과 북한의 애정이 과거에 비해 많이 식었다고 하는데, 그게 사실이라 하더라도 돈독한 이해관계는 유지되고 있는 거예요.

✚ 진중권 총기 난사 사건부터 NLL 문제, 아베 정부의 집단적 자위권을 둘러싼 한미일·중국 국제 정세에 대해서까지 이야기를 나눠봤습니다. 핵심은 바로 이 문제를 해결하는 주체는 남한과 북한이어야 한다는 것, 그 가운데에서 국익을 위해 중국과 미국의 갈등 관계 같은 것들을 최대한 활용하는 외교·안보 전략을 세워야 한다는 것입니다. 과거 반공 체제에서의 사고방식에서 벗어나 새로운 시각에서 안보 문제를 다시 바라봐야 할 것 같습니다.

03

땅콩과 실세

왜 우리는
작은
권력에만
분노하는가

'갑'들이 도대체 어떻기에
우리를
괴롭게 하는 걸까요?

✚ 진중권 현재 대한민국에서 가장 많이 쓰는 말 중에 하나가 바로 '갑을 관계'가 아닐까 싶습니다. 우리 사회를 권력자와 그렇지 않은 사람으로 나누어 설명할 수 있다는 게 참 씁쓸합니다. 이 '갑'들이 도대체 어떻기에 우리를 괴롭게 하는 걸까요? 이와 관련해서 대한민국을 들썩였던 두 가지 사건이 있죠? 바로 '십상시의 난'과 '땅콩 회항'인데요, 자기 손에 주어진 권력을 마구 휘두르려 했던 이들의 면모를 되짚어보면서 과연 우리는 왜 이들에게 분노했던 것인지 이야기해보겠습니다.

▲ 유시민 정말 안녕하기 힘든 세상이에요. 세상이 이런데 어떻게 안녕할 수가 있겠어요.

✚ 진중권 일명 '십상시의 난'이라고 불리는, 청와대 문건 유출 사건으로 온 나라가 21세기 궁중 비서에 관심을 집중했었습니다. 게다가 대한항공 부사장이 서비스가 마음에 안 든다면서 활주로에서 이륙 직전의 비행기

를 되돌리고 승무원을 비행기 바깥으로 쫓아낸 일까지 있었죠. 나라마저 후진시키고 있는 게 아닌가 걱정됩니다.

▲ 유시민 십상시의 난이나 땅콩 회항이나, 그 보도를 접할 때마다 대한민국 전체가 울분했죠.

✦ 진중권 십상시라는 말이 욕처럼 들려요.

▲ 유시민 십상시라는 말 자체가 욕이에요. 중국 고사에서 온 말인데, 후한 말 영제 때 어린 왕을 좌우지하던 열 명의 환관들이 온갖 전횡을 부려 나라를 망하게 했죠. 소설 《삼국지》의 시작이 바로 이 십상시들입니다.

✦ 진중권 한국 현대사가 중국 고대사가 된 셈이네요.

▲ 유시민 지금이나 그때나 인간은 똑같은 존재이니까요.

✦ 진중권 인간의 본성은 변하지 않는다…….

▲ 유시민 어떤 일이든 꼭 전조가 있습니다. 유출된 청와대 문건에서 십상시라는 말이 나오기 전에, 이미 인사 참사라고 불리는 일들이 일어났죠. 윤창중 청와대 대변인, 김용준, 안대희, 문창극으로 이어지는 총리 지명자 낙마 사태 말입니다.

✦ 진중권 이름도 기억이 안 납니다. 하도 많아서.

▲ 유시민 왜 자꾸 이런 인사 문제가 벌어지는가. 이런 궁금증이 널리 퍼져 있는 가운데 청와대 문건 유출 사건이 터진 거예요. 이미 앞에서 인사 참사가 터질 때마다 김기춘 비서실장 교체론, 소위 문고리 3인방의 인사 책임론 등이 여러 차례 제기됐죠. 이번 '십상시' 논란과 관련된 직접적인 사건은 2014년 3월 〈시사저널〉에서 보도했던 '박지만 씨 미행 미수 사건'입니다. 당시 자신을 미행하던 사람을 박지만 씨가 붙잡아서 정윤회 씨가 시켰다는 자술서를 받았습니다. 이후 정윤회 씨가 수억 원의 금품을 받고 인사에 개입했다는 정황이 포착돼 청와대 민정수석실에서 감찰을 했는데, 그게 갑자기 중단됐다는 보도가 같은 해 11월 〈세계일보〉를 통해 나왔죠. 이게 사건의 핵심이에요. 〈세계일보〉가 청와대 민정수석실의 감찰 보고서를 입수해서 보도했는데, 여기에 십상시라는 말이 등장한 거죠. 내용을 살펴보면 청와대의 내부 상황이 정윤회 씨를 비롯한 외부인들에게 전달되고 있고, 이들의 지시에 의해서 김기춘 비서실장 경질론 등이 세간에 흘러나가는 등의 일이 벌어진다는 거예요. 즉 외부의 측근들이 국정에 개입했다는 의혹을 보도한 것입니다. 그 외부 측근들을 가리켜 '실세', '십상시'라고 표현한 거죠.

✚ 진중권 진돗개가 실세라면서요. 저는 고양이가 실세라고 했으면 믿을 뻔했어요.

▲ 유시민 진중권 씨한테는 지금 키우는 고양이 루비가 실세예요?

✚ 진중권 그렇죠. 루비가 실세죠.

■ 노회찬 주인에 대한 충성도가 높고, 품격 있는 진돗개에 대한 모욕이에요.

▲ 유시민 진돗개는 용맹하고 머리가 좋아서 자기가 판단해버린대요.

✦ 진중권 실세 맞네요.

▲ 유시민 그러니까 진돗개가 실세라는 거죠. 시키는 일만 해야 되는데, 진돗개는 시키지 않은 걸 알아서 하니까 실세 논란이 일어난 거예요.

■ 노회찬 역시 실세를 해본 분이 뭔가 아시는……

▲ 유시민 누가 실세인지, 얼마나 사실인지는 알 수 없어요. 이 일에서 몇 가지 쟁점을 추려봤어요. 일단 권력자 측근들 사이에 일어나는 갈등, 싸움, 암투, 경쟁 자체가 문제인가? 저는 그렇게 생각하지는 않아요. 사람 사는 데에는 모두 갈등이 있는 거고, 더군다나 최고 권력인 대통령 주변에는 당연히 신임을 얻고 권한을 위임받기 위한 경쟁과 갈등이 있죠.

■ 노회찬 당연하죠. 우리도 주변에서 많은 자문을 구하지 않습니까? 저는 유능한 리더십이 국민에게 더 확실한 책임을 지기 위해서 다양한 비선 조직들을 가동할 수 있다고 봅니다.

▲ 유시민 권력자 주위에 측근들이 있고, 이 측근들에게서 의견을 듣는 건 당연하다, 그들 사이에 경쟁도 있을 수 있다.

■ 노회찬 있을 수 있는 게 아니라 당연한 거죠.

▲ 유시민 두 번째 질문은 이런 거예요. 대통령에게 비선 조직이 있느냐 없느냐가 논란인데, 비선 조직이 있으면 안 되는 것인가? 또는 비선 조직을 원래 갖고 있어야 되는 것인가?

■ 노회찬 문제는 비선의 존재 자체가 아니죠. 중요한 건 비선이 단순히 한 개인이 아니라 팀까지 운영했고, 그 팀에서 주요한 결정들이 많이 이루어졌다는 거예요. 이중 권력처럼 이중 플레이를 한 거죠. 비선 조직을 가동하고 여러 자문 라인을 갖고 있어도, 공식적인 결정은 공식적인 절차를 거쳐야죠. 그리고 비선 자체가 문제가 아니라, 결정권자가 자문 그룹과 공식 그룹 사이에서 어떻게 행동하느냐가 중요하죠. 공적 권력을 가진 이가 공적 절차를 중시하지 않으면 문제가 되죠. 아무리 좋은 내용이라 하더라도 말입니다.

✦ 진중권 맞습니다. 권력을 가진 이가 권력을 어떻게 생각하느냐의 문제예요. 공식 라인도, 비선 라인도 모두 권력자에게 필요하죠. 하지만 공적으로 공표될 일은 공식 라인을 통해서 할 때, 그 결정이 힘이 생기죠. 그것이 권력이고요. 내 마음대로 하는 게 권력이 아니라.

▲ 유시민 권력자의 측근 사이에 경쟁, 갈등, 암투가 있는 게 자연스럽다고 생각하는데요, 문제는 뭘 가지고 싸우느냐라고 봅니다. 그러니까 국민 행복도를 높이는 방법은 무엇인지, 어떻게 하면 대통령을 바른 길로 인도할 수 있을지를 가지고 다투는 건 정말 자연스럽고 심지어 바람직하

다고 생각해요. 그런데 그런 국정 운영의 방향성 때문에 다툼이 생긴 게 아니라, 자신들의 자리다툼 때문이라면 문제가 되죠. 저는 비선 조직이 있어야 한다고 봅니다. 만약 비선 조직이 없으면 대통령은 국무총리와 비서실장, 수석들 몇 사람들한테 전적으로 의존하게 돼요. 제가 좀 해봐서 알아요. 노무현 대통령도 같이 담배 피우는 비선 조직이 있었어요.

■ 노회찬 비선 조직의 수준이 중요하죠. 그리고 이런 비선 조직이나 비공식 조직은 공적 관계, 공적 시스템, 공적 판단을 뒷받침하는 조직으로 기능해야 합니다. 예를 들어 어느 한 개인이 올린 의견을 국회의원이 마치 전체 보좌진의 입장인 것처럼 발표하면 안 되잖아요. 그건 매우 위험하죠.

▲ 유시민 굉장히 위험하죠.

■ 노회찬 그러니까 측근들이 이야기하는 것 안에서만 뭔가를 결정하는 게 아니라, 다양한 채널들의 입장을 폭넓게, 다양하게 검토하고 판단해야 하는 거죠. 그것이 바로 성숙한 리더십이고요.

✚ 진중권 심상정 국회의원도 무슨 일이 있으면 저한테 파스타를 사주면서 의견을 물어보세요.

▲ 유시민 그렇지, 비선은 있어야 돼요. 파스타 비선이네.

✚ 진중권 그런데 제가 거기서 심상정 국회의원의 공식 라인에 관여하는 건 아니잖아요. 문제는 사적 라인이 공적 라인과 정상적인 시스템을 망가뜨

리는 거죠.

▲ 유시민 자, 여기서 우리가 핵심 질문을 해봅시다. 어떤 사람이 실세가 되기 위한 조건이 뭘까요?

■ 노회찬 본인의 직책과 본인이 행사하는 권력이 불일치해야죠. 직책이 높은데 그에 합당한 행사를 하면 실세라는 말을 안 하잖아요. 직위는 낮은데 자신의 직위에 부여된 것 이상의 권력을 행사할 때, 명실상부하지 않고 명과 실이 다를 때 실세라고 하죠.

▲ 유시민 제가 청와대에 있었던 시절의 경험을 종합해보면 이런 거예요. 첫째, 실세는 권력자에게 아무 때나 전화를 하거나 만날 수 있어야 합니다. 권력자 주변 사람을 만나서 말을 전하는 건 실세가 아니에요. 곧바로 전화할 수 있는 사람이 실세죠.

✦ 진중권 핫라인 사람이네요.

▲ 유시민 그렇죠. 두 번째, 권력자를 만나서 아무 이야기나 할 수 있어야죠. 제한된 의제를 가지고 미리 비서실하고 상의한 후에 이야기를 하는 건 실세가 아니에요. 세 번째, 권력자가 그 사람의 이야기를 상당 부분 받아들여야 해요. 권력자를 만나기는 하는데 되는 일은 없으면, 그것도 실세가 아니에요.

■ 노회찬 유시민 씨가 진짜 실세를 좀 해봤네요.

▲ 유시민 누가 진짜 실세인지를 떠나서, 문제는 이 실세들이 권력자를 잘못된 방향으로 흔들고 있다는 건데, 과연 해결책은 뭘까요?

■ 노회찬 지금 대한민국에서 권력이 행사되는 방식을 보면 굉장히 비밀주의입니다. 그게 문제예요. 국정을 운영하거나 비선을 활용하는 방식이 바뀌어야 합니다. 권력이 전적으로 대통령에게만 몰려 있으면 더욱더 '실세냐 아니냐'라는 식으로 사람들이 움직이게 돼 있어요. 그래서 국무총리에게 권력을 배분해줘야 한다고 생각합니다. 그게 대통령의 공약이기도 했지요.

▲ 유시민 우리 노회찬 씨 같은 분을 국무총리로 모셔다 놓고 권력을 확 배분해주면, 대통령이 편하잖아요. 아무튼 권력가 주위에 맑은 물만 모일 수는 없다고 봅니다. 큰 강이 흐르면, 이곳저곳에서 물이 들어오고, 흙탕물도 들어오죠. 중요한 건 큰 강이 어디로 흐르느냐, 바른 길로 흐르고자 하느냐라고 생각합니다.

'그래, 내가 개는 아니지'라고
생각했다는 사실 자체가 지금 우리의 모습을
상징적으로 보여주는 것 같아요

✚ 진중권 바른 길을 가야 할 분들이 그 외에도 많아요.

▲ 유시민 네. 기내 서비스가 마음에 안 든다고 직원들을 혼내고, 비행기를
회항시켜서 사무장을 내리게 한 분이 있죠. 한진그룹 조양호 회장의 장
녀 조현아 씨입니다. 그런데 이 조양호 씨 일가분들이 평소에 이런 행동
을 해왔다고 해요. 이번 일은 비행기 안에서 일어난 일이라 문제가 심각
해진 거죠.

　우선 대한항공에 대해서 이야기해볼까요. 15여 년 전에 대한항공은
심각한 위기를 맞았어요. 1997년에 괌에서 여객기가 추락해서 225명이
사망했습니다. 1998년에 김포공항 활주로 이탈 사고가 났고요, 1999년
에는 상하이에서 화물기가 추락해서 승무원 8명 전원이 사망했습니다.
이런 사고가 일어나니 당시 김대중 대통령이 국무회의 자리에서 한마디
하셨죠. 혹시 이게 오너 경영 체제의 문제가 아니냐. 이렇게 문제점을 지
적하는 바람에 창업자인 조중훈 회장이 퇴진하고, 맏아들인 조양호 씨
가 당시 사장직을 내놓고 대외 업무만 하는 회장직을 맡았어요. 그 뒤로
는 대한항공이 큰 사고 없이 나름 열심히 해왔습니다.

■ 노회찬 조양호 회장의 자녀들도 다 대한항공에서 일하고 있나요?

▲ 유시민 네. 삼 남매가 모두 주요 임원이에요. 문제를 일으킨 첫째 조현아 씨가 대한항공 호텔면세사업부에 입사한 게 1999년입니다. 그러니까 사고가 많이 나서 경영진이 퇴진할 때 창업자 손녀는 입사를 한 거죠. 그 후에 기내식기판사업본부, 칼호텔 네트워크 대표, 객실사업본부장을 겸직하다가 2014년에 대한항공의 기내 사업과 호텔 사업을 총괄하는 부사장이 됐습니다. 둘째 조원태 씨는 대한항공 영업부분 전략본부 총괄 부사장 겸 그룹경영기획실 실장으로 요직을 맡고 있습니다. 막내 조현민 씨는 대한항공 통합커뮤니케이션 전무인데, 뭐 하는 곳인지는 잘 모르겠어요. 이번에도 커뮤니케이션이 잘 안 돼서 사고가 난 건데 말이죠. 한진그룹은 2014년 8월에 한진칼이라는 지주회사를 출범시켜 다른 회사들을 그 밑으로 배치했어요. 이게 3대 세습을 위한 지주회사인데, 이 한진칼의 대표이사를 외아들인 조원태 씨가 맡고 있죠. 이렇게 되면 조중훈 씨에서 조양호 씨로, 그리고 조원태 씨로 3대 세습 시스템을 완비한 수준입니다.

✦ 진중권 조현아 씨가 비행기에서 거의 난동을 부렸단 말이죠.

■ 노회찬 저는 맨 처음에 왜 당사자가 아닌 조양호 회장이 대신 사과를 했는지 진짜 궁금해요. 그것도 사건이 발생한 지 일주일 후였잖아요. 조현아 씨가 마흔한 살이고, 대한항공의 주요 임원이에요. 미성년자도 아니고, 한 기업의 책임 있는 위치에 오른 사람인데 왜 아버지가 기자 회견을 하죠?

✦ 진중권 전 대충 알 수 있을 거 같아요.

▲ 유시민 왜요?

✚ 진중권 개인의 책임이 아니라 회사 책임이라는 거죠. 쉽게 말하면 조현
아 씨는 직책을 수행했다는 거예요. 그런데 그 과정에서 무리가 좀 있었
다, 그 부분은 회사가 책임을 지겠다는 겁니다. 그러니까 우선 잘못은 승
무원이 한 거다, 그래서 정당하게 조치를 취했는데 정도가 좀 지나쳤던
것 같다. 그래서 회사 대표가 책임을 진 거죠.

■ 노회찬 대한한공에서는 이 사건을 완전히 은폐하려고 했잖아요. 사무장
이 비행기에서 내리자마자 본사에 전화를 걸어서 하기 신고를 했어요.
그래서 본사에서는 비행기가 도착하는 14시간 동안 승무원들의 핸드폰
부터 압수하고, 동영상을 찍은 게 있는지 검열했다고 합니다. 이렇게 초
기에는 직원들을 단속해서 밖으로 사건이 새지 않도록 하려다 문제가
불거지고, 결국 국토부 조사까지 가게 된 거네, 이후 검찰 압수수색, 구
속으로 연결된 건데, 처음에는 국토부 조사도 우습게 생각했대요.

✚ 진중권 국토부 직원이 다 옛날 한진 직원이었으니까요.

■ 노회찬 노동조합에서 계속해서 여러 번 요구했습니다. 특히 조종사 노조
가 여러 번 성명을 발표해서 왜 회장은 사과를 안 하느냐, 왜 승무원에
대한 사과는 없느냐 등을 요구했어요.

▲ 유시민 상식적으로 생각해봅시다. 노회찬 씨나 진중권 씨는 나이 마흔하
나 먹은 딸이 어디 가서 사고치면 대신 사과할 건가요?

85

✦ 진중권 당연히 아니죠. 처음 대한항공의 발표가 그야말로 회사의 사정을 잘 보여준다고 생각합니다. 잘못은 조현아 씨가 했는데 그 책임은 승무원들한테 맡겨놓고 발뺌하고, 사측에서는 사주 딸의 잘못을 덮기 위해서만 애썼다는 것을 그대로 보여준 거예요.

■ 노회찬 이게 재벌 3세의 일탈 행위인 것은 분명하나, 그렇게만 볼 문제는 아닙니다. 대한항공이라는 조직을 깊게 볼 필요가 있어요. 한 15년 전쯤 일인데, 대한항공 조종사를 몇 명 만났습니다. 노동조합을 준비하고 있다고 해서 깜짝 놀랐어요. 왜냐하면 제가 만난 사람들 중에 가장 월급을 많이 받는 분들이었거든요. 당시만 해도 그분들 중 절반 이상이 공군 중령이나 대령 출신이었어요. 그런 분들이 뭐가 아쉬워 노조를 만드나, 그리고 노조를 만들었을 때 사회적으로 지탄받지는 않을까, 그런 걱정을 조심스럽게 물어봤어요. 그때 들은 답을 아직도 기억하고 있습니다. 우린 돈 문제가 아니다, 우리는 인간 대접을 받기 위해서 노조를 만든다. 이게 더 놀라운 거죠.

▲ 유시민 돈만 많이 준다고 해서 인간 대우를 받는 게 아니라는 거죠.

■ 노회찬 그런데 기장, 부기장 같은 사람들이 인간 대접을 못 받으면, 인간 대접을 받는 사람들이 누가 있어요? 그래서 물어봤더니, 상상을 초월하는 거예요. 반말은 보통이고 마흔, 쉰 살이 되는 사람한테도 주먹을 날리고……. 조현아 부사장이 승무원한테 했던 태도와 같은 것들이 기본인 겁니다. 그러니까 결국 인간 대접을 받기 위해서는 노조를 만들 수밖에 없다는 결론에 도달한 거죠.

어떤 사람이
실세가 되기 위한 조건이 뭘까요?

♦ 진중권 이번 사건에서 사무장이 했던 말 기억나세요? 어느 순간 '그래, 내가 개는 아니지'라고 생각했다고요. 그 말이 당시 상황을 상징적으로 보여주는 것 같아요.

▲ 유시민 대한항공 사람들은 이 사건을 특별하게 생각하지 않았던 것 같아요. 그러니까 조양호 회장 일가가 평소 호텔이나 면세점, 공항에서 임직원들을 늘 이렇게 대해왔기 때문에 특별한 문제의식을 못 느낀 거예요. 과거에 다른 장소에서 다른 일로, 다른 사람에게 이렇게 할 때는 그냥 '우리 부사장 성질이 더럽다' 이렇게 넘어갔던 거죠. 그러면 이 사건은 왜 이렇게 큰 문제가 됐을까요? 이번엔 항공기 안이에요. 항공기 안만 아니었으면 문제가 되지 않아요.

♦ 진중권 회항을 했잖아요.

▲ 유시민 조현아 씨의 생각은 이랬던 것 아닐까요? 이건 우리 비행기이고, 나는 부사장이고, 여기 있는 승무원들은 우리 회사 종업원들, 머슴들이고……. 그런데 나한테 충분히 굽신굽신하지 않았으니 욕도 좀 하고 책자로 꾹꾹 찌를 수도 있지. 그런데 이게 말이 돼요?

♦ 진중권 안 되죠, 당연히.

■ 노회찬 일등석에 승객이 딱 한 사람 있었고, 그분이 조현아 씨 앞좌석에 있었는데, 휴대폰으로 본인이 목격한 것을 아는 사람한테 다 보냈다고 해요. 그리고 오는 내내 굉장히 고통스러웠대요. 그런데 조현아 씨는 오

면서 잘 잤다잖아요.

▲ 유시민 대기업 오너 경영 체계를 이야기하기 전에, 이 사람들이 평소에 어떤 사고방식이나 습관을 갖고 있는지를 봐야 할 것 같아요. 이 사람들은 헌법 위에 있어요.

✚ 진중권 헌법 위가 아니라 헌법 이전 분들이죠.

▲ 유시민 헌법 이전 분들요?

✚ 진중권 그러니까 귀족인 거예요. 사고방식이 전근대적이잖아요. 자본주의적 계약은 자본이 있는 사람과 노동력이 있는 사람이 인격적으로 자유롭게 계약을 체결하는 거잖아요. 그런데 이게 아니라, 노동력을 샀다는 이유로 상대의 인격까지 산 것처럼 모독을 했어요. 그런 의식은 전근대적이고 헌법 이전의 현상이죠.

■ 노회찬 자식들이 아버지가 운영하는 조그마한 가게를 어려서부터 지켜보고, 그 속에서 커오면서 여러 가지에 익숙해지고, 그 가게를 물려받는 것은 자연스럽다고 생각합니다. 아버지가 타던 자전거를 아들이 탈 수도 있어요. 하지만 아버지가 몰던 비행기를 아들이 몰기는 힘들잖아요. 그러니까 대기업을 운영하는 건 걸맞은 능력을 가진 사람, 전문 경영인들이 해야죠. 그게 아버지 소유니까 아들, 손자, 손녀가 물려받는 것처럼 위험한 일이 어디 있습니까?

▲ 유시민 게다가 본인이 만든 위기에 대해 사과 한마디 제대로 하지 못했어요. 위기관리 능력 자체가 없는 거잖아요. 이런 사람들이 기업 경영을 어떻게 하겠어요? 미국 MBA 나왔다고 자질이 있는 게 아니에요. 이건 기업에 대한 민폐예요. 그뿐인가요. 대한항공이 영어로 코리안 에어인데, 나라에도 폐를 끼친 거예요.

✚ 진중권 나라 망신이죠. 일본이고 미국이고 패러디 동영상 만들고 난리가 났죠.

돌아가신 박완서 작가가
이런 말을 했죠
왜 우리는 사소한 일에만 분노하는가

▲ 유시민 이와 관련해서 한 가지 더 제기하고 싶은 문제가 있어요. 이 사건 와중에 쌍용자동차 해고 노동자 중에 스물여섯 번째 사망자가 나왔습니다. 해고자 두 분이 70m 굴뚝 위에 올라가서 혹한에 고공 농성을 이어 갔어요.

■ 노회찬 올라간 날 스물여섯 번째 사망자가 나왔죠.

▲ 유시민 모두들 조현아 씨 사건을 보면서 엄청 분개하잖아요? 사실 승무

원을 비인간적으로 대한 것은 잘못이지만, 수백 명을 단칼에 정리한 것에 비하면 훨씬 작은 악덕이에요. 그런데 왜 상대적으로 작은 악덕에 대해서는 흥분하고 분개하면서, 수백 명의 가장들을 한꺼번에 해고한 이 사건에 대해서는 분개하지 않을까요?

■ 노회찬 수면 위에 드러난 걸 보면 서로 다른 빙산의 봉우리처럼 보이나, 이 두 사건은 물 밑에서는 연결돼 있습니다. 일하는 사람이 제대로 대접 못 받고 차별받거나 인간 이하의 처분을 받는 것, 이게 두 사건을 관통하는 맥인 거죠. 다만 하나는 굉장히 드라마틱하게 자극적으로 보였던 거고요. 우리는 더 심각한 문제에는 오히려 타성화돼 있는 것 같습니다. 또한 정리해고와 같은 큰 문제는 이데올로기적으로 당연한 것으로, 경제 성장을 위해서 감수해야 하는 일처럼 흘러가고 있어요. 조현아 씨 사건으로 흥분한 언론 중 적지 않은 매체에서 쌍용차 정리해고는 당연히 받아들여야 하는 것처럼 외쳤거든요.

▲ 유시민 우리가 어떻게 된 건가요? 우리 가치관이 말입니다. 서류에 사인해서 수백 개의 가정을 파탄 속에 몰아넣는 것이, 항공기에서 땅콩 서비스 제대로 안 했다고 욕하고 소리 지르고 책자로 꼭꼭 찔러서 손등에 상처 내는 것에 비하면 수백 배, 수천 배 끔찍한 짓이에요. 그런데 사회적으로 엄청난 비극을 초래하는 끔찍한 일에 대해서는 어떤 이데올로기적인 이유로든 그러려니 하고, 조현아 씨 일 같은 상대적으로 작은 사건에 대해서는 엄청 흥분하는 것이 저는 좀 슬펐어요.

■ 노회찬 그걸 바로잡기 위해서 많은 분들이 노력하고 있고 활동하고 있는

데, 아직 힘이 미약한 거죠.

✦ ^{진중권} 돌아가신 박완서 작가가 이런 말을 했죠. 왜 우리는 사소한 일에만 분노하는가.

▲ ^{유시민} 김수영 시인의 '어느 날 고궁(古宮)을 나오면서'라는 시를 보면 이런 내용이 나와요 "왜 나는 조그마한 일에만 분개하는가. 저 왕궁 대신에 왕궁의 음탕 대신에 50원짜리 갈비가 기름덩어리만 나왔다고 분개하고 (중략) 모래야 나는 얼마큼 적으냐. 바람아 먼지야 풀아 나는 얼마큼 적으냐. 정말 얼마큼 적으냐……."

무너지고 있는 게 뭘까요? 저는 우리 각자의 가치관, 마음, 감정이 무너지고 있는 게 아닌가 하는 생각이 들어요. 크게 화내야 할 때는 화도 좀 내고요, 그렇게 살았으면 좋겠다는 생각이 들어요. 안 그러면 너무 슬프잖아요.

✦ ^{진중권} 대한항공 사건이 큰 파장을 일으킨 건, 우리 사회에 만연하는 '갑을 관계' 때문이라고 하잖아요. 수많은 사람들이 당하고 있는 걸 시각적으로 보여줬기 때문인 것 같습니다. 그렇지만 그보다 더 큰 갑을 관계가 있죠.

▲ ^{유시민} 확 때려 부수고 싶은 때가 있어요.

✦ ^{진중권} 울분을 토로하셨습니다.

▲ 유시민 아, 정말 슬프네요.

✚ 진중권 우리는 왜 그런 갑을 관계에 대해서는 침묵하는가, 왜 분노하지 않는가, 생각해봐야 할 것 같습니다. 생각하기를 멈추면 안 됩니다. 멈추면 정말 을로 살게 되는 겁니다. 어느 시대든, 어느 사회든 좋을 때도 있고 나쁠 때도 있죠. 하지만 그 속에서 생각하는 사람으로 사느냐 아니냐는 다른 겁니다. 긴 시간 속에서 보면 한 개인의 삶은 짧은 시간일 수 있습니다. 하지만 우리가 겪는 일들은 그렇게 순식간에 지나가지 않습니다. 우리가 내 것이 아닌 고통에 눈 감는 순간, 그 고통은 바로 우리에게 돌아오게 돼 있습니다. 그 고통이 내 차례가 되는 게 그리 오래 걸리지 않을 수도 있죠.

04

피케티와 부의 불평등

+ 정태인 경제학자

21세기
자본은
어디로
가는가

지난 100년 중에서
지금이 가장 불평등한 시대라고?

✦ 진중권 경제학에 조금이라도 관심 있는 분들은 아실 텐데, 프랑스 경제학자 토마 피케티의 책 《21세기 자본》이 세계적으로 엄청난 화제를 모았습니다. 피케티의 주요 주제는 불평등 문제인데요. 불평등은 인류의 시작부터 함께했는데, 왜 유독 이 시점에 피케티의 주장이 주목을 받는지 알아봐야 할 것 같습니다. 누가 설명을 가장 잘해주실까요? 경제학자 정태인 씨가 설명해주실 겁니다. 우선 책 제목 《21세기 자본》은 마르크스의 《자본론》을 연상시키는데, 맞습니까?

● 정태인 물론 그것을 의식하고 쓴 거죠.

✦ 진중권 피케티 이야기로 들어가기 전, 정부의 세금 정책에 대한 이야기를 먼저 하고 싶습니다. 세금을 올리는데 증세는 아니라고 말하고 있죠? 그러니까 술 마시고 운전은 했는데 음주운전은 아니다.

● 정태인 유행이죠. 정치 개입은 했는데 선거 개입은 아니다.

♣ 진중권 담뱃값, 주민세, 자동차세 등이 인상되는 걸 보고 이번 정부가 막 가파라고 하셨는데, 이 부분은 유시민 씨와 의견이 갈리는 것 같은데요.

▲ 유시민 전 순수한 보건 정책이라고 말씀드렸습니다.

♣ 진중권 동심을 가진 유시민 씨입니다.

● 정태인 만약 정말 건강을 위한다고 하면 8천 원 정도로 올리면 대부분 담배를 끊을 거 아니에요? 하지만 그렇게 되면 금연하는 사람들이 많아지니 조세 수입은 더 줄겠죠. 조세재정연구원이 그 계산을 하지 않았겠습니까. 그런데 조세 수입이 최고가 되는 가격이 딱 4,500원이라는 겁니다.

▲ 유시민 수요의 가격탄력성 문제죠. 가격이 인상되는 비율보다 금연자 증가 비율이 더 적은 거예요.

● 정태인 담배는 그 탄력성이 굉장히 낮습니다. 중독성이 있으니까요. 그래서 술과 담배에 증세를 하면 무조건 세수가 늘어나죠. 하지만 그것도 한계가 있어요. 올려도 끊지 않을 그 적정선을 계산한 게 4,500원이라는 거죠. 오로지 국민 건강을 위해서 정한 가격이라면서 말이죠.

▲ 유시민 순수한 보건 정책이 맞습니다. 다만 실무 장관들이 잘못하고 있는 겁니다.

● 정태인 이런, 유시민 씨마저 발언을 자제하는 시절이 됐네요. 대단해요.

✦ 진중권 이렇게 되면 까치 담배라고 하는 게 다시 등장하지 않겠어요? 개비로 파는.

● 정태인 아니면 말아서 피우는 담배 있잖아요? 외국에서 많이 볼 수 있는 거요. 그런데 담배 가루를 안 파네요. 이러다가 담배 농가와 직거래를 하는 사업을 해볼까 하는 사람들도 나오겠는데요.

✦ 진중권 재배하겠다는 사람들까지 있죠.

▲ 유시민 말아 피운 담배가 더 맛있다는 독일 속담이 있어요.

✦ 진중권 예산안 문제로 넘어가보죠. 2015년 예산안을 어떻게 보십니까?

● 정태인 경제가 굉장히 나빠진다고 판단하고 있기 때문에 확장 정책을 쓰고 있습니다. 그런데 잘 들여다보면 건설과 관련된 예산이 많이 늘고 복지 예산은 그리 크게 늘지 않았어요. 복지 비중이 높아졌다고 하는데, 원래 복지 분야는 계속 늘어나는 게 기본이거든요. 따라서 건설 경기를 살리는 쪽으로 예산이 집중돼 있다고 보면 되겠습니다. 그런데 발표 내용을 보면 자세한 사항을 파악하기가 매우 어려워요.

▲ 유시민 기획재정부 홈페이지에 접속해서 자료를 보면 이게 뭔 말인지 되도록 알아보기 힘들게 만들어놓았어요. 설명을 해드릴게요. 언론에 발표된 2015년 총예산은 376조 원인데, 이것은 GDP 대비 30%에 가까운 정도의 액수로 통합재정에 따라 책정됩니다. 문제는 이 통합재정 지출이

라는 게 허수가 있어요. 일반 예산 지출뿐만이 아니라 국민연금 기금, 공무원연금 기금, 우체국보험 기금, 사학연금 기금과 같은 4대 연기금 지출도 포함돼 있는 겁니다. 여기서 기금 지출이 약 117조 원 정도 되기 때문에 순수하게 정부가 쓰는 예산은 약 260조 원 정도밖에 안 됩니다. 우리 GDP의 20% 수준이죠.

● 정태인 게다가 적자가 25조 원 정도 됩니다. 아마 2014년에 세수가 제대로 안 걷혀서 약 10조 원 정도가 더 문제가 됐을 거예요. 여기에 세계 경제까지 나빠지고 있어서 재정 적자가 더 심해지겠죠. 그러면 지출을 줄여야 하죠. 세월호 사고 이후에 안전에 관한 지출을 늘려야 한다는 이야기가 많았는데, 지금 예산안에는 그런 내용이 거의 없습니다. 문제는 이런 겁니다. 경제가 나쁘면 정부가 지출을 늘리는 게 맞죠. 경기부양책도 써야 할 테고, 생활이 어려워지는 사람들을 위한 안전망도 필요하죠. 그래서 경제가 나쁜데 재정 균형을 맞춰야 한다고 오히려 지출을 줄이다 보면 경제 전체가 정체되는 상황도 벌어집니다. 오바마 정부가 그랬죠.

다행히 우리나라는 재정균형론자들의 힘이 약해서 이런 이야기는 나오지 않지만, 문제는 세금 인상으로 늘어난 세수가 어디로 가느냐입니다. 이게 저소득층에게 가야 경기가 살아나거든요. 그래야 소비가 늘어나니까요. 그런데 오히려 주식 배당에 대한 세금도 분리과세를 해서 부자들의 세금은 줄여주고, 담뱃값, 지방세, 인두세 같은 걸 늘려서 세수를 메우려다 보니 문제가 되지요.

▲ 유시민 그래 봐야 얼마 안 늘어요, 담배에서 3조 원 정도고요.

● 정태인   세금에 관해서는 정몽구 회장이 큰일을 했죠. 한전 부지를 10조에 샀으니 내야 할 국세가 2조 5천억 원 정도 되고, 지방세로 서울시에 낼 돈이 1조 5천억 원 정도 되니까 합쳐서 4조나 되잖아요.

✚ 진중권   아니, 왜 그렇게 비싼 값에 샀을까요?

▲ 유시민   한전 적자를 메워주려고 한 거예요. 착한 일을 하려고요. 훌륭해요.

✚ 진중권   제가 묻고 싶은 건 이게 경제적 행위의 결과였나, 아니면 다른 정치적 계산이 있었느냐라는 거죠.

● 정태인   그건 알 수 없죠. 그 땅이 굉장히 노른자위라 거기서 무슨 사업을 할 수 있다고 생각했을 것이고, 동시에 어려운 정부를 도와준 것이기도 하잖아요.

▲ 유시민   확장적 정책에 대해 괜찮다고 하셨는데, 한 가지 짚어보긴 해야 될 것 같아요. 국가 부채가 크게 늘어났잖아요. 노무현 정부 5년 동안 적자성 채무가 18조 5천억 원 정도였어요. 5년 동안에요. 이명박 정부 5년 동안은 약 89조 원으로 추산됩니다. 여기에 4대강 사업으로 수자원공사에 떠넘겨놓은 8조 원은 포함되지 않았습니다. 그것까지 합하면 약 100조 가까운 적자성 채무를 졌어요. 그런데 박근혜 정부의 경우 이 추세로 가면 이명박 정부를 추월해서 5년간 100조 원 이상의 적자성 채무를 기록할 것으로 보입니다.

● 정태인 확장재정 정책을 쓰긴 써야 되는데, 그 돈이 가난한 사람들, 보통 사람들한테 가서 소비가 늘어나는 것 외에는 우리나라 경제가 좋아질 방법이 없어요. 국가 재정도 마찬가지입니다. 세수가 늘어나야 재정이 좋아지니까요. 그런데 지금은 그 반대로 가고 있죠. 때문에 경제성장률도 정부는 4%라고 예측하는데 이보다 훨씬 낮을 것이고, 적자는 더 늘어날 겁니다.

✦ 진중권 5년이 지나서 국가 채무가 또다시 100조 원이 늘어나면 어떻게 되는 건가요? 전 세계 국가 중에서도 가장 위험한 상태가 되는 거 아닌가요?

● 정태인 아니요, 괜찮습니다. 핵심은 확장이냐 균형이냐가 아니라, 이런 방식으로 국가를 운용하면 경제가 굉장히 나빠질 거라는 점입니다.

✦ 진중권 건설 쪽 재정 지출이 많아진다고 했는데, 뭘 더 짓겠다는 겁니까? 어찌 됐든 아파트 값을 올리려고 난리이긴 한데, 어떻게 올리죠?

● 정태인 고속철도 사업도 있지만, 아무래도 민간 건설 경기를 일으키겠다는 거죠. 사람들이 빚내서 집 샀다가 집값 떨어지면 망하니까 주저하고 있잖아요? 이제 불쏘시개를 만들어야죠. 그 불쏘시개로 집값이 올라가면 사람들이 다시 무리해서라도 빚내서 집을 사게 될 거고, 그러면 건설 경기도 살아나니까요. 그 불쏘시개가 뭐냐면 바로 강남 3구의 재건축입니다. 그곳 사람들은 돈이 많으니까 투자처를 찾고 있는데 재건축을 하면 집값이 올라가고 인근 집값도 따라 오르겠죠. 이것이 바로 지금 정부

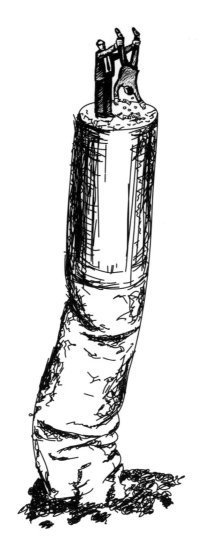

가격을 올려도 담배를 끊지 않을
적정선 4,500원

가 가지고 있는 유일한 성장 전략이거든요. 제가 보기엔 너무나 위험합니다. 절대로 빚내서 집을 사선 안 됩니다.

✦ 진중권 정부가 거꾸로 가는 거 아닙니까? 경기를 살리려면 소비를 촉진시켜야 하는데, 빚을 지고 집을 사게 만들다니.

● 정태인 네, 건설에 대한 환상이 굉장히 강한 거예요. 결과물이 확실하게 나타나는 것은 건설밖에 없다고 생각하는 거죠.

대한민국의
경제 불평등 정도가
전 세계 최고 수준이라니, 설마?

✦ 진중권 이런 기조로 가면 결국 빈부격차는 더 커질 것으로 보이는데요. 자연스럽게 피케티 이야기로 넘어가보겠습니다. 토마 피케티, 프랑스의 대학교수죠. 2014년에 한국을 방문했고요. 아주 젊은 학자이네요.

● 정태인 1971년 생이에요.

✦ 진중권 《21세기 자본》이라는 책 한 권으로 전 세계 경제학계를 '부의 불평등'이라는 화제 속으로 몰아넣었습니다. 우리나라에 와서도 날카로운

지적들을 쏟아냈죠. 동의하는 분들도 있지만, 장하성 교수 같은 경우에는 우리나라 현실에 안 맞는다고 하고요.

● 정태인 피케티는 22세에 박사가 되고, 25세까지 MIT 교수를 지냈어요. 43세에 책 하나로 세계적인 베스트셀러 저자가 됐으니 대단하죠.

✚ 진중권 미국에 있었군요.

● 정태인 네, 그런데 재미없다고 프랑스로 돌아왔죠. 책에도 나오는 말인데, 피케티는 경제학을 수학으로 생각하면 안 된다고 말하죠. 자신은 수학 문제나 풀면서 평생을 보내고 싶지 않았다…….

▲ 유시민 그러나 수학을 못하는 사람이 아니잖아요. 엄청 잘해요.

● 정태인 정작 박사 논문은 다 수학이에요. 수학으로 경제를 설명했어요.

▲ 유시민 피케티는 자신의 홈페이지에 근거가 되는 통계를 볼 수 있는 엑셀 파일을 다 올려놓았어요. 내 주장이 의심스러운 사람들은 이 데이터를 보라고 말이죠.

● 정태인 피케티의 전략인데, 그렇게 모든 데이터를 공개합니다. 그리고 프랑스, 영국, 미국 등 몇 개 국가들을 이 틀에 맞추어 분석했잖아요. 그랬으니 다른 나라의 경제학자들도 자신과 똑같은 방법으로 내용을 채워넣어보라고 말하는 겁니다.

◆ 진중권 채워 넣으란 말이에요?

● 정태인 그렇죠. 그래서 이 연구가 여러 나라에 확장되고 있어요. 최근에 우리나라 김낙년 교수가 이에 맞추어 한국의 소득 불평등 부분에 대한 자료를 올렸죠.

◆ 진중권 일종의 매뉴얼이네요.

● 정태인 그렇죠. 이제 전 세계의 불평등 실태가 나타나고, 전 세계 사람들이 현재의 불평등을 그대로 두면 안 되겠다고 말하면서 어떤 대안을 내놓을 거 아니에요? 이 불평등이 용인할 수준이냐 아니냐라는 이야기부터 나오겠죠. 하여튼 대단한 전략입니다.

◆ 진중권 똑똑하네요.

● 정태인 그리고 나서 이 연구를 통해 국내 정치를 하고, 국제 정치를 할 수 있게 되겠죠.

▲ 유시민 진중권 씨는 이 책 아직 안 읽어봤죠?

◆ 진중권 아직 안 읽어봤습니다.

▲ 유시민 일반 독자들이 충분히 읽을 만한 책이에요. 《맨큐의 경제학》 같은 책보다 나아요.

● ^{정태인} 그건 재미없어서 못 읽죠.

✦ ^{진중권} 제가 평소에 경제학에 대해서 이렇게 이야기하잖아요? 어제 한 예측이 오늘 틀렸다는 것을 내일 확인하는 학문. 그렇게 봤는데 자세히 읽어봐야겠네요.

● ^{정태인} 사실 피케티의 방식이 그렇게 어렵지 않거든요. 한국은행에서 2014년 5월 '국민대차대조표 공동개발 결과'를 발표했어요. 여기에 2010년에서 2012년까지 우리나라의 자산 통계가 있더라고요. 그래서 제가 이 자료를 가지고 피케티의 방식대로 연소득 대비 주택가격비율(PIR)을 계산해봤어요. 쉽게 말하면 내가 월급을 모아서 몇 년이 걸리면 집을 살 수 있을까, 이런 걸 알아보는 겁니다. PIR이 5일 경우, 소득을 한 푼도 쓰지 않고 5년간 저축을 해야 집을 살 수 있다는 뜻입니다. 이 방식을 전 자산에 대입해서 계산할 수 있어요. 이렇게 주택 가격, 주식, 채권 등 모든 자산에 대해 계산한 값을 베타값이라고 합니다. 한 국가의 민간자산 총액을 국민순소득으로 나눈 값으로, 축적된 자본의 크기가 국민소득 대비 몇 배인지를 나타내는 거죠. 결과적으로 베타값이 클수록 소득 분배의 불평도가 심하다는 것을 의미합니다.

피케티의 연구 결과를 보면 이 베타값이 1910년대부터 1945년까지 7 정도의 수준에서 2로 떨어졌어요. 당시 선진국의 모든 민간자산가치가 2년치 국민순소득 정도가 된 거예요. 자산에 비해서 소득의 가치가 높아진 거죠. 그런데 1970년대 중반부터 이 값이 올라가서 2010년에는 6을 넘어섰지요. 우리나라는 계산해보니까 7.5예요. 7이라는 숫자가 나오는 시대를 보면 전 세계사적으로 엄청나게 어려운 시기였어요.

▲ 유시민 1800년대?

● 정태인 문화 수준은 올라갔지만 부는 극도로 불평등했던 19세기 말, 마르크스가 혁명을 예언하던 시절이에요.

▲ 유시민 그 시기를 벨 에포크(La Belle Époque)라고 합니다. 파리가 번성했던 '좋은 시절'이라고 하는데, 아이러니하죠.

● 정태인 아무튼 그 시절이 정말 경제적으로 불평등한 시대였죠. 그런데 우리는 지금 그 수준까지 올라가 있다는 거거든요. 우리나라 베타값이 놀랍게도 7.5예요. 전 세계에서 제일 높아요. 부동산 버블 때문에 이런 건데, 저도 놀랐습니다. 일반적으로 빈부격차를 알아보는 척도가 되는 지니계수를 보면, 우리나라는 지금까지 꽤 평등한 나라였어요. 그래서 불평등해지고 있다, 심각한 양극화 현상이 벌어지고 있다라고 해도 다른 나라보다는 나을 거라고 생각했죠. 그런데 최근에 지니계수를 다시 뽑아보고 베타값을 계산해보니, 우리나라가 일본이나 이탈리아보다 더 높은 1위로 나왔습니다. 물론 정확한 계산은 한국은행이 통계를 확정해서 낸 다음에 다시 해봐야겠죠.

▲ 유시민 일단 알아야 할 것은, 피케티가 어떤 주장이나 이론을 편 게 아니라는 거죠. 피케티는 데이터를 통해 현실을 보여주는 새로운 방식을 시도했습니다. 이를 통해 기존의 계산 방식으로는 드러나지 않던 전 세계적인 불평등의 정도를 드러낸 것입니다. 평소 우리는 각종 불평등을 느끼죠. 소득의 불평등, 부의 불평등 등……. 그런데 이것은 눈에 잘 보이지

않습니다. 전체 차원에서, 객관적인 차원, 역사적인 차원에서 파악하기 어렵죠. 그래서 통계가 필요한 겁니다.

그런데 이 통계를 만드는 게 정말 어려운 일이에요. 무엇보다 소득세, 상속세 통계가 본격적으로 나온 건 20세기 이후의 일이죠. 그 전에는 통계가 없었습니다. 그걸 피케티가 해낸 거예요. 1700년경부터 2010년까지, 세계 주요 산업국가들에서 부와 소득이 어느 정도 균등하게 혹은 불균등하게 나뉘었는가를 데이터를 통해 추적한 겁니다. 그 결과 1900년대 초까지는 부와 소득의 불평등 정도가 아주 심했고, 1900년대 초부터 완화되기 시작해서 1910년대부터 본격적으로 낮아졌다는 것을 발견했습니다. 1950년대에서 1960년대까지는 인류 역사상 가장 낮은 수준이었습니다. 그런데 1970년대부터 불평등 수준이 본격적으로 상승하기 시작해서, 지금은 1900년대 초와 비슷한 수준까지 올라왔다는 거죠. 즉, 자본주의의 역사적 변화 과정을 보여준 겁니다.

✚ 진중권 그러고 보면 불평등의 시대는 사실 혁명의 시대였잖아요.

▲ 유시민 이 드라마에는 불평등을 전망한 두 가지 대립 이론이 있어요. 하나는 마르크스 이론이죠. 부가 극단적으로 무한 축적되고 분배가 완전 불균등해져서 결국 체제가 무너지고 혁명이 일어날 거라고 했죠. 반면 미국의 경제학자로 노벨 경제학상을 받은 사이먼 쿠즈네츠는 다른 이야기를 했습니다. 1910년대 초부터 1940년대까지 불평등 정도가 계속 감소했다는 사실을 밝혀냈고 이걸 U자 곡선이라고 하는데, 처음에는 불평등이 악화되지만 나중에는 해결된다는 거죠.

마르크스가 살았던 시대에는 실제로 빈부격차가 극심했고, 더 악화되던 시기였기 때문에 그런 결론이 나왔던 거예요. 쿠즈네츠가 분석한 시기도 1910년에서 1940년으로 한정돼 있죠. 그런데 피케티는 훨씬 긴 시기를 분석해낸 겁니다.

● 정태인 1910년대까지 불평등이 심해지다가 갑자기 불평등 정도가 뚝 떨어지는데, 그 이유는 두 번의 전쟁과 대공황으로 인해 급진적인 정책을 많이 썼기 때문이거든요.

▲ 유시민 누진소득세 같은 것들이죠.

● 정태인 그리고 노동조합이 강화되고, 정치적으로 자산가들의 발언권이 약해집니다. 그러면서 세금 제도를 비롯한 사회적 제도가 부자들에게 불리하게 만들어졌습니다. 이것이 세계대전 후 경제성장의 기본 조건이 되었어요. 일단 평등해져야 사람들이 미래에 대한 희망을 가지고 뭐든 해보려고 하는 거죠.
  그럼 앞으로는 어떻게 될 것인가? 또 그런 격변이 없으면 불평등 정도가 낮아지기 어려운 거 아니냐는 생각이 들죠. '진짜 혁명의 시대가 올까?' 하는 생각이 들어요. 사실 저는 평생 개량주의자라고 욕을 먹고 살았는데, 50대 중반이 넘어서 혁명 이야기를 하게 되는 상황이…….

▲ 유시민 꼭 그렇지 않을 수도 있죠. 일단 피케티는 이 데이터를 보면서 부의 분배, 소득의 분배에 관한 한 어떤 역사적 법칙은 없다고 설명합니다. 극단적인 격변이 올 만큼 상황이 악화되지 않을 수도 있고, 또 상황이 악화된다고 해서 반드시 그런 커다란 사태가 일어나지 않을 수도 있는 거

죠. 그러면서 불평등 구조를 결정하는 요인으로 세 가지를 이야기합니다. 첫째, 소득과 부의 불평등에 대해서 그 시대 사람들, 오늘날의 사람들이 어떤 인식과 태도를 가지고 있느냐. 둘째, 이해관계가 상충하는 집단 중에서 어느 쪽이 힘을 가지게 되느냐. 셋째, 사회제도가 어떤 역할을 하느냐.

● 정태인 그 말은 결국 경제적 불평등의 문제에 정치가 매우 큰 역할을 한다는 겁니다. 그래서 계속 세금 이야기를 하는 거예요. 단적으로 세제만 보완해도 훨씬 달라지죠. 제가 참여정부 시절에 2018년까지 종합부동산세를 1% 올리자는 계획을 발표했는데, 난리가 났죠. 반대가 심했습니다. 그런데 피케티가 말하는 해법은 부동산뿐만이 아니라 금융자산을 비롯하여 모든 자산에 1%씩 세금을 물려야 한다는 겁니다. 전 세계가 다 같이.

▲ 유시민 채무는 빼고요. 한 개인이 가진 자산에서 채무는 빼고 순자산에 대해서만.

● 정태인 내가 1억 원을 빌려서 1억 5천만 원짜리 집을 샀으면, 5천만 원이 세금의 대상이 되는 거죠. 대단한 건, 피케티는 전 세계가 모든 자산에 대해서 세금을 물려야 된다고 말했어요. 그걸 위해, 앞에서 말했던 방식의 연구를 한 겁니다. 각 나라의 경제학자들이 같이 움직이게 하는 식으로요. 쉬운 일이 아니죠. 그래서 본인은 유토피아라고 말하는 거예요. 유토피아일지는 모르겠지만, 일단 각국의 학자들이 이 불평등의 실체를 밝히는 데 동참하면 대단한 일이 벌어질 수 있겠죠. 각 국가 정부에서도

인정하지 않을 수 없고, 또 그 자료를 바탕으로 여러 정책적인 변화나 정치적인 변화도 일어날 수 있고요.

피케티의 연구에서 중요하게 봐야 할 것이 하나 더 있습니다. 바로 세금 자료를 이용했다는 겁니다. 대부분의 조사는 센서스 자료를 바탕으로 합니다. 센서스 조사란 표본을 정하고, 그 표본에 들어가 있는 사람들에게 직접 상세하게 모든 걸 물어보는 겁니다. 센서스는 예컨대 2만 명 정도를 표본으로 조사한 자료를 바탕으로 전체를 유추하는 방식입니다. 그런데 이렇게 표본조사를 하면 최상위 계층에 대한 자료가 과소평가됩니다. 가령 자산을 10억 원 이상 가진 사람은 포함될 수 있지만 1조 원 이상 가진 사람들은 이 조사에 들어가기 힘들죠. 상위층 숫자가 적으니까 센서스 표본에 들어갈 가능성이 적은 거예요. 또 하나는 자산이 10억 원 이상인 사람들이 조사에 응답할 때 대체로 실제보다 낮은 수준에서 대답해요.

이렇게 센서스 자료에서는 보통 상위권을 과소평가하게 됩니다. 그런데 세금 자료를 바탕으로 하면 상당히 정확한 데이터가 나오죠. 특히 상위 계층에 대해서 그렇습니다. 세금 자료를 바탕으로 했을 때도 물론 문제는 있어요. 최하위계층에 대해서는 잘 알 수 없죠. 면세 대상이 되는 이들도 있으니까요. 그런데 이 문제는 복지와 관련된 자료 등으로 보충하면 됩니다. 피케티는 이런 방식을 통해 실제로 사회 전체의 부가 어떻게 구성돼 있는지를 굉장히 정확하게 밝힌 거죠. 가령 영국의 센서스 자료에 의하면 영국의 상위 10%의 자산이 전체 자산의 44% 정도를 차지합니다. 그런데 피케티의 자료에 의하면 상위 10%가 점하는 자산이 전체 자산의 71%입니다. 세금 자료를 바탕으로 하면 그렇다는 거죠.

✦ 진중권 와, 거의 2배네요.

● 정태인 그렇죠. 2012년 센서스 자료에 의하면 우리나라는 45%입니다. 10%가 부의 45%를 갖고 있어요.

✦ 진중권 세금 자료로 본다면요?

● 정태인 70% 정도일지도 모르죠.

▲ 유시민 피케티가 추정한 자료를 통해 미국과 서유럽 국가의 한 해 국민 소득 대비 모든 형태의 재산 가치 합을 보면, 이 비율이 5 내지 6입니다. 5배 내지 6배라는 거지요. 제일 낮았을 때는 2배 내지 3배인 적도 있었 습니다. 지금은 그때보다 2배가 된 거죠. 50년 사이에 일어난 일입니다. 1950년대 이후에. 그리고 소득계층별로 보면 중간 이하의 50%는 부를 하나도 가지고 있지 않아요.

● 정태인 5% 정도 갖고 있죠.

▲ 유시민 하나도 안 갖고 있거나 최대 5% 정도만 갖고 있다는 거죠. 반면 최상위 10%가 적게는 60%, 많게는 90%까지 갖고 있다는 겁니다. 피케 티는 20세기 이후에는 소득세 자료를, 그 이전을 다룰 때는 재산세 자료 를 참조했습니다. 그리고 부의 분배에 관해서는 상속세 자료를 썼죠. 시 대별로 가장 정확한 부의 소유 형태를 보기 위해서 이렇게 한 겁니다. 앞 에서 쿠즈네츠가 1910년대부터 1940년대까지의 미국 사회를 대상으로

연구했다고 했는데, 피케티는 이렇게 말합니다. 자신이 한 작업은 쿠즈네츠가 한 작업을 전 세계로, 그리고 과거로, 또 현재로 확장하는 작업에 불과하다고 말이죠.

피케티의 책을 읽으면서 마치 200년 전의 경제학자들이 타임머신을 타고 와서 현대 사회를 관찰하면서 쓴 것 같은 느낌이 들더라고요. 읽다보면 애덤 스미스의《국부론》도 떠오르고요, 리카도, 멜서스의《인구론》, 헨리 조지의《진보와 빈곤》, 케인스도 생각나더군요.

✚ 진중권 모든 경제 이론들이 다 들어가 있네요.

▲ 유시민 왜 그럴까 생각해보니, 옛날 경제학자들은 저술을 할 때 당대의 지식인 사회 그리고 일반인들과 소통이 가능한 상태로 책을 썼단 말이에요. 그런데 현대 경제학자들의 책은 전공자가 아닌 사람들이 읽기 쉽지 않죠. 자신의 이론을 일반인과 소통하기 위해 쓰는 이들도 거의 없고요. 그런데 이 책은 옛날 책과 같은 느낌을 많이 주더군요.

19세기 말 세습자본주의와 무엇이 다르냐는 겁니다

✚ 진중권 세계지식포럼의 사전 행사로 열린 토론회에서 피케티는 자신의 주장을 세 가지 정도로 요약했다고 합니다. 그 하나하나를 짚어봤으면 좋겠습니다. 첫째로 '세습자본주의가 다시 시작될 가능성이 있다' 이건

무슨 뜻입니까?

● 정태인 부는 아래 세대로 물려주게 되잖아요. 그런데 부가 상위 1%, 10%
에 심하게 집중돼 있으면, 각 개인의 출발점의 차이가 너무 커진다는 거
죠. 쉽게 말해 은수저를 물고 나온 애한테 이길 방법이 없는데, 은수저
정도로 표현할 만한 상황이 아니라는 겁니다. 우리나라는 이미 그렇게
되고 있고요. 베타값 7.5라는 게 바로 그런 상황을 보여주는 거죠. 자본
주의를 지탱하는 이념 중의 하나가 능력주의인데, 이것이 위협받는 거죠.

　또한 자본주의를 유지하는 건 민주주의라는 정치제도인데, 이 민주주
의가 약화됩니다. 돈이 집중되면, 그에 따라 권력도 집중되죠. 그러면 돈
을 가진 이들이 의회를 장악하고, 자신들을 위한 법을 통과시키게 되죠.
이렇게 되면 민주주의는 형식적으로만 유지됩니다. 즉, 19세기 말의 귀족
자본주의와 뭐가 다르냐는 거예요. 사실 이 논지는 미국에 대한 비판입
니다. 아직도 미국 사람들은 자기들의 나라가 기회의 땅이고 능력만 있
으면 성공할 수 있다고 생각하지만 실제로 그렇지 않죠. 예전에는 미국
이 유럽보다 자산도 평등했고, 소득도 조금은 더 평등했을 거 아니에요?
그런데 1970년대가 지나면서 자산과 소득, 특히 소득에서의 불평등이
극심해집니다. 월스트리트의 슈퍼 매니저들이 그런 사람들이죠. 연봉으
로 몇 억 달러씩 받는 사람들이 나타났어요. 이런 상황에서는 너희들의
아메리칸드림도 다 무너졌다고 하는 거죠.

▲ 유시민 피케티는 제인 오스틴 소설을 계속 인용하는데 《오만과 몽상》이
라든가 영화 《비커밍 제인》 같은 데서 묘사된 세습 귀족의 모습들……

◆ 진중권 《오만과 편견》 아니에요?

▲ 유시민 어이쿠, 《오만과 몽상》은 박완서 선생님 소설 제목이죠. 《오만과 편견》에 보면 남자들이 마음에 드는 여자를 찾았는데, 재산을 상속해줄 이모나 할머니나 할아버지가 반대를 하면 혼인을 못 해요. 그 이유가 어디에 있느냐. 당시 상속자들이 쓰는 한 달 생활비가 일반 노동자 임금의 60배 수준이라는 거예요. 그러니까 비참한 생활로 떨어지지 않으려면 상속해줄 사람에게 잘 보여야 되고, 하라는 대로 결혼을 해야 돼요. 그게 바로 상속자본주의거든요.

◆ 진중권 그건 우리나라 드라마 소재인데요.

▲ 유시민 그때가 유럽 국가들의 국민소득 대비 자산비율, 즉 베타값이 6 내지 7일 때예요. 지금 다시 6배가 됐단 말이에요. 그러니까 우리나라도 비슷하죠. 아버지 직업이 뭐냐가 중요한 게 아니라 할아버지 직업이 뭐냐가 중요하다는 겁니다. 왜냐하면 이제 100세 시대를 살기 때문에 아버지 재산은 별로 소용이 없어요. 중간에 증여를 받지 않는 이상 아들 세대가 60~70세는 돼야 상속을 받게 되겠죠. 그러나 할아버지가 돌아가시면 그보다 더 빨리 상속을 받는 거예요. 제인 오스틴이나 발자크의 소설에 등장하는 것처럼 우리나라에서도 이미 TV 드라마나 문화 현상 속에 이런 세습자본주의, 상속자본주의의 증상이 나타나고 있어요. 피케티는 인구 고령화와 상속자본주의의 관계에 대해서도 말하고 있는데, 우리도 지금 초고령 사회를 눈앞에 두고 있죠. 젊은이들은 적고 노인들은 굉장히 많은 인구 구조에서, 집 한 채 사려면 평생 일해야 하는 시대

가 됐습니다. 그러면 더 나은 생활수준을 누릴 수 있는 방법이 상속밖에 없죠. 점점 그렇게 흘러가면, 19세기 초반 서유럽과 같은 계급사회로 돌아갈 거라는 거예요.

♦ 진중권 이게 새롭게 느껴지지 않는 게, 이미 우리가 알고 있고 보고 있는 거 아닌가요?

▲ 유시민 그렇지만 데이터로 입증이 안 됐죠.

♦ 진중권 입증만 안 됐을 뿐이죠. 두 번째가 부의 집중 문제인데, '자본수익률 r과 성장률 g의 격차가 커질수록 부의 불평등이 심화된다' 이건 무슨 말입니까?

● 정태인 자산수익률은 자산으로 돈을 버는 수익률입니다. 보통 자산을 많이 가진 사람들은 부자들이니까, 부자들이 얻는 이익이 늘어나는 게 자산수익률 r이 늘어나는 속도겠지요. 경제성장률은 모든 국민이 얻는 소득이 늘어나는 속도입니다. 국민 안에는 잘사는 사람, 못사는 사람이 섞여 있으니 보통 r이 g보다 높겠죠. 문제는 이 사이의 격차예요. 이 격차가 줄어들어야 좋은 것이고, 이 격차가 벌어지면 벌어질수록 자산 집중, 소득 집중이 심해집니다. 주목해야 할 점은 인구가 줄고 있다는 거예요. 잘못하면 인구 증가율이 마이너스로 갈 수도 있습니다. 그렇게 되면 g가 점점 낮아지게 된다는 거죠. 그런데 역사를 통틀어 보면 r은 대체로 5~6%로 일정했습니다. 어떻게 이게 가능했을까요? 바로 19세기의 식민지를 통한 부의 축적, 현대로 보면 금융업에서 파생상품 등을 통해 돈을

버는 것 등이 바로 r이 유지된 이유였다는 거죠. 사실, 이건 가난한 이들의 돈을 뺏어가는 일이에요. 이렇게 해서 r은 일정하게 유지되는데 g는 떨어지면 점점 그 격차가 벌어지지 않겠습니까? 부의 집중은 점점 심해질 거고요. 그래서 r−g가 부의 집중도를 보여주는 중요한 지표가 되는 거죠.

한국을 보면 경제성장률 g가 1970년대 10%대였고, 그 이후에는 7~8%, 참여정부 때 5% 정도였는데, 지금은 3% 정도입니다. 피케티의 방식으로 r을 계산해보면 2000년대에 6~7%를 유지하고 있으니까 앞으론 r−g가 점점 더 커져서 부의 집중이 더 커질 거라고 말할 수 있는 거죠.

♣ 진중권 부자들의 자산수익률이 떨어질 가능성은 없습니까? 부동산 경기도 바닥인데요.

● 정태인 자산수익률은 계속 높게 유지될 겁니다. 경험적으로 알 수 있죠. 부동산 경기가 바닥이니까 집주인들이 전세를 월세로 바꾸는데, 이렇게 월세로 바꿔도 세율은 5% 정도 받으려고 하잖아요. 이게 이 사람들의 수익률이죠.

♣ 진중권 제일 부러운 사람이 지금 제가 살고 있는 원룸 주인 할머니인데……

● 정태인 젊은이들이 가장 원하는 게 빌딩을 소유하고 거기서 그냥 임대소득을 받는 거라잖아요.

✦ 진중권 1, 2, 3, 4층이 다 원룸이고, 이분들은 5층에 사는데 옥상에 정원까지 만들어놓고 사시더라고요. 처음 입주했을 때만 해도 전세가 더러 있었는데, 이제 전세 사는 사람들은 내보내고 월세로 바꾸고 있더라고요.

▲ 유시민 그러면 그 할머니가 열심히 모아서 그 돈을 손자한테 상속하죠. 그렇기 때문에 자산과 소득의 차이가 중요하다는 거예요. 부와 소득의 불평등을 확대시키는 힘이 기본적으로 자산수익률이라면, 국가적으로 이 동력을 약화시키지 않을 경우 사회적 불균형을 막기 힘들 겁니다. 사회적 불균형을 해소하기 위한 여러 가지 방법이 있겠죠. 갖가지 복지 정책도 있을 수 있고요. 그러나 실제로 얼마나 효과가 있을까요? 자산에 대한 과세를 높여야 실효적으로 격차가 줄어듭니다. 그래서 피케티는 글로벌 자산세를 도입하자는 말까지 하고 있어요.

✦ 진중권 피케티가 글로벌 자산세, 누진적립보유세 등을 도입하자고 하는데, 동시에 시장 조정을 할 필요가 있다고 말했습니다. 시장 조정은 뭔가요? 저에겐 다 외계어입니다.

● 정태인 피케티가 말하는 자산세나 소득세가 전부 재분배와 관련된 것이잖아요. 즉, 임금 소득이 시장에서 분배된 다음에, 세금을 물리는 거죠. 그런데 그 전에 시장 자체에서의 분배가 문제가 돼요. 즉, 세금을 높게 매기기 전에 우선 노동자들의 임금이 올라가면 격차가 훨씬 줄어들겠죠. 사회적 불균형이 적었을 때를 보면, 역사적으로 노동조합 조직률이 확대되는 등 노동 쪽의 힘이 강했거든요. 이것이 바로 시장에서의 분배라는 겁니다.

r은 일정하게 유지되는데
g는 떨어지면
점점 그 격차가 벌어지지 않겠습니까?

✦ 진중권 시장에서의 분배를 먼저 계산하자는 거군요. 또 무식한 질문을 하겠습니다. 토빈세도 언급되는데, 이건 또 뭡니까?

● 정태인 토빈세는 돈이 국경을 넘어갈 때마다 세금을 매기는 거예요.

▲ 유시민 환전할 때마다 내는 세금이죠.

● 정태인 피케티가 글로벌 자산세를 도입하자고 하는 이유는 다음과 같습니다. 프랑스 국민 배우 제라르 드파르디외가 부자 증세를 피해 러시아로 국적을 옮겼잖아요. 한 나라에서 세금을 물려도 다른 나라로 도망가면 끝인 거예요. 그러니까 전 세계가 세금을 매기자는 이야기죠. 그럼 토빈세는 뭐냐. 조금이라도 수익률이 높은 곳으로 자본이 확확 이동하면 경제가 불안하게 되잖아요? 그러니까 자본이 국경을 넘어갈 때마다 세금을 1% 물리면, 두 나라의 수익 차이가 1% 이상이 돼야 넘어가게 될 거라는 거죠.

✦ 진중권 아, 시장의 안정성을 위한 정치적인 조치군요.

● 정태인 그렇죠. 토빈세와 글로벌 자산세는 서로 통하는 데가 있습니다. 토빈세가 붙으면 글로벌 자산세는 높지 않아도 되죠. 자본이 도망을 안 갈 테니까.

지금의 불평등이 노력으로 극복할 수 없을 정도라고 하면 보수주의자의 생각도 바뀌게 될걸요

● 진중권 앞서 말했듯 이처럼 유토피아적인 기획을 우리나라에서 어떤 식으로 실현해나갈 수 있을까요?

● 정태인 일단 불평등의 실체를 알아야 합니다. 이미 김낙년 교수가 일제강점기부터의 자료를 통해서 우리나라 상위 10%가 44%의 소득을 가져간다는 것을 밝혔습니다. 그런데 재산세를 분석해서 자산의 불평등을 밝힌 연구는 아직 없어요. 국세청 자료가 공개되지 않았기 때문이죠. 그러니까 재산세 자료를 통해서 우리가 어떤 상황인지를 먼저 밝혀야죠. 심각한 불평등이 있다는 사실이 밝혀지면 국민들이 의견을 주고받게 되고 그것이 정치적, 사회적, 경제적 선택과 행위들을 결정하게 되겠죠. 지금 한국의 보수주의자들은 이렇게 말합니다. 어느 정도 불평등해야 사람들이 오히려 열심히 일하고, 그래야 성장한다고 말이에요. 그런데 이미 프란치스코 교황이 이러한 자유시장경제에 아주 강한 경고를 보내며 그런 논리는 더 이상 작동하지 않는다고 발언하기도 했죠.

아무튼 그 불평등이 노력으로 극복할 수 없을 정도라고 하면 생각이 바뀔 거라 생각합니다. 제가 계속 재정을 확대하는 건 좋은데 가난한 사람한테 돌아가는 방식이어야 한다고 말하는 것도 이런 맥락입니다. 단순히 재분배의 문제만이 아니라 시장에서의 임금을 올려야 한다는 말을 하는 겁니다. 사실 1970년대 이후, 전 세계의 노동자들이 자신들이 생산하는 것보다 임금을 덜 받아요. 생산성은 10%씩 올라가는데 실질 임금은 5%씩 올라가면, 그 나머지 임금은 어디로 갔을까요. 자본가한테 간 거잖아요.

▲ 유시민 '그래야 돈이 남지, 안 그러면 사업을 왜 해요?' 이렇게 물으면 뭐라고 대답하죠?

● 정태인 그러니까 똑같이 늘어나면 상관없다고요. 똑같은 비율로 늘어나면 되는 건데, 한쪽은 더 많이 늘어나니까.

✦ 진중권 비율대로만 먹으면 되지, 더 먹으니까 말하는 거죠.

● 정태인 자본소득 비율은 1970년대부터 쭉 올라가고 있어요. 전쟁 직후에는 둘이 같은 속도로 올라갔어요. 임금 인상도 10%, 경제 성장도 10%였는데, 그게 벌어지기 시작해요. 벌어지면 부의 불평등이 심해지고, 소비는 줄어들겠죠. 피케티가 시장 조정이라고 하는 것을 달리 말하면 소득주도성장이라고 합니다. 우선 시장에서 노동자들의 몫이 늘어나고, 이미 생겨난 불평등은 그 후 세금으로 다시 교정하자는 겁니다. 이렇게 하지 않으면 엄청난 격차가 순식간에 일어날 수 있는 거죠.

✦ 진중권 그런데 우리나라 정부 경제팀이 생각하는 정책은 이것과 거의 거꾸로 가는 것 같습니다.

▲ 유시민 누구나 느낄 수 있죠. 지금 정부가 하고 있는 일이 어떤 방향인지.

✦ 진중권 r(자산수익률)을 높이고 g(경제성장률)를 낮추는 거잖아요.

● 정태인 부동산 가격을 높이겠다고 하잖아요? 그러면 불평등이 심화되는 쪽으로 가는 거죠. 그래야 있는 사람들이 투자를 하게 되고 경제가 좋아져서 소득도 올라간다는 건데요, 일단 세계 경제가 매우 나쁘고 불안하기 때문에 투자가 늘어날 리가 없죠.

✦ 진중권 새누리당에서 이 책으로 세미나를 좀 하면…….

● 정태인 김무성 새누리당 대표가 말했잖아요. 자기는 피케티가 맞다고 생각한다고요.

▲ 유시민 그게 설마 알고 하는 소리라고 생각하시는……?

● 정태인 어찌 됐든 새누리당은 지난 대선부터 새로운 전략을 쓰고 있어요. 이쪽에서 생겨난 이야기를 저쪽에서 마치 자기들이 할 것처럼 먼저 발표하죠. 그래 놓고 안 하죠.

▲ 유시민 저는 때로는 사악한 의도보다 무지가 더 큰 죄를 만든다고 생각하거든요. 그러니까 기본적으로 지금 여당이나 정부에 있는 사람들이 이런 이야기를 모른다고 생각해요. 그들이 배운 경제학에 이런 이야기가 없거든요. 뿐만 아니라 그들이 평소에 접촉하는 사람들은, 자산이 엄청

많은 대한민국 0.1% 안에 드는 사람들이기 때문에 인식의 지평에 이런 내용이 들어 있지 않습니다.

● 정태인 임금이 늘어나야 경제성장률이 올라가는 나라가 있고, 아닌 나라가 있을 수 있죠. 하지만 한국은 임금이 올라가야 성장하는 나라라는 객관적인 결과가 나왔거든요. 그런데 이런 내용을 주류경제학자가 모르는 실정입니다. 지금 경제 정책을 좌우지하는 이들이 이런 이야기는 다 엉터리라고 생각하는 거예요.

▲ 유시민 무턱대고 좌파 이데올로기라고 생각하는 거죠. 그런데 그 사람들이 하는 게 이데올로기고, 이게 경제학이에요.

● 정태인 모든 이론은 이데올로기적 성격이 있죠. 피케티는 이렇게 말합니다. "나는 수학을 하는 경제학자가 아니다. 정치경제학을 복원하겠다. 나는 사회과학자이다."

✦ 진중권 정치경제학의 부활인 것 같네요.

▲ 유시민 피케티는 마르크스와 아무 관계가 없어요. 그가 하는 어떤 분석에도 마르크스의 이론적 프레임은 하나도 없어요. 여기에서 쓰는 모든 개념은 주류경제학에서 사용하는 국민계정 관련 개념입니다. 그리고 모든 데이터가 국가의 공식 자료이거나, 그것에 기반을 둔 자료입니다. 단, 피케티는 마르크스가 왜 그와 같은 주장을 했는지는 이해하는 것 같아요.

● 정태인 제가 볼 때에는 피케티가 마르크스를 이해 못 하는 거 같은데요. 하하하. 마르크스는 자본의 이윤율이 결국은 떨어진다고 설명하는데…….

✚ 진중권 이윤율의 경향적 저하 법칙.

▲ 유시민 외계어라고 하더니, 잘 아시네요. 마르크스라서 알고 있는 건가?

● 정태인 하지만 피케티는 그건 맞지 않다고 말하죠. 통계로 보니까 아니라고. 마르크스에 대한 가장 통렬한 비판은 이겁니다. 마르크스가 혁명을 외쳤던 그 시기에 노동자들의 임금은 올라가고 있었다는 거죠.

▲ 유시민 그건 베른슈타인의 수정주의가 나올 때 이미 제기된 문제죠.

✚ 진중권 그게 이른바 사회민주주의의 출발이고요.

● 정태인 그렇죠. 출발이죠.

▲ 유시민 사회민주주의, 사민주의의 출발은 바로 이겁니다. 자본주의 붕괴론에 초점을 맞추면 일상의 정치적 행위가 의미 없게 됩니다. 붕괴를 기다리지 말고 민주주의를 통해서, 정치적 행위를 통해서 자본주의를 수정해나가야 한다는 것이 서유럽 사민주의 정치운동의 방향이었습니다. 어쨌든, 피케티를 보면서 느끼는 건 이론보다 데이터의 힘이 훨씬 강하다는 겁니다. 그러니 전 세계적으로 피케티가 환영받는 것이죠. 좌우를

막론하고 말입니다. 우리나라 경제학자들과 경제 정책을 만드는 이들이 이런 태도를 가지면 좋겠네요.

✦ 진중권 대단한 강의를 들은 느낌입니다.

● 정태인 어렵지 않습니다. 누구나 자신감을 가지기 바랍니다. 유시민 씨도 경제학을 심도 있게 공부한 게 아닌데 이해하잖아요.

▲ 유시민 날라리 경제학도죠. 그래도 그렇지, 너무 무시하는 거 아니에요?

● 정태인 무시하는 게 아니고 직시하는 거죠. 하하하.

✦ 진중권 네, 여기까지 이야기하죠. 피케티가 제기하고 보여주는 문제를 우리는 직시할 필요가 있습니다. 만약 그 내용이 어렵다고 생각되면 정태인 씨 SNS에 들어가서 욕하시면 됩니다.

유전자 조작과 규제개혁

+ 김훈기 과학기술학자

이런 거
먹고 살아도
괜찮을까

긴 세월에 걸친 진화를
짧은 시간에
실험실에서 진행한다고
그들은 말합니다

◆ 진중권 GMO 식품, 이게 뭔지 다들 아시는지요? 한국말로 하면 유전자 변형 식품입니다. 한·칠레 FTA를 시작으로 한미·한중 FTA까지 체결하면서 밥상의 국경이 무너지고 있습니다. 외국에서 대한민국을 GMO 식품의 천국이라고 부른다고 하네요. 또한 세계 2위 GMO 수입 대국으로 분류됩니다. 유전자 변형 식품은 필요에 의해서 만들어졌을 텐데, 단어만으로도 안 좋은 느낌은 드시죠? 앞으로 우리가 먹게 될 음식들과 관련된 것이니, 비단 안전한가 아닌가라는 문제를 떠나 식품 산업계 전체와 관련이 있을 텐데요. 이 문제를 과학기술학 박사 서울대학교 기초교육원 김훈기 강의교수에게 물어보죠. 먼저 복제 생물 이야기부터 물어볼까요? 복제 생물은 뭡니까? 돌리, 영롱이와 같은 복제 양, 복제 소를 말하는 건가요?

● 김훈기 맞습니다. 돌리가 1996년에 포유동물로는 처음으로 태어난 복제

동물입니다. 2008년 미국 FDA에서 식용 허가를 내렸어요. 미국에서 10년간 논란 끝에 식용 승인이 났는데, 축산업자들은 복제가 유전자 변형이 아니라 99.9% 똑같은 걸 생산하니까 안전하다고 주장해요. 유럽연합, 일본도 안전하다는 결론을 내렸고, 우리나라는 검토 중인 걸로 알고 있습니다.

■ 노회찬 복제 소는 어떻게 만드는 겁니까?

● 김훈기 소의 난자에서 유전자를 빼내 우수한 품종의 체세포 핵을 넣는 거죠.

✛ 진중권 복제 소에 어떤 위험은 없을까요?

● 김훈기 복제된 생물은 우선 수명이 짧습니다. 그것부터 뭔가 이상한 신호죠. 원래 양의 수명이 12년 정도인데, 복제 양 돌리는 6년을 살았죠. 복제 양 돌리가 태어날 때, 난자에 6살 된 어미의 체세포를 넣었단 말이죠. 그래서 6살은 먹고 태어난 거 아니냐는 해석이 있었어요. 하지만 다른 복제 생물이 길게 산 경우도 있고요. 아직 명확한 원인은 밝혀지지 않았습니다. 그리고 복제 기술 성공률이 매우 낮습니다. 성공해도 내장에 문제가 있거나 과체중으로 사망하기도 하죠.

▲ 유시민 복제 기술이 우생학적 개량보다 경제적으로 경쟁력이 더 있나요?

● 김훈기 그 부분이 논란입니다. 우생학적 개량이라는 건 결국 좋은 종마,

종돈 등을 통해 이루어지는 건데 종마, 종돈은 한정돼 있죠. 반면 복제
는 동물의 정자와 난자로 새로운 우량종을 만드는 거니까 양적으로 충
분히 확보할 수 있습니다.

▲ 유시민 실험실 안에서 다 할 수 있으니까, 종마와 종돈을 관리하고 사육
하는 비용을 줄이려는 심산이겠네요.

● 김흥기 맞습니다.

▲ 유시민 이렇게까지 해야 되나 싶은데…… 고기 먹기 싫어지네요. 그런데
GMO가 무엇의 약자예요?

● 김흥기 G는 '유전적으로'라는 뜻의 영어 '제네티컬리(genetically)', M은
'변형된'이라는 뜻의 '모디파이드(modified)'입니다.

▲ 유시민 조작됐다는 '매니퓰레이티드(manipulated)' 아니에요?

● 김흥기 통용되는 게 모디파이드고요. O는 '오가니즘(organisms)', 생명체
라는 뜻입니다. 그래서 우리말로 옮기면 '유전적으로 변형된 생명체'를
말합니다. 매니퓰레이티드는 부정적인 뉘앙스 때문에 GMO를 반대하는
쪽에서 많이 씁니다.

■ 노회찬 법률적으로는 GMO의 우리말 표현이 '유전자 변형 식품'으로 정
리됐더라고요.

● 김훈기 네. 그 전까진 정부 부처마다 쓰는 용어가 달랐습니다. GMO를 반대하는 국내 시민단체에서는 '유전자 조작 식품'이라고 해왔죠. 영어로 풀이하면 찬성하는 쪽의 표현이 많아요. GEO(Genetically Engineered Organisms)라는 표현도 있고, 국제법상으로는 LMO(Living Modified Organisms)입니다. 개발사들은 바이오테크놀로지 프로덕트(Biotechnology Product), 생명공학식품이라고 씁니다.

▲ 유시민 기업에서 대량해고를 구조조정이라고 부르는 거랑 비슷한 거지.

✦ 진중권 한국인이 지난해 섭취한 유전자 변형 콩과 옥수수의 양이 1인당 무려 33kg이라고 합니다. 같은 기간에 쌀 소비량은 67kg이고요. 무게로 따지면, 쌀의 절반 정도를 먹었다는 이야기죠.

▲ 유시민 저는 한 번도 안 사 먹었는데.

✦ 진중권 과연 그럴까요? GMO 식품인지 알고 먹은 사람이 거의 없다는 게 문제인데요. GMO가 정확히 무엇인지, 어떻게 만들어지는지부터 짚고 넘어가죠.

● 김훈기 GMO는 방울토마토나 씨 없는 수박과 같은 전통 육종으로 만들어진 식품과 명확하게 다릅니다. 생물 분류 기준인 '종속과목강문계'를 들어보셨을 겁니다. 자연에서는 종은 종끼리, 좀 더 넓게는 같은 속은 속끼리만 교배가 가능하죠. 즉, 전통 육종은 자연에서 일어날 수 있는 조합을 하는 겁니다. 반면 GMO는 자연에서 교배할 수 없는 유전자가 섞이

는 겁니다. 오로지 실험실에서만 만들 수 있죠.

■ 노회찬 예를 들면 찬물에 사는 광어의 유전자를 딸기에 넣어서 냉해를
잘 견디는 딸기를 만드는 거죠?

● 김훈기 그렇죠.

✚ 진중권 딸기가 납작 엎드려 있겠네요.

■ 노회찬 딸기를 이제 회로 먹어야지.

▲ 유시민 그러니까 납작해지는 유전자는 안 넣어야죠.

● 김훈기 과학자들이 볼 때 DNA는 몇몇 원소들로 이루어진 화학구조식입
니다. 그렇기 때문에 이 유전자를 특정한 기능을 발휘하는 물질로 보는
겁니다. 인간의 유전자를 다른 곳에 활용하는 실험은 이미 많이 하고 있
습니다. 2000년대 중반, 일본에서 인간의 간에서 독성을 분해할 수 있는
유전자를 쌀에 넣는 실험을 했습니다. 잡초를 제거하겠다고 제초제를 뿌
렸을 때 벼가 같이 죽을 수 있잖아요. 이때 제초제를 분해시키기 위해
독성을 분해하는 간의 성분을 넣은 거죠. 상용화되지는 않았습니다만.
상용화된 것은 대부분 미생물입니다.

✚ 진중권 음, 일종의 키메라 같은 거네요.

딸기가 납작 <del>엎드려</del> 있겠네요

● 김훈기 키메라는 외형부터 섞여 있잖아요. 그런데 GMO는 외형이 변형되기 전과 똑같습니다. 심사할 때 외형이 다르면 합격을 안 시키거든요. 미생물의 많은 유전자 중에 농작물의 성장에 도움을 주는 유전자를 골라, 적게는 1개, 많게는 7~8개를 농작물에 넣은 것이라 키메라까지는 아니라고 보죠.

✦ 진중권 예술가 에두아르도 카츠는 이걸로 예술을 해요. 자기 혈액에서 빼낸 유전자를 꽃이랑 합성해서 세상에서 하나뿐인 자기만의 꽃을 만들어내더라고요.

▲ 유시민 생명이 진화하던 초기에는 서로 다른 DNA끼리 융합했다고 알고 있어요. 인간 세포에서 에너지를 만들어내는 미토콘드리아도 원래 따로 존재하던 유전자인데, 어느 시점에선가 결합되면서 현재의 생명체가 만들어졌다는 거죠. 그렇다면 생물학 분류에 따른 경계가 확정될 정도로 진화가 진행된 이후에는 자연 상태에서 서로 다른 생명체들의 DNA가 섞이는 일이 없었던 거예요?

● 김훈기 그렇죠. 미생물의 세계에서는 어떤 일들이 벌어지고 있는지 잘 모르겠지만요. 인간 게놈 프로젝트에 따르면 옛날에 바이러스나 박테리아가 인간 세포 안에 들어온 결과물이 미토콘드리아라고 하거든요. 그런데 이런 섞임의 과정은 자연적으로 일어난 거고요. GMO는 인위적인 거죠. 실제로 GMO를 개발하는 분들 중에는 실험실에서 진화를 압축적으로 진행하는 거라고 주장하기도 합니다. 하지만 그걸 진화라고 할 수 없죠.

05

우리 이런 거 먹고 살아도 괜찮을까

◆ 진중권 자연이 해오던 것을 좀 더 빨리 하고 있을 뿐이라는 거죠.

■ 노회찬 단지 속도의 차이만은 아니죠. 기나긴 진화 과정에서 도태될 건 도태되고 살아남을 건 살아남지 않습니까. 그런데 그 과정에서 제거됐을 법한 요소들이 제거되지 않으면 이후 성장 과정에서 엉뚱하게 드러날 수 있다는 거죠. 그래서 특정 생명체에서 애초에 예상했던 것과 다른 효과가 나타날 수도 있는 것 아닌가요?

● 김흥기 맞습니다. 자연선택에 의한 진화론을 주장한 다윈의 이론에서도 알 수 있는 사실이고요. GMO는 자연에 적응할 시간도 없는 거죠.

■ 노회찬 선출되지 않은 권력이 쿠데타를 일으켜서 권좌를 차지하는 것과 같지.

◆ 진중권 생물학도 정치학으로 해석하는 거, 이건 버릇이에요.

● 김흥기 유전자가 변형된 동물들이 야생으로 나온다고 생각해보세요. 심각하죠. 반면 GMO 식품은 먹는 거니까 문제점이 드러나기도 전에 바로 섭취되죠.

▲ 유시민 제가 낚시를 좋아하는데 예전에는 강이나 호수에서 낚는 물고기가 가물치, 강준치, 쏘가리, 꺽지 등 국내산 어종이었거든요. 그런데 요즘에는 낙동강 수계뿐만 아니라 호남 금강권까지 블루길, 베스, 잉붕어 같은 외래어종이 정복했어요. 말하자면 실험실에 가둬놓고 키우던 것들이

자연으로 탈출한 거죠. 아무리 GMO 동물이라고 해도 실험실 안에 계속 유폐돼 있으리라는 보장은 없는 것 아니겠어요?

● 김훈기 맞습니다. 실제로 연어가 GMO 승인을 앞두고 있습니다. 연어를 양식장에서 키우겠다는 건데, 세계적으로 양식장에서 탈출한 물고기가 수백만 마리입니다. 아무리 잘 관리해도 태풍이 한 번 휩쓸고 가면 밖으로 다 나옵니다. 그런 우려에 대해 개발자들은 자연에서 잘 살아남지 못하도록 변형시키고 있다고 말합니다. 이를테면 불임을 만드는 거예요. 콩이나 옥수수도 마찬가지고요. GMO 연어도 불임 기술이 99.8%에 이른다고 합니다. 하지만 반대로 보면 0.2% 가능성이 있는 거죠. 100만 마리 중에서 2천 마리 정도는 생식이 가능하다는 거니까요.

✤ 진중권 몇 세대만 거치면 숫자가 엄청나게 커지니까 의미가 없죠.

● 김훈기 영국왕립학회지의 유명 저널에 실린 논문에 따르면 연어와 자연산 송어를 교배시켰더니 교배가 됐다고 합니다.

✤ 진중권 그건 유전자 오염 문제네요.

■ 노회찬 미국에서도 실험 상태였던 유전자 조작 밀이 밖에서 발견된 사건이 2013년에 있었죠.

● 김훈기 우리나라와도 연결된 사건인데요. 현재 GMO 승인을 받은 밀은 없습니다. 승인이 돼야 상업적으로 재배할 수 있거든요. 그런데 미국의

오리건 주에서 GMO 밀이 발견된 거죠. 어떻게 발견된 건지 이해하려면 GMO 곡물을 만드는 두 가지 방식을 아셔야 합니다. 하나는 제초제를 분해하는 미생물 유전자를 곡물에 넣는 겁니다. 다른 하나는 병해충들이 식물을 갉아 먹으니까 병해충의 소화기관을 마비시키는 미생물을 곡물에 넣는 거예요.

▲ 유시민 아니, 벌레가 죽는 거면 사람은 괜찮아요?

● 김홍기 GMO 안전성 테스트라는 게 있는데, GMO를 동물에게 먹여보는 실험을 하는 겁니다. 이걸 통과하면 식품으로 승인되죠. 다시 오리건 주 밀 사건으로 돌아오면, 농부가 밀 농사를 연내에 한 번 더 지으려고 제초제를 뿌렸는데 밀 일부가 안 죽은 거예요. 이렇게 되니까 농부가 GMO 밀이 아닌지 의심을 했고요. 그래서 이 밀을 오리건 주립대 연구소에 갖다 줬어요. 1차로 간단하게 테스트를 해봤더니 GMO라고 나온 거예요. 연구소도 놀라서 미국 농무부 산하 동식물검역소인 APHIS에 공식 보고했습니다. 정밀 검사 결과 GMO 판정이 났어요. 그래서 수출국인 우리나라와 몇몇 나라들한테 그 사실을 통보한 거죠.

▲ 유시민 미국에 문익점 선생 같은 분이 있었나? 실험실에서 붓두껍에 GMO를 넣어서 옮긴 거 아녜요?

✚ 진중권 자연적으로 나간 거 아닌가요? 묻어서 나가거나요?

● 김홍기 한 가지 단서가 있었습니다. GMO 개발사 중에서 가장 유명한 몬

산토 사가 GMO 밀 안정성 테스트를 끝낸 후, 마지막으로 야외에서 잘 자라는지 실험하기 위해 1990년대 말부터 2005년까지 미국의 16개 주에서 재배했습니다. 회사에서는 이것만 통과하면 상업용으로 신청하려고 했는데, 어떤 이유 때문인지는 모르겠지만 중도에 포기했어요. 그런데 GMO 개발을 포기하면 전부 소각해서 완전히 없애야 하거든요. 몬산토도 완전히 없앴다고 당시에 보고했습니다. 그리고 오리건 주에서 나온 밀은 자기들 밀이 아니라고 과학적으로 설명했죠. 우리가 옛날에 심었던 건 겨울밀인데 발견된 건 봄밀이다, 거리도 굉장히 멀다, 라고 말이죠. 1년간 논란이 있었는데, 정부는 몬산토 밀이라고 판정했어요. 그래서 몬산토가 오리건 주 농부들에게 상당한 손해배상을 해줬죠.

✦ 진중권 대체 어떻게 빠져나갔다는 거죠?

● 김훈기 미국 정부 보고서에도 그건 모르겠다고 했어요. 이번 9월에 몬태나 주에서도 GMO 밀이 나왔어요. 이번에는 완전히 야외가 아니라 10년 전에 시험 재배한 장소예요.

✦ 진중권 그럼 여전히 살아 있다는 이야기잖아요?

● 김훈기 GMO를 통제하는 것이 굉장히 어렵다는 사실을 짐작할 수 있죠.

우리나라는 세계 2위
GMO 수입 대국입니다

▲ 유시민 GMO가 우리나라 식생활에는 얼마나 들어와 있는 거예요?

● 김훈기 우리나라는 GMO 농산물 수입국이에요. GMO 수입국은 30여 개국, 재배국은 27 내지 28개국 정도 됩니다. 우리나라는 수입할 때마다 국내 전문가들이 승인하게 돼 있습니다. 품목으로 보면 콩, 옥수수가 제일 많고, 면화, 유채가 뒤를 따르고요. 크게 식용이냐, 사료용이냐 구분해서 심사합니다. 승인된 품목은 매달 농산물 품질관리원 홈페이지 등에 올라가고 있어요. 현재 식용이든, 사료용이든 승인 건수가 100개를 넘어가고 있습니다.

◆ 진중권 미국에서 처음 GMO 콩과 옥수수가 만들어진 게 1996년인데, 우리나라는 언제부터 먹기 시작했습니까?

● 김훈기 정부에서 초창기부터 통계를 잡지 않았기 때문에 정확하게 알 수는 없는데요. 정부 보고서를 보면 1996년부터 수입됐다고 추정할 수밖에 없습니다. 우리나라의 콩과 옥수수의 식량 자급율이 옥수수는 1%, 콩은 10%가 안 돼요. 이렇게 낮기 때문에 주로 미국에서 수입해왔습니다. 그런데 그 수입품을 GMO로 바꾼 거죠. 현재 수입되는 옥수수의 50% 정도, 콩은 75% 정도가 GMO이고요. 이렇게 수입된 콩과 옥수수로 만드는 가공식품을 일상적으로 섭취하고 있는 거죠. GMO 콩의

99%는 식용유로 쓰이고요. 옥수수는 전분과 전분당의 재료인데, 전분당은 감미료, 올리고당 등으로 가공됩니다.

■ 노회찬 GMO 콩으로 두부도 만들지 않습니까?

● 김훈기 두부는 1990년대 말에 국내에서 이슈가 있었어요. 한국소비자원에서 국내산 두부로 GMO 검출 테스트를 해봤어요. 그때 몇 군데에서 GMO 성분이 나왔어요. 문제는 그 두부의 재료가 국산 콩이라고 쓰여 있었던 거죠. 두부회사에서 거짓말을 한 거예요. 해당 두부회사가 소비자보호원을 상대로 100억 원대 소송을 하겠다고 하다가 말았는데, 이후에는 두부에 GMO 콩을 안 넣는다고 알려져 있습니다.

■ 노회찬 어제 저녁에 저희 집에서 산 두부를 보니까 수입 콩 두부더라고요. 그럼 수입 콩이되 GMO 콩으로 만든 건 아니라는 말씀인가요?

● 김훈기 그렇죠.

■ 노회찬 그걸 소비자가 믿을 수 있습니까?

● 김훈기 공식적인 정보는 그렇게 돼 있습니다. 나머지 1%도 문제인데요. 99%는 식용유로 만들어지지만, 1%는 콩깻묵이라고 사료로도 쓰이고, 소시지와 같은 육류 가공품, 환자 회복식이라고 해서 단백질 강화 제품에도 사용될 수 있습니다. 국내 환경단체가 일부러 소시지로 GMO 검출 시험을 해봤는데, GMO가 검출됐죠. 우리가 먹고 있는 유제품이라든지

콩이나 옥수수로 만드는 식품에 다 들어가 있어요. 심지어는 술에도 식품첨가물로 들어 있죠.

✚ 진중권 완전히 다 퍼져서 특정하기도 어렵겠네요. 라면 스프에도 들어 있단 거잖아요.

■ 노회찬 옥수수기름으로 튀긴 식품, 참치 캔의 기름까지도.

● 김훈기 직접 확인하지는 못했습니다만 들어갈 가능성은 당연히 있는 거죠.

✚ 진중권 한국시민네트워크가 최근 식품업체의 GMO 사용 여부 정보 공개를 요청했는데, 진유원, 한미양행 등 11개 업체는 정보를 공개했답니다. 하지만 CJ제일제당, 대상, 롯데 이런 업체는 공개하지 않았다고요.

■ 노회찬 이마트, 홈플러스도 장류, 고추장, 된장, 간장에 GMO를 사용했는지에 대해 답을 안 했네요.

▲ 유시민 안 쓰고 있으면 당당하게 안 쓴다고 하겠죠.

✚ 진중권 지금 법률적으로 가공식품에 GMO를 사용했으면 GMO를 사용했다고 표기하게 돼 있습니까? 안 해도 되는 겁니까?

● 김훈기 우리나라는 표기를 하지 않아도 됩니다. 그러니까 업체들은 억울해하죠.

✦ 진중권 법적으로는 아무 문제가 없고, 도덕적인 책무죠.

● 김훈기 미국도 GMO 표시가 의무는 아닙니다.

▲ 유시민 우리나라도 식품업체 풀무원에서는 GMO 원료를 안 쓴다고 공개적으로 주장하잖아요. 그때 어느 식품회사 두부에서는 GMO 성분이 나와서 사과하고 회수했어요. 재발 방지 약속도 하고요. 지금도 그걸 지키고 있는데 값이 조금 비싸기는 하죠. 이렇게 GMO 식품 원료를 쓰지 않는다는 것을 일종의 상품 브랜드로 쓰고 있는 곳도 있잖아요.

● 김훈기 가공식품업체들의 입장에서는 굉장히 많은 제품에 GMO가 들어갈 수 있잖아요. 이걸 안 쓴다고도 할 수 없는 게 몇 년 전에 가공식품업체들이 공개적으로 선언한 적이 있었거든요. GMO를 수입할 수밖에 없다고.

✦ 진중권 GMO가 안전한가, 안전하지 않은가. 과연 미래를 위해서 필요한 행위인가를 따져봐야 할 것 같습니다. 처음에는 인류를 기아에서 구제할 수 있는 대단한 기술이라고 선전되기도 했는데요. 1998년 푸스타이 박사의 실험으로 전 세계 환경단체의 대대적인 반발이 시작됩니다. 그 이야기를 해주세요.

● 김훈기 당시 영국에서 토마토를 으깨서 만든 퓌레 통조림을 팔았습니다. GMO 토마토로 만들어서 가격이 저렴했고 인기가 많았어요. 그러다가 푸스타이 박사가 로웻 연구소에서 GMO 감자를 쥐한테 먹였는데 장기에

141

이상이 생긴 거죠. 이럴 경우 과학계에서는 보통 논문을 먼저 발표하는데, 푸스타이 박사는 미국의 한 방송에 출연해서 그 이야기를 해버린 거예요. 미국 전역부터 유럽까지 난리가 났죠. 이 로웻 연구소가 푸스타이 박사를 처음에는 지지하다가 며칠 뒤 박사가 실험을 잘못했다고 입장을 바꿨죠. 그러면서 푸스타이 박사가 과학계에서 쫓겨나고 논란이 시작됐어요.

GMO 관련 연구를 하고 논문을 쓰려면 지원이 필요한데, 과학자들이 GMO를 개발하는 회사의 지원을 받다 보니 GMO에 문제가 있다는 논문은 거의 없어요. 이 문제로 한동안 옥신각신했는데 2012년 획을 긋는 사건이 생겼죠. 프랑스 캉대학의 세랄리니 교수가 GMO의 위험성을 증명하는 논문을 냅니다. 그런데 이 논문이 실린 곳이 GMO가 안전하다는 논문을 실은 학술지니까 권위가 있다고 볼 수 있죠. 세랄리니 교수가 한 실험의 가장 큰 특징이 장기간 했다는 거예요. 동물 실험을 할 때 주로 쥐를 대상으로 하는데, 쥐가 평균 2년을 살거든요. 세계적으로 GMO 동물 실험 기간이 90일이면 적정하다고 해서 쥐의 경우에도 실험 기간이 90일을 넘지 않았어요. 그런데 2년 동안 먹여본 거예요. 그 결과 제일 충격적인 사실이 종양이었어요. 악성 종양까지는 아니지만 GMO 식품을 먹은 쥐가 먹지 않은 쥐에 비해 종양이 많이 생기더라, 특히 암컷이 예민하더라, 장기 기능이 많이 손상되더라, 일찍 죽더라 등 몇 가지 데이터를 뽑았죠.

▲ 유시민 유전적인 것도 나타났나요?

● 김훈기 거기까진 알아내지는 못했습니다. 한 세대가 죽을 때까지만 본 거

142

죠. 세랄리니 연구진이 작심하고 실험 쥐에게 옥수수를 먹였는데, 몬산토에서 가장 보편화된 옥수수를 먹였어요.

▲ 유시민 세계 최대 GMO 기업인 몬산토는 옛날에는 고엽제 만들었던 화학회사죠. 못된 짓을 100년이나 한 회사야.

● 김훈기 지금은 GMO 종자를 개발하고 판매하는 곳인데, 종자와 제초제를 세트로 팔죠. 일명 라운드 업이라고, GMO 개발사들의 제초제를 뿌려야 효과가 발휘되는 거예요.

▲ 유시민 이야기가 옆길로 가는데 실험 이야기를 마저 해주시죠.

● 김훈기 쥐에 옥수수도 먹여보고 물에 섞인 제초제도 먹여봤는데, 부작용이 보고됐어요. 프랑스 일간지들이 부작용이 나타난 쥐 사진을 그대로 게재해버렸어요. 전 세계 많은 과학자들이 푸스타이 박사 때처럼 실험 방법상의 오류 등을 이야기하면서 이내 반론을 폈죠. 그러면서 이 학회지에 논문을 철회하라고 요구했어요. 그런데 과학계 논문이 그런 식으로 철회되지는 않죠. 과학은 새로운 걸 논박하면서 발전되는 거니까요. 논박이 계속됐는데, 각국 정부들은 실험이 잘못됐다고 주장하는 과학자들의 논리를 가져와서 이 실험은 우리가 믿을 수 없다, 해당 GMO는 안전하다라고 밝혔어요. 실험에 사용된 옥수수는 2002년부터 우리나라에도 수입됐습니다. 2012년 말까지 우리나라를 포함해서 다들 안전하다는 쪽으로 갔어요.

✦ 진중권 논란이 그렇게 마무리됐나요?

● 김흥기 흥미로운 건 다음 해까지 그 학술지 홈페이지에서는 계속 논쟁이 벌어졌어요. 그러다 2013년 말에 논문이 철회됐습니다. 논문을 철회할 때 편집장이 밝힌 철회의 변을 보면, '논문이 틀리지는 않았다, 그러나 그 실험 결과가 확정적이지는 않다'라고 했습니다. 과학계에선 이런 식으로 논문을 철회하는 경우가 없거든요. 그러자 다른 학술지들이 세랄리니 연구진의 논문을 그대로 실어주는 식으로 반발했죠.

▲ 유시민 과학 실험에서는 재현 가능성이 매우 중요하잖아요. 황우석 박사 사태 때도 결국은 그대로 재현할 수 있느냐 없느냐가 문제였는데 다른 연구자들이 비슷한 연구를 하지 않았나요?

● 김흥기 러시아에서 NGO를 표방한 유전공학 팀이 이번에 중립적인 입장에서 확실하게 안전성을 확인하는 실험을 하겠다고 발표했습니다. 벌써 20년 정도 된 것을 이제 와서 제대로 실험해보겠다는 게 의아할 수도 있는데요. 과학계에서 이렇게 계속 말이 나온다는 건 논란의 여지가 있다는 걸 의미합니다.

✦ 진중권 현재 상태를 요약하면 위험하다고 할 수도 없지만 안전하다고 확신할 수도 없다는 거네요.

▲ 유시민 우리가 위험을 무시해도 안 되지만 과장해도 안 되죠. 양쪽 다 일리가 있는데, 조금만 알면 지나친 두려움 또는 위험을 무시하는 태도에

서 벗어날 수 있을 것 같아요. 저는 전문 지식은 없지만, 유전자가 사슬 모양으로 꼬여 있죠? 어떤 곰팡이의 유전자를 콩의 유전자 사슬에 끼워 넣거나 쏴 넣어서 결합 효과를 내기도 하던데요. 책으로 치면 책 한 페이지를 찢어내고 다른 책을 끼워 넣는 것처럼요. 그렇다면 외견상으로 달라진 게 없다 하더라도 변형된 단백질이 체내로 흡수되는 과정에서 사람의 신진대사에 미칠 위험이 있느냐, 없느냐는 게 초점인가요?

● 김훈기 맞습니다. 그걸 확인하기 위한 체크리스트가 굉장히 많아요. 다른 유전자와 새로운 작용을 한다든지, 우리가 몰랐던 단백질이 만들어질 가능성이 있고요. 인간이 먹지 않았던 미생물의 유전자가 들어온 거니까 알레르기를 일으킬 수도 있죠. 승인 실험을 할 때는 위액에 식품을 녹여봐요. 그럼에도 불구하고 장기간 실험해보겠다는 건 근본적으로 다시 볼 필요가 있다는 뜻이죠.

▲ 유시민 김훈기 씨는 과학사를 전공하셨으니까, 과학 분야에서 통설이 주류로 변해가는 과정을 많이 보셨을 텐데요. 광우병이 사람에게 전이될 수 있다는 걸 처음 발표한 분이나 헬리코박터균을 발견한 과학자도 초기에는 인정받지 못하고 박해를 받았습니다. 수모를 준 이들이 누구냐? 영국 광우병 관련 논문의 경우에는 골분 사료 제조업체들, 미국 농무부, 목축·축산업계이고요. 위에는 위산 때문에 세균이 살 수 없다고 헬리코박터균을 부정했던 쪽은 기존의 위장약을 파는 제약사들이었거든요. GMO도 비슷한 이해관계에 입각해서 연구자들에 대한 박해가 아닌가 하는 의문이 듭니다.

● 김훈기 GMO의 경우 그런 사건들이 계속 있었습니다. 독일에서 한 농부가 살충성을 가진 GMO 옥수수를 재배했어요. 그걸 소한테 먹였더니 젖에서 피가 나오고 폐사가 됐죠. 연구소에 갔더니 이 GMO에서 소한테 안 좋은 성분이 검출됐다는 거예요. 나중에 개발사가 시장에서 해당 GMO를 철수하면서 사건이 끝났습니다. 인간한테 실험할 수 없으니까 동물 실험을 하는 건데, 나중에라도 인간에게 안 좋을 수 있다는 게 밝혀진다 해도 승인된 건 되돌릴 수 없거든요.

■ 노회찬 그렇다면 GMO를 쓴 거다 안 쓴 거다, 그 정도는 밝혀서 소비자들이 선택할 수 있는 여지는 있어야 하는 것 아닌가요?

GMO 옥수수로
기름을 만들었다면
GMO가 아니다?

◆ 진중권 자연스럽게 마지막 주제로 넘어가보겠습니다. 2014년 초에 중국이 통관을 거부한 유전자 변형 옥수수를 국내 사료업체들이 구매한 것으로 알려져 파문이 일었습니다. 이후 2014년 6월에는 국내 유명 식품업체가 라면을 터키에 수출하려다 GMO 성분이 검출돼서 수출 물량 13톤이 전량 폐기됐다고 하는데, 국가마다 GMO를 바라보는 기준이 다릅니까?

● 김훈기 똑같은 품목이라도 국가마다 심사자들이 얼마나 따지고 드는지, 어느 정도까지 봐줄 수 있는지가 다르죠. 지금도 워낙 많은 GMO가 생산되고 있기 때문에 어쩔 수 없이 GMO가 섞여 들어갑니다. 그래서 비의도적 혼입률이라고 해서 몇 %까지는 용인하는 게 있습니다. 이 수치가 유럽연합은 0.9%, 일본은 5%, 우리나라는 3%입니다.

■ 노회찬 유럽연합은 GMO 성분 표시가 의무입니까?

● 김훈기 그렇습니다. 우리나라도 GMO 성분이 3%가 넘으면 의무적으로 표시해야 합니다. 3%를 미리 염두에 둬서 표시한다는 게 아니고요, GMO가 아닌 줄 알고 사용했는데 GMO 성분이 3%가 넘는다면 GMO라고 표시해야 한다는 겁니다. 미국을 비롯해서 주로 GMO 재배국들은 GMO 표시가 의무가 아니에요.

■ 노회찬 GMO는 하나의 식품이잖아요. GMO 자체를 쓰는 게 아니라 GMO에서 뭔가를 추출해서 쓰면, 예를 들면 탄수화물이나 지방을 추출해서 쓰는 경우에는 표시제와 무관한 식품이 돼버렸어요. 이걸 개선하기 위해서 식약청에서 성분도 포함시켜서 표시하도록 하는 개정 고시안을 제출했는데, 2008년도 규제개혁위원회에서 제지당했어요.

▲ 유시민 규제개혁위원회가 뭐하는 거야.

■ 노회찬 유전자 변형이 시급하게 요구되는 곳이에요.

▲ 유시민 유전자 변형 정도로는 안 되고 개체를 교체해야 돼요. 아예 단종을 시키든가.

■ 노회찬 한미 FTA를 체결할 때에 스위스도 미국과 FTA를 추진했다가 무산되지 않았습니까? 가장 큰 요인이 GMO 표시 문제였어요.

▲ 유시민 스위스는 답답할 게 하나도 없어요. 세계에서 최고 부자 나라인데 가난한 미국과 자유무역협정을 해서 득이 될 게 있냐는 게 국민 정서예요. 유럽연합에 가입하지 않는 이유도 그렇죠.

✦ 진중권 정리해보면 GMO 표시가 미국은 자율이고, 유럽연합은 GMO를 원료로 사용했다면 무조건 표시하는 완전 의무제이고요. 한국과 일본은 GMO 성분이 남아 있을 경우에만 표시해야 한다, 그러니까 원료로 사용하더라도 GMO 성분이 3% 미만일 경우에는 표시하지 않아도 된다고 명시하고 있습니다.

● 김훈기 그게 바로 면제 조항이 갖고 있는 문제입니다. 유전자는 단백질을 만들어내는 건데, 콩기름의 경우에 외래 유전자가 만들어낸 단백질 성분은 없고 지방 성분만 있으니까 GMO 표시를 면제시키자고 하는 거예요.

▲ 유시민 기름에는 GMO 성분이 하나도 안 들어 있어요?

● 김훈기 원리적으로 그렇다는 건데 실제로는 모르죠.

세계 최대 GMO 기업인 몬산토가
옛날에는 고엽제 만들었던 화학회사죠
못된 짓을 100년이나 한 회사

✦ 진중권 그러니까 GMO 옥수수로 기름을 만들면 괜찮다는 거잖아요. GMO 목화씨로 만든 면실유도 GMO 표시를 안 해도 된다는 거죠. 저는 집에서 카놀라유를 먹는데 그건 GMO가 아닌 줄 알았어요. 그런데 카놀라가 대부분 GMO네요.

● 김훈기 네. 최근 들어 캐나다에서 재배되는 카놀라의 80% 정도가 GMO로 생산되고 있다고 나오죠. 그런데 기름으로 만들었으니까 면제예요. 두 번째는 원재료 함량으로 봤을 때 10개의 재료가 쓰였을 경우, 5순위 재료까지 GMO가 없으면 면제예요. 절대량이 아니라 상대적인 거죠.

▲ 유시민 '그리고(AND)' 조항이 아니고 '또는(OR)' 조항이구나. 면제 조항 중에 하나라도 해당되면 표시를 안 한다는 거죠?

● 김훈기 맞습니다. 그래서 2008년에 면제 조항을 바꿔서 완전 표시제로 가자는 안을 식약청이 규제개혁위원회에 제출했는데, 계류된 거예요.

✦ 진중권 결국 이야기가 규제개혁위원회와 관련된 쪽으로 정리가 되네요. 원전 문제도 그런데.

▲ 유시민 거기는 다 걸린다니까. 대한민국의 숨어 있는 권력기관이에요. 다음번 대통령 선거 때 야당 공약에 규제개혁위원회를 자문 기구로 격하시키는 내용을 넣어야 됩니다. GMO 표시제도 공약으로 해야 돼요.

■ 노회찬 성장하는 아이들이 먹는 학교 급식은 GMO를 절대 사용하지 않

는, Non-GMO 원칙으로 가야죠.

● 김훈기 그런데 현실적으로 어려울 겁니다. 지금으로선 완전히 피할 수가 없거든요.

▲ 유시민 농부도 자기가 키우는 밀이 GMO인지 모르고 키웠다는데, 얼마든지 섞일 순 있는 거거든요.

● 김훈기 그래서 지금 미국 유기농가들이 골치가 아파요. 유기농가에 GMO가 침투해서 유기농 인증이 취소되고 있다고 해요. 우리나라도 예외가 아닙니다. GMO 농산물을 수입한 것뿐인데, 전국적으로 자라고 있어요. 국립환경과학원 보고서에 따르면 2010년부터 GMO 농산물이 발견되고 있습니다.

✚ 진중권 유전자 오염이 시작된 거죠.

● 김훈기 매년 보고서가 나오는데 전국적으로 넓어지고 있어요. 주로 항만 근처이고, 군락을 이루어서 자라고 있는 곳도 있습니다.

▲ 유시민 유전자 조작을 제대로 못한 거 아니에요? GMO가 야생으로 나오면 자라지 말아야죠.

● 김훈기 수분한 경우도 있겠지만 GMO 종자들이 임의로 떨어져서 자란다는 거죠.

■ 노회찬 밀입국이네.

✦ 진중권 지금 우리가 해야 할 일이 무엇인지 말씀해주시죠.

● 김훈기 우선 정부에서 공개해야 할 내용이 많은데 공개하지 않고 있어요. 전 세계에서 LMO법이라고, GMO 관련 국제 협약이 이루어지고 있는데요. 거기서 충분히 공개가 이루어지고, 또한 정보공개센터도 있습니다. 식용허가를 받은 GMO의 경우에는 그때그때 승인된 보고서들이 올라와요. 절차상으로는 열람이 가능한데, 전문용어가 많아서 암호문이죠. 그런데 사료용 농업진흥청 자료는 아무리 요청해도 안 올려요. 이렇게 일단 정보 비공개와 관련된 문제가 있습니다. 국립환경과학원은 국내의 GMO현황을 매년 조사하면, 그 내용을 공개해야 되거든요. 그런데 일본 자료를 번역해서 올리고, 우리나라 자료는 보여주지 않고 있습니다. NGO가 요구하고 국회의원이 요구하면 겨우 보여줍니다.

▲ 유시민 남 모르게 착한 일을 하려고 그러는 거죠.

● 김훈기 GMO 표시제는 몇 년째 평행선이거든요. 국회에서도 개정 입법을 시도하다가 무산됐고, 전문위원회의 보고서를 보면 더 많은 의견이 수렴돼야 한다고 늘 같은 결론만 이야기해요. 생협에 가입한 많은 분들이 GMO 표시제 찬성에 많이 서명하셨는데도 진전이 없어요. NGO를 중심으로 정보를 교환하면서 대안도 논의해나가야 하고요. 외국에 비해서 GMO에 대한 문제 제기가 적은 편인 과학계의 관심도 필요합니다.

✦ 진중권 누가 연구비를 주는 것도 아니고, 괜히 이런 거 냈다가 나중에 프로젝트를 못 할 수도 있으니 눈치만 보는 거지.

▲ 유시민 학문이 돈을 가진 자와 권력을 가진 자의 수족이 되는 시대잖아요.

✦ 진중권 과학은 가치중립적일지 몰라도 과학을 둘러싼 환경은 정치적인 것 같아요. 인문학보다 더 심해. 하긴 인문학은 쓸데가 없으니까요.

▲ 유시민 인문학은 검증을 안 받기 때문에 '내가 그렇게 생각한다는데 뭔 말이 많아?' 이렇게 주장만 하면 되는데 과학자들은 안 그렇잖아요.

■ 노회찬 인문학은 수세기 동안 충분히 정치적이었죠. 하여튼 GMO 문제는 국민의 알 권리와 연계돼 있습니다. 국민이 먹고 있는 식품에 유해한 성분이 있는지 알고자 하는 건 정당하죠. 정의당에서도 이 문제로 헌법소원을 검토하고 있는 걸로 알고 있어요.

✦ 진중권 앞으로 어떤 일이 벌어질지는 알 수 없죠. 아무 일도 일어나지 않을 수도 있습니다. 그러나 좋은 미래를 만든다는 건, 현재를 정확하게 살펴보는 데서 시작하잖아요. GMO 문제로 시작해 규제개혁 이야기로 흘러가는 것도 바로 이런 이유 때문입니다. 무엇보다 지금 당장 내가 어떤 것을 먹고 있는지 알 수 없는 상황을 만들면 안 되겠죠. 그나저나 납작 엎드린 딸기 같은 건 안 나왔으면 좋겠네요.

극우와 일베

+ 박홍순 인문학자

그들은 왜
스스로
나쁜 놈이
되려 하는가

일베는 스스로
민족주의라고
생각하니까요

♣ 진중권 2014년 9월 일간베스트(이하 일베) 회원과 보수단체 회원 100여 명이 광화문 광장에서 이른바 폭식 행사를 열었습니다. 세월호 가족들과 시민들의 단식 농성장에서 불과 200m도 떨어지지 않은 곳, 세종대왕 동상 앞에 앉아 피자와 치킨을 먹은 겁니다. 일베 회원들이 인터넷이 아닌 오프라인에서 이렇게 공개적으로 행동한 것은 처음이었는데요. 한국에도 이제 극우파 성향의 사람들이 거리로 나오고 있는 걸까요? 이 이야기를 누가 제대로 해줄 수 있을까요? 젊은 시절 민주화 운동을 하고, 현재 다양한 인문학 저술 활동을 하고 계시는 박홍순 선생님께 물어보겠습니다. 유레카 아카데미 연구소장이시라고요.

▲ 유시민 우익에 대해서 언제부터 연구를 하셨어요?

● 박홍순 대학 때부터 민주화 운동을 한다는 게 결국 우익이 뭔가 하는 연구를⋯⋯.

▲ 유시민 그런데 일베는 역사적으로 말하는 우익하고는 좀 다르지 않나요? 뭐라고 해야 하지? 민간 우익?

● 박홍순 원래는 '디시인사이드'라는 사이트에서 추천을 많이 받은 글을 일컫는 일간베스트를 줄여서 일베라고 했죠. 그런데 2010년 따로 사이트를 개설하면서 현재는 우익 성향의 커뮤니티가 돼가고 있습니다. 그동안 일베에서 벌어지는 일들을 해프닝 수준이라고 생각했지만, 이제는 진지하게 다루어야 할 때인 것 같습니다. 인터넷에 기반을 두고 극우적 성격을 드러내는 이들을 '넷 우익'이라고 합니다. 일베와 가장 많이 비교되는 일본의 재특회(재일 특권을 용납하지 않는 시민회)도 그렇지요. 규모로 보면 재특회는 새 발의 피예요. 재특회는 회원 수가 1만 1천 명인데, 일베는 100만 명 단위이죠. 재특회 인기 게시물 조회 수가 1만 회 정도인데, 일베는 30만 회이니, 비교가 되지 않을 정도로 왕성한 활동력을 보인다고 할 수 있겠습니다. 이들의 가장 큰 공통점은 사회적 약자를 비하하는 겁니다. 재특회는 재일 한인이나 조선인을, 일베는 전라도 사람이나 여성, 정확히 말하면 나랑 안 사귀는 여자를 비하합니다.

또 하나 공통점은 사실이 아닌 것을 주장하는 점입니다. 재특회는 재일 한인, 재일 조선인을 범죄자로 매도하고 있습니다. 그런데 실제 2011년 일본 내 100명당 범죄 외국인 수에 대한 일본 경찰청 통계를 보면 베트남이 3.8명으로 제일 높아요. 중국 1.1명, 필리핀 0.5명, 미국 0.4명이고 한국은 0.2명이에요.

이처럼 일베를 비롯한 우익들의 주장을 보면, 역사적으로 일어났던 폭력이나 학살 등에 대해서 이중 잣대를 들이대고 있는데요. 일베와 비슷한 행보를 취하고 있는 변희재 씨는 예전에 트위터에서 프랑스혁명을 불법이고, 역사상 가장 더럽고 추악한 정치였다고 규정하더군요. 그 이유는 공포정치 시기에 귀족이나 왕족들을 대상으로 수천, 수만 건의 불법 사형과 살해를 저질렀기 때문이라는 겁니다. 그 오랜 기간 신분제나 왕정 아래에서 죄 없이 죽어간, 수많은 백성의 현실은 보지 않는 거죠.

♣ 진중권 그럼 재특회와 일베는 사이가 좋습니까?

● 박홍순 재특회가 재일 한인이나 재일 조선인을 몰아내라, 죽이라고 난리 칠 때, 그들과 대립하면서 재일 한인과 조선인들을 보호했던 세력은 바로 일본의 좌파들입니다. 노동조합 세력이 가장 대표적이죠. 일베는 모든 좌파를 비판하고 지옥에 갈 사람들이라고 이야기하니까, 일본 좌파와 상극인 재특회와 통해야 할 것 같은데 일베 게시판을 보면 일본 재특회를 무지하게 비판해요.

■ 노회찬 왜 비판하죠?

● 박홍순 한국의 일베는 스스로를 민족주의자라고 생각하니까요. 하지만 하는 행동은 둘 다 비슷합니다. 행동 방식이 엽기적이고 욕설이 많은데요. 재특회는 한국인을 다 죽여라, 대학살을 해야 한다고 말합니다. 이번에 일베 거리 시위 동영상을 보면 정부나 문민정권 시절 대통령에 대해서 대놓고 욕을 쓰죠. 기본 구호가 '죽여라', '죽이자'예요. 그런데 '죽여라'는 무언가에 대한 요구가 아니죠. 정당한 요구를 하는 게 아니라, 엽기적인 행동을 하는 거죠. 유럽의 극우단체들도 유럽 사회의 약자인 이슬람, 회교도를 공격할 때 이슬람에서 금기 음식인 돼지고기를 넣은 수프를

노숙자들에게 제공합니다.

✦ 진중권 재특회와 달리 일베는 원래 커밍아웃을 못 했거든요? 그런데 이번 거리 집회 때 얼굴을 드러내고, 이른바 '일밍아웃'을 했죠. 변화가 있는 것 같아요. 그 전까지만 해도 스스로를 병신이라고 불렀거든요. 그런데 이제 병신이 아니다, 애국자다라는 이념화 과정이 끝난 것 같습니다. 두 번째는 바깥으로 나와도 될 법한 분위기라는 거예요. 일본 재특회는 처음부터 이념화돼 있었기 때문에 넷에서도 바깥에서도 떳떳하게 활동했죠. 반면 일베는 이른바 '잉여 놀이'라고 하는 유희적 형태에서 출발한 이들이 극우로 이념화한 거죠. 지금 사회 분위기가 우경화되고 있으니까, 우리도 얼굴을 드러내도 되겠다고 판단한 것 같습니다.

■ 노회찬 재특회는 피해 의식을 공통분모로 출발하는 경우가 많아요. 그들이 내세우는 건 재일 조선인들이 자기들이 가지지 못한 특권을 누리고 있다는 거죠. 재일 조선인들이 야쿠자의 3분의 1을 차지하고 있다고 합니다. 자기들이 피해를 보고 있다고 말해요. 그런데 이건 절반의 민족주의죠. 타민족 중에서도 센 민족, 이를테면 미국에 대해서는 대항을 아예 안 해요. 약한 민족에게만 대응하는, 편협한 반쪽짜리 민족주의죠.

▲ 유시민 문명이 생기기 전, 강자한테 비굴하고 약자한테 횡포를 부리는 본능 때문은 아닐까요? 문명이 자리 잡은 후에는 그러면 안 된다는 생각이 보편화되어서 그런 것이고.

■ 노회찬 극우파 성향의 한 일본 교수가 이러더군요. "미국한테는 한 방 맞

았잖아." 2차 세계대전 때 원자폭탄을 맞은 게 아직까지 효력이 있다는 겁니다. 진정한 민족주의는 미국까지도 배타시한다고 하네요. 그러나 그런 이들은 극히 소수죠. 우리나라의 극우는 피해 의식에서 출발했다기보다는 이명박 정부가 들어서면서 지난 민주정부 10년의 성과를 되돌리려는 정치적 행위가 일어나면서 분위기가 조성됐어요. 이명박 정부 초기에 뉴라이트라는 이름으로 우익 엘리트들이 등장한 것도 그 일환이었죠. 물론 이들은 오래가지 못했습니다. 일베도 비슷한 측면이 있습니다. 박근혜 정부 출범 이후 우익의 지배가 공고해지고, 과거에 금기시됐던 여러 가지 역사적 사실에 대한 우익적 해석이나 퇴행적 역사관이 정부 차원에서 도입되면서, 그에 편승해 드러나는 거죠. 여름에 기온이 높아지면 파리, 모기가 많이 나타나듯이, 우익 정부가 들어서면서 이런 극우적 행태가 마치 질병처럼 번지고 있는 게 아닌가 싶습니다. 앞으로 보수 정권이 계속 집권하면 더 확산될 수도 있겠다는 우려가 들어요.

● 박홍순 그런 면은 확실히 있습니다. 유럽, 일본 등에서는 정치권에서 넷우익들을 지지하는 사람들이 매우 적습니다. 보수적 성향의 사람이라고 해도 이들을 지지하거나 공명하지는 않아요. 그런데 한국은 다르죠. '내가 너희들을 찍어줬는데 너네들은 우리한테 잘해야 하는 거 아니냐' 이런 생각을 하고 있는 거죠. 어떻게 보면 보수 정권을 원군으로 생각하고 있죠. 자신들이 어떻게 행동해도 안전하다는 의식을 가지고 있으니 거리로 나온 거죠. 때문에 앞으로 노동자들의 파업이나 공기업 민영화 문제, 또는 사회 복지와 관련한 쟁점이 있을 때, 정권의 편을 든다는 이유로 공개적으로 비상식적인 행동을 할 가능성이 있다고 생각합니다. 세월호 농성장 앞에서의 문제도 그런 거죠.

✦ 진중권 도대체 왜 이렇게 됐을까요? 요즘 국제 면을 시끄럽게 하는 IS(이슬람 국가)도 신참들을 구할 때, 유럽에서 차별받는 이들을 부르지 않습니까? 즉, 사회적 불평등의 근원을 직시하지 못하고, 그 피해 의식을 폭력적으로 분출할 누군가를 찾는 거죠. IS든 극우든, 이런 세력들의 공통점 중 하나가 여성 문제예요. 누가 봐도 우리나라는 남녀평등이 이루어졌다고 말하기 어려운 나라죠. 여성들이 불평등을 겪고 있는데, 일베가 볼 때는 자기들이 역으로 차별당하고 있다는 거예요.

▲ 유시민 그들 입장에서 보면 여자는 군대도 안 가.

■ 노회찬 과거 파시즘이 들어설 때 보면 사회적으로 힘든 처지에 놓여 있는 사람들에게 올바른 해결책을 제시하지 않고, '유대인 때문에 못살게 됐다'라며 왜곡된 의식을 주입하죠. 유대인이 불안정한 사회적 위치 때문에 고리대금업 같은 분야에 많이 종사한 건 사실이죠. 하지만 유대인도 사실 어려운 위치에 있는 사람들이거든요. 즉, 그들이 겪는 어려움의 진짜 원인을 제공한 이들에게 분노를 표하지 않죠. 일베들이 '담뱃값 인상 등으로 서민들이 힘들어지는 것에 반대한다' 이렇게 말하지 않는 것처럼요.

▲ 유시민 아니, 일베는 담뱃값 인상에 관심이 없나요?

● 박홍순 한국의 일베도 피해 의식이 있습니다. 독일 파시즘도 그랬고, 일본의 재특회, 한국의 일베를 보면 빈부격차가 심화되고 실업자가 양산되는 시기에 나타나는 현상입니다. 그래서 실업자, 예비 실업자, 청년층인

경우가 많아요. 그러면 오히려 노동단체와 연대하거나, 진보세력과 함께 해야 하지 않느냐고 생각할지 모르지만, 이들은 노동조합을 특권세력으로 봅니다. 진보세력도 엘리트라고 보죠.

✦ ^{진중권} 솔직히 대한민국에서 노조가 제일 잘 조직돼 있는 게 대공장이거든요. 그들이 볼 때는 꿈의 직장이에요. 그럴 수 있죠.

● ^{박홍순} 독일에서 파시즘이 등장할 당시에도 마찬가지 현상이 나타났죠. 그래서 진보세력의 역할이 매우 중요합니다. 당시에 독일 진보세력도 정당 조직이나, 노동조합으로 조직된 이들을 중심으로 활동을 했고, 그 바깥에 있는 이들에 대해서는 큰 관심을 주지 않았거든요.

본래 내 편이어야 하는 사람에 대해서는 더 기대치가 크고, 반대로 배신감도 더 크기 마련이죠. 반면, 옛날 나치를 보면 실업자들을 위한 정책을 파시즘 국가가 펴잖아요. 물론 그 내용은 기만적이지만, 어찌 됐든 그들을 위한 정책이라고 선전한다는 거죠. 박정희 정권 때 했던 토목 산업이 바로 나치가 했던 거잖아요? 아우토반을 비롯해 독일 전국을 고속도로망으로 뚫는 작업 등이 대표적이죠. 그걸 통해 발생하는 일시적인 고용을 내세우면서, 마치 자신들이 실업자 구제에 가장 적극적인 세력인 것처럼 보이고자 했던 거죠. 한국도 비슷해요. 박정희 대통령이 고속도로를 뚫고, 이명박 대통령이 4대강을 뚫으면서 고용을 창출했다, 이런 왜곡된 상식이 우익을 키우고 있죠. 정작 자기들을 길거리로 내몬, 실업의 가장 중요한 책임자에게 의존하는 경향이 나타나고 있는 것도 특징이죠.

✦ ^{진중권} 이런 거예요. 옛날에 민주화 운동을 했던 사람들, 이른바 386세

대들은 지금 뭐하고 있느냐는 거죠. 새누리당, 민주당 아니면 정의당 같은 데서 국회의원을 하고 있단 말이죠. 노동조합은 어떻죠? 세상에, 노동조합에 가입할 수 있다니 얼마나 좋아요. 그다음에 여성운동을 대표하는 분들을 보면 대학교수들이 많아요. 거기다 논객들은 어떤가? "진중권? 저 자식 비행기 타는 강남 좌파잖아." 그러니까 그들이 볼 때는 다 기득권층인 거죠. 그런 피해 의식이 있죠. 쉽게 말하면 자기들이 소외당했다고 느끼는 거죠. 그러면 어떻게 해야 되느냐? 내가 더 강력한 다른 공동체에 심리적으로 속해서, 배제당하는 게 아니라 그들을 배제해야 되는 겁니다.

■ 노회찬 지금 드러나는 현상이 어떻게 진행될 것인지 분석해볼 필요가 있습니다. 우리나라의 일베는 인터넷에서 존재하지, 아직 조직화된 건 아니에요. 반면, '서북청년단 준비위원회' 같은 게 주목됩니다. 그들은 이름을 걸고 얼굴을 내세우고 조직의 이름으로 나섰죠.

　또 하나 눈여겨볼 것이 있습니다. 다른 나라에서는 극우세력들이 정당을 먼저 만들어요. 이 극우 정당들이 고용 문제, 외국인 노동자 문제를 내세우고 결합하죠. 프랑스도 2015년 선거 때 극우 정당이 이긴다는 전망이 있잖아요. 마리 르펜의 극우 정당이 1위를 달리고 있고, 독일도 마찬가지죠. 우리나라는 정당화가 안 된 대신에, 기존의 우익, 보수 정당들이 사실상 이들을 대변합니다. 그러나 다른 나라에서는 보수 정당들이 그 극우파들을 대변하지는 않거든요. 오히려 배척하고 거리를 두죠.

◆ 진중권 일본의 경우는 조금 달라요. 일본은 뒤로는 활용하고, 앞에서는 거리를 두죠.

여성들이 불평등을 겪고 있는데
그들은 자신들이 역으로
차별당하고 있다는 거예요

■ 노회찬 아베 정권이 사실상 이들을 대변하는 측면이 있죠. 우리도 비슷합니다. 새누리당 의원들 중에 일베와 거의 같은 철학과 역사관에 입각해서 이야기하는 이들이 얼마나 많습니까. 하지만 일본에서도 이들을 직접적으로 대변하는 정당은 없잖아요.

이삼 년 그렇게 지나가다가
또 유행이 지나면
사그라들기도 하고

✦ 진중권 이번에 일베 광화문 폭식 투쟁을 후원했던 이가 정성산이라는 탈북자입니다. 그분이 새누리당 기획의원으로 임명됐죠.

■ 노회찬 혁신위원회 기획의원이에요.

✦ 진중권 그러니까 일베가 새누리당의 미래인 건지?

■ 노회찬 지금 보수 정당인 새누리당이 사실상 극우 정당의 역할을 하고 있는 거예요.

▲ 유시민 좋게 해석할 수도 있습니다. 집권당인 새누리당으로서는 일베를 내버려두면 자칫 일탈 행동을 할 사회적 위험이 있으니 우리가 껴안겠

다, 그들도 대한민국 국민이 아니냐, 껴안아서 건전한 방향으로 유도해보자. 혹시 이런 동기로 하는 거 아닐까요?

● ᴮᵃᵏʰᵒⁿᵍˢᵘ 박홍순 유시민 씨는 착한 학생 모드로 들어갔네요.

▲ ᵞᵘˢⁱᵐⁱⁿ 유시민 내적 접근을 해봐야 되잖아요. 새누리당에 대해서는 내적 접근을 해줘야죠.

● ᴮᵃᵏʰᵒⁿᵍˢᵘ 박홍순 일본은 정당만이 아니라 언론에서도 거의 외면합니다. 사쿠라 TV라는 채널만 우호적이죠. 하지만 우리나라는 주요 신문사도 이들을 마치 중립적인 하나의 입장처럼 다룹니다. 세월호 가족이 이런 주장을 했다, 그 옆에서 일베는 이렇게 주장을 했다는 식으로요.

✦ ᴶⁱⁿʲᵘⁿᵍᵏʷᵒⁿ 진중권 하나의 대등한 의견으로 소개해주는 것 자체가 일베를 인정을 해주는 거죠.

● ᴮᵃᵏʰᵒⁿᵍˢᵘ 박홍순 지금 겉으로 드러나는 극우세력의 인원은 적을 수 있어요. 일본에서 재특회가 시위하면 열 명 스무 명이 모이는 경우도 많아요. 하지만 옛날 나치도 굉장히 소수로 출발했거든요.

▲ ᵞᵘˢⁱᵐⁱⁿ 유시민 원래 선도투쟁부터 하는 거예요. 좌파들은 안 그랬나? 처음에 투쟁위원회 만들어서 선도투쟁하고 건물 옥상 점거하고 줄 타고 내려오고 다 그랬어요. 그래서 이들도 이렇게 하는 거라고.

■ 노회찬 그런데 감옥에 안 가잖아요.

● 박홍순 독일에서도 처음 나치당이 출발했을 때, 우파에서 이건 미친 사람들이다, 맹동주의자다, 이렇게 배척하면서도 한편으로 그들을 이용하려다가 오히려 먹혀버렸죠.

▲ 유시민 이런 것도 답이 되지 않을까요? 진보파들이 일베에 침투해서 회원이 되는 거죠. 이 진보파가 들어가면 일베는 중도가 될 거 아녜요.

● 박홍순 유시민 씨는 착한 학생은 맞는데 초등 쪽으로 가는 거 아닌가 모르겠어요.

■ 노회찬 일베 현상이 아직 초기이기 때문에 어디로 어떻게 번질지 예견하기 쉽지 않지만, 음으로 양으로 지원이 있는 것 같습니다. 미국 북한인권법에 의해서 지원받고 있는 해외단체들 속에 한국의 극우단체들이 꽤 많습니다. 이분들이 북한인권 문제만 이야기하면 그나마 참 다행이겠는데, 북한인권에 대해서는 별 활동을 안 하고, 주로 남쪽에서 반인권적인 활동을 하는 게 아닌가라는 우려도 많죠. 간단히 볼 문제는 아닙니다.

● 박홍순 사실 한국의 일베는 극우에서 무정부주의까지 스펙트럼이 다양해요. 재특회에 비해 유희적 요소가 강했습니다.

▲ 유시민 선량한 일베 회원과 극렬 일베 회원으로 나눠서 이야기를 하면 어떨까요. 일베 회원이 100만 명이나 된다니까, 그중에는 다양한 사람들

166

이 있겠죠. 일부 일베 회원들이 오프라인에서 하는 몰지각한 행동으로 전체 일베 회원을 이상한 집단으로 매도하는 건 과거 독재 정권이 반정부 세력에 대해서 많이 했던 수법이잖아요. 그렇게 이해해서는 안 되는 거 아닌가 하는 생각도 들어요.

● ^{박홍순} 실제 거리에 나와서 극단적인 행동이나 말을 하는 사람들에 대해서도 곰곰이 생각해볼 필요가 있어요. 너무나도 엽기적이고 폭력적인 행동이지만, 사실 평범한 사람들이라는 거죠. 독일 나치 희생자로 유명한 프리모 레비도《이것이 인간인가》에서 실제 나치 활동을 한 사람들을 향해, 개인적으로 보면 아주 평범한 아버지들이라고 했습니다.

◆ ^{진중권} 악의 평범함이죠.

● ^{박홍순} 일베 사람들도 그럴 것 같아요. 개인적으로 만나보면 평범한 아버지일 수도 있고, 선량한 동생일 수도 있고.

▲ ^{유시민} 국회에서 이상한 소리 하는 사람들도 만나보면 평범한 사람들이에요.

● ^{박홍순} 그래서 말씀드리는 게, 괴물로만 볼 게 아니라 그런 현상이 나타나게 된 사회경제적 배경을 함께 검토할 때 제대로 된 대책이 나오지 않을까 생각합니다.

■ ^{노회찬} 아주 중요한 지적을 해주셨습니다. 실제로 일본에서도 재특회만

문제가 되는 게 아닙니다. 아베 정권부터 일본 우익세력들의 힘이 굉장히 커지고 있죠. 독도 문제를 비롯해서 일제 강점기에 저질렀던 여러 가지 만행들에 대해서도 과거보다 더 후퇴한 입장을 보여줍니다. 이른바 일본 우경화의 문제라는 거죠. 이런 현상은 일본 정치에서 진보세력들이 점점 지지와 신뢰를 잃고 세력이 작아지는 것과 비례해서 나타나기 시작했거든요. 우리나라도 마찬가지라고 봅니다.

뉴라이트에서 일베까지, 그들 개개인을 보면 소수의 극렬한 사람, 다수의 평범한 사람으로 이해할 수도 있겠죠. 중요한 건 이런 현상이 일어나는 원인 중 하나는 진보세력들이 이 사회에서 맡고 있는 역할과 영향력이 줄어들고 있기 때문입니다. 그렇다면 앞으로 어떻게 대응할 것인가? 조롱하고 욕한다고 될 건 아니죠. 일본도 재특회가 시위를 하면 옆에 더 많은 반특회 시위대가 있죠. 다른 나라들을 봐도 극우파보다는 극우파를 염려하고 저렇게 해서는 안 된다고 하는 사람들이 훨씬 더 많아요. 우리나라도 그러리라고 생각합니다. 중요한 점은 진보와 개혁세력들의 건강한 역할을 재건시켜서, 이런 현상이 일어날 여지를 없애야 한다는 것이죠.

▲ 유시민 사실 일베의 시작은 그냥 재미있어서 모여 논 거잖아요. 국정원에서 지원한다는 이야기가 돌자 탈퇴한 친구들도 있고요. 그러니까 순전히 재미로 노는 사람이 대부분이고, 그중 일부가 정치적인 지향성이나 이해관계 속에서 움직이는 거란 말이죠. 때문에 일베에 대한 지나친 관심이 그들을 비뚤어지게 만들 수 있다고 봅니다. 세상에 온갖 사람이 다 있죠. 같은 사람도 때에 따라 굉장히 다른 감정과 행동에 빠질 수도 있고요. 이삼 년 그렇게 지나가다가, 또 유행이 지나면 사그라들기도 하고 그

런 거 아닐까요?

✚ 진중권 저도 그렇게 생각합니다. 서북청년단과 같은 사람들과 일베는 거리가 있는 것 같아요. 멘털리티나 감성이 좀 다른 사람들인 것 같고요.

● 박홍순 실제 일베에 모집 공고를 냈는데 거의 안 왔죠.

■ 노회찬 그날 행사에 스무 명밖에 안 왔다고 해요.

✚ 진중권 일베 현상은 사회적 피해 의식이 드러나는 건데요. 그들 눈으로 볼 때 지금 떠드는 사람들은 다 기득권층이에요. 삼성과 같은 대기업들, 새누리당은 상부의 특권층이고, 민주당이나 정의당은 두 번째 특권층이에요.

▲ 유시민 제일 센 놈은 못 건드리고 그다음을.

✚ 진중권 네, 그 센 놈하고 연대해서 제일 약한 쪽을 공격하는 거죠. 일종의 심리 놀이죠. 너무 진지하게 다루면 안 될 것 같아요. 일베는 아직 이념화됐다기보다는 글자 그대로 노는 것인데, 과대평가하는 건 아닌 거 같아요. 또 이렇게 위험을 과장하는 것도 안 좋다고 보고요.

● 박홍순 하지만 유심히 지켜봐야죠. 지난 대선 때 국정원 댓글 사건을 주목해보세요. 그 댓글 공작이 끼쳤던 영향이 적지 않았을 거라고 생각합니다. 다음 선거에서는 국정원이 개입할 필요가 없을지도 몰라요. 이들

이 자발적으로 대규모 댓글 활동을 할 수도 있다는 거죠.

▲ 유시민 그래주면 도리어 고마울 것 같은데요. 1번 후보 선거 운동을 많이 한다고 꼭 표가 되는 건 아니거든요.

중요한 건
사적 이익을 위해 공동체를
망가뜨려서는 안 된다는 거죠

■ 노회찬 선거 운동을 일베식으로 하는 건 역효과가 날 수도 있기 때문에 그럴 수 있죠. 하지만 최근에는 좀 다른 방식도 많이 퍼지고 있어요. 카카오톡을 통해서, 일베처럼 과격한 방식이 아니지만 받아들이기에 부담스럽지 않은, 그러나 상당히 문제가 많은 왜곡된 정보들이 나돌고 있죠.

✚ 진중권 제가 볼 때, 그렇게 유통되는 콘텐츠들은 개인이 만든 수준이 아니에요. 왜냐면 저도 인터넷 짬밥이 거의 20년인데……

▲ 유시민 인터넷도 짬밥으로 따져요?

✚ 진중권 개인이 만든 것과 아닌 건 딱 보면 알잖아요. 이런 정보들을 알고 있는 사람의 연령대도 대충 나오고요. 그런데 이런 걸 보면 이건 개인이

만든 게 아니다, 특히 20대들이 알 만한 내용은 아니다, 이런 게 너무 많아요. 정보의 퀄리티가 꽤 높아요. 물론 잘못된 정보이지만.

▲ 유시민 돈을 집어넣어야 나올 수 있는 물건이라는 거죠?

✦ 진중권 아마 조직적으로 유포가 되는 것 같아요. 그들이 체계적으로 망을 깔아서 거기다 분명히 흘렸을 것 같고요. 저는 이게 더 무섭다고 봐요. 어르신들이 주로 이용하는 게 이런 거죠. '누가 뭐라고 했대'라고 하면 확인이 안 되잖아요. 확인이 안 된 상태에서 참으로 통하는 유언비어들인 거죠. 특히 카카오톡이 말이죠. 이게 구술문화 매체거든요.

▲ 유시민 옛날 동네 우물가에서 쑥덕쑥덕하던 거하고 똑같아요.

✦ 진중권 차라리 트위터는 굉장히 공적인 매체예요. 그런데 카카오톡은 사적인 느낌이 강하죠. 그럼에도 불구하고 네트워크는 엄청나게 촘촘하잖아요.

● 박홍순 유시민 씨의 이야기를 귀담아들을 필요가 있는 게, 이번 세월호 유가족 앞에서 햄버거를 먹고 아이스크림을 나눠 줄 때 그냥 놔뒀잖아요? 그게 맞는 거예요. 오프라인에서 충돌하기를 바라는 사람들이기 때문에, 거기에 맞대응하면 오히려 더 문제가 되죠.

✦ 진중권 의연하게 잘 대처한 것 같아요. 광장은 모든 시민들의 것이기 때문에 당신들도 권리가 있다. 정확한 거거든요.

● _{노회찬} 일부 언론들이 그런 현상을 마치 일리가 있는 것처럼 잘못 보도해서 역효과를 더 많이 냈던 것 같아요.

● _{박홍순} 진보세력이나 민주세력의 공통점은 점잖다는 거예요. 인터넷상에서도 점잖게 이야기하고, 점잖게 비판한다는 거예요. 양식 있는 분들이 SNS나 인터넷에서 사회적인 분위기를 만드는 데 역할을 해야죠.

▲ _{유시민} 제가 본 바로는 점잖지 않은데. 진보적인 인사들도 사납고 무례하기가 이루 표현할 수 없을 때가 많아요. 일베에서 나타나는 막무가내식, 주관주의, 자기 감정을 객관적으로 보지 못하고 감정에 쓸려 다니는 모습이 우익에만 있는 건 아닌 것 같아요. 때로는 양쪽 다 끔찍해요.

✦ _{진중권} 힘이 빠질 때도 있지만 그래도 저는 계속 SNS 등을 통해 좋은 대응을 해야 한다고 생각합니다. 나쁜 콘텐츠라도 새로운 것이면 관심을 끌거든요. 관심을 끌면 문제가 되는 거잖아요. 그럴 때는 더 좋은 새로운 콘텐츠로 맞서는 게 맞다고 생각합니다.

저는 여기서 우리나라 사법 체제에 대한 문제를 말하고 싶습니다. 정말 잘못된 행위에 대해서는 책임을 지게 해야죠. 예를 들어 많은 나라에서 인종 차별, 소수자 차별, 장애인 차별을 무섭게 처벌하잖아요? 우리나라는 그렇지 않아요. 게다가 특정인을 상대로 하지 않은 모욕죄의 경우에는 처벌할 근거가 더욱 없어요. 특정 지역 전체를 모욕한다거나 특정 직업군 전체를 모욕했을 때는 법 적용도 안 된다는 말이죠. 그런데 혐오 범죄의 경우에는 특정 개인이 밉다는 게 아니라, 집단 전체를 향하는 경우가 많거든요.

▲ 유시민 이런 법 조항을 신설하는 건은 많은 논의가 필요할 것 같아요.

♣ 진중권 지금 이종걸 의원이 지역, 출신 국가, 인종, 사상, 또는 정치적 의견을 이유로 혐오감을 표현하는 범죄에 대한 가중 처벌법을 발의하지 않았습니까?

■ 노회찬 17대 국회에서 차별 금지 기본법이라는 이름으로, 우리나라 최초로 차별에 관련된 기본 가이드라인이 무엇이어야 하느냐에 대한 법안이 제출됐죠. 그때 새누리당이 강력히 반발하면서 무산됐어요. 아직도 우리나라는 차별 금지 기본법도 안 만들어진 나라인 거죠.

● 박홍순 지역 차별도 포함되나요?

■ 노회찬 그렇죠. 뭘 집어넣느냐를 두고 합의가 안 된 거죠.

♣ 진중권 자, 이제 어떻게 해야 됩니까? 대한민국에 진짜 테러리스트는 없다고 봐요. 다만……

■ 노회찬 말로 하는 테러죠.

▲ 유시민 입 테러.

● 박홍순 일베들을 보면 심하게 욕을 하고 죽이자고 말하잖아요? 인터넷이니까 더 과하게 말했던 건데, 이런 말하기를 거리에서도 똑같이 해도 된

인터넷에서 듣던 심한 욕을
거리에서 직접 들으면
어떤 기분이 들까요?

다고 생각하는 거죠.

■ 노회찬 저는 일베보다 사회지도층 인사라고도 부를 수 있는 이들이 국민적으로 용납되기 힘든 이야기들을 하기 때문에 이런 문제도 생기는 거라고 봅니다. 친일 문제만 해도 그렇습니다. 한국의 지도층이라는 이들이 오히려 친일을 옹호하죠. '일제 강점기에 개인으로서는 어쩔 수 없는 상황이었다'라는 식의 변명이라도 하면 좀 나아요. 그런데 오히려 더 나쁜 상황을 막기 위한 하나의 대안이었다는 식으로 말하죠. 일본 정부에게 교과서를 고치라고 이야기하면서 한편으로는 우리가 지금 교과서를 왜곡하고 있죠. 이런 문제에 대해 강한 경각심을 가져야 해요. 앞으로 우리가 지켜야 될 가치에 대한 싸움이죠.

▲ 유시민 그리고 뉴라이트, 극우, 일베가 뒤섞여 사용되고 있는데, 구분할 필요가 있는 것 같습니다. 어느 쪽이 더 나쁘냐, 더 엽기적이냐, 이런 문제가 중요한 게 아닙니다. 중요한 건, 우리 모두가 함께 살아가는 이 공동체, 이 국가를 어떤 개인의 사적 이익을 위해서 망가뜨려서는 안 된다는 거죠.

생각은 다를 수 있죠. 역사에 대한 해석도 다를 수 있습니다. 대통령이나 교육부 장관이 일제 강점기 역사라든가 현대사에 대해 특정 의견을 가져도 괜찮습니다. 토론하면 돼요. 사실의 근거가 박약하면 지적하면 되고, 사실에 대한 해석이 잘못됐다고 판단되면 다른 해석을 내놓고요. 그러나 국가권력을 동원해서, 자기의 사상과 이념을 국민들에게 강제로 먹이는 순간 국가는 사유화되는 겁니다. 그런 것에 대해 단호하게 싸워야 한다고 봐요. 그렇게 나누어서 대응하면 되지 않을까요.

● ^{박홍순} 한 가지만 더 이야기하자면, 미국이나 유럽 같은 경우는 68 시민혁명을 겪으면서 진보적인 세력들이 하위문화와 폭넓은 접촉면을 가지게 됩니다. 히피문화라든가, 그 이후의 힙합문화 등이 그렇죠. 이런 하위문화가 저항의 경험과 가늘게라도 연결되는 끈이 되는 게 중요하죠. 그런데 우리는 그런 경험이 없는 것 같습니다. 그 빈틈을 뚫고 일베가 하위문화의 한 부분을 차지하면서 퍼지고 있는 게 아닌가. 그런 점에서 여러분들이 한자리에서 모여서 말하는 이런 것이 중요하다고⋯⋯.

▲ ^{유시민} 우린 B급이야.

■ ^{노회찬} 저렴하고 유익한.

● ^{박홍순} 저렴하고 B급인 문화와 더욱 전향적인 접촉면을 가져나가는 것도 중요한 방법이죠.

▲ ^{유시민} 그래서 일베도 초대하고 새누리당 대표도 초대해보려는데.

✦ ^{진중권} 일베를 불러도 안 나와요.

▲ ^{유시민} 우린 하고 싶어. 사귀고 싶어요.

✦ ^{진중권} 한편으로는 사이버 망명이 이루어지고 있고, 다른 편으로는 넷우익이 길바닥으로 나와서 서북청년단까지 만들겠다고 하는 살풍경인데, 대한민국이 지금 어디로 가고 있나, 이런 우려가 듭니다.

▲ 유시민   그래도 웃고 살아야죠.

♣ 진중권   저는 뭐 장기적으로는 낙관합니다.

07

포스트 스마트 시대와 삼성

+ 심상정 국회의원

우리 모두
국민 기업
지킴이가
됩시다

어떤 분들은
만날 잘나가는 기업
뒷다리 잡고, 괴롭힌다고
오해하세요

♦ 진중권 2014년 5월 삼성 이건희 회장이 쓰러진 이후 리더십 공백 상태가 장기화됐죠. 게다가 구글이 조립형 스마트폰을 출시하고 중국산 저가 스마트폰의 시장 점유율이 올라가는 등 세계 스마트폰 시장의 변동으로 삼성 위기론이 떠오르고 있습니다. 삼성의 위기를 보는 시각은 크게 두 가지로 엇갈리는 것 같습니다. 한쪽에선 삼성전자의 실적 하락이 일시적이며 곧 회복될 것이라고 보는가 하면, 다른 한편에서는 그동안 삼성이 고수해왔던 이른바 '삼성 우위'가 막다른 골목에 다다랐다는 시각도 있습니다. 그래서 대변혁 없이 살아남기 힘든 위기까지 왔다는 이야기도 나오고 있어요. '삼성이 망하면 대한민국이 망한다'라는 말이 있을 정도로 우리 경제에 큰 부분을 차지하고 있는 대기업 삼성. 삼성이 여러 의미에서 '잘돼야' 한국 경제도 살아날 수 있다고 보는데요. 어떻게 보십니까, 철의 여인이자 국민 누나, 심상정 씨?

● ^{심상정} 철의 여인, 삼성 저격수, 뭐 이런 이야기는 그만해주시고, 앞으로 삼성 지킴이로 소개해주십시오. 제가 지금 삼성노동인권지킴이의 고문입니다.

▲ ^{유시민} 삼성이 아니고 삼성 노동자들의 노동을 지키는?

■ ^{노회찬} 삼성이 국민을 위한 기업으로 거듭나도록 하는 거죠.

● ^{심상정} 삼성도 지켜야죠.

▲ ^{유시민} 삼성이 건전한 기업으로 거듭날 수 있도록 하는 거군요. 삼성전자가 참 대단한 기업이죠. 왜냐하면 2014년 2분기 영업 이익이 7조 원이 넘는데, 이게 어닝 쇼크라는 거예요. 석 달에 7조 원이에요. 공정거래위원회의 자료를 보면, 2013년 삼성그룹 계열사가 올린 단기 순이익의 합이 재계 2위부터 9위까지의 기업이 올린 단기 순이익의 합보다 커요. 이게 우리의 현실이거든요. 그래서 삼성 이야기를 하는 겁니다. '만날 잘나가는 기업 뒷다리 잡고, 괴롭히려고 해.' 이런 오해를 하는 분들도 있어요. '반기업 정서를 선동한다'라는 말도 나오고요. 하지만 사실 그게 아니죠. 이렇게 비중이 큰 기업이기 때문에, 이 기업이 장기적인 전망을 가지고 건전한 발전을 할 수 있느냐가 우리 국민경제 전체로 봐도 매우 중요한 이슈입니다. 진짜 대단한 기업이거든요.

✦ ^{진중권} 옛날에 제가 유럽 백화점에 가면 소니하고 노키아만 있었거든요. 요즘은 애플하고 삼성만 있더라고요.

■ 노회찬 삼성이 우리나라 GDP의 18%를 만들어내는 기업입니다. 건물로 비유하면 대형 건물이니까 무너져도 피해가 더 큰 것이고, 화재가 나도 훨씬 큰 사고가 나니까 관심을 더 가지고 안전을 진단하는 건 당연하죠.

▲ 유시민 특히 경영권 교체 과정에 있기 때문에 국민들의 관심이 집중될 수밖에 없어요. 이 시기를 어떻게 넘어야 좀 더 건전한 쪽으로 발전해갈 수 있는지가 국가적인 관심사라고 할 수 있죠.

● 심상정 삼성 문제를 다루는 취지를 다시 한 번 분명하게 말씀드리고 싶은데요. 많은 국민들이 공감하고 있지만, 오랫동안 정경유착의 우산 아래서 누적된 나쁜 관행을 혁신하는 게 중요합니다. 그래서 사회적 책임을 다하도록 해서 국민에게 사랑받는 기업으로 만들어가도록 이끌어야 해요. 이건 모두의 몫입니다. 사실 스스로 혁신한다는 건 불가능한 일이에요. 누군가는 일관성 있게 집요하게 쓴소리를 해줘야 하고, 또 쓴소리가 약이 될 수 있도록 애정과 관심을 집중해야 합니다.

▲ 유시민 삼성이라는 기업을 자세히 들여다볼 필요가 있습니다. 삼성은 처음에 제일제당과 제일모직으로 시작했어요. 이병철 회장이 국내 독점 기업에 해당하는 제일제당으로 돈을 벌었고, 그 돈을 모아서 시중 은행 주식 총량의 절반을 사들였어요. 그렇게 맨 먼저 금융으로 진출했고, 그다음에 레저 분야에 조금 손을 대다가, 1960년대 후반부터 전기·전자 분야에 관심을 기울였습니다. 삼성이 트랜지스터라디오 생산을 통해 전자 분야로 처음 진출할 당시만 해도, 그 분야는 중소기업 중심의 업종이었거든요. 그래서 중소기업에서 난리가 났습니다. 그 결과 삼성은 국내 시

삼성도 지켜야지요

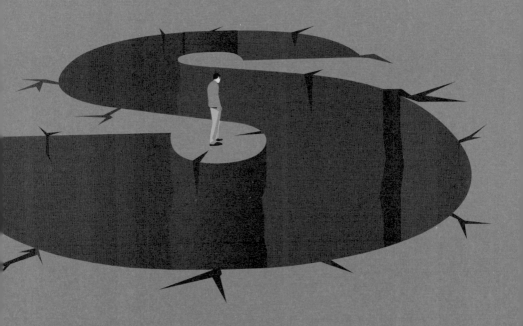

장에는 제품을 팔지 않는다, 100% 수출용으로 하겠다고 약속하고 전자 산업에 진출했습니다. 그러다가 1970년대 초에 반도체 쪽으로 눈을 돌렸죠. 백지수표를 주고 미국에 있는 한국 과학자들을 스카우트했고, 일본에서 기술을 사오기 시작했어요.

그 후에 응용기술 쪽으로 나아가서 주변 기기, 예를 들어 모니터 등의 분야까지 전부 진출한 거예요. 삼성의 사업다각화 전략이나 반도체 전자 산업 진출 과정을 보면 한국 경제의 압축 성장 과정을 뭉뚱그려놓은 것 같다는 느낌이 들어요. 현재 시장에서 삼성전자의 미래에 대해 여러 전망이 나오는데, 사실 그 어느 것도 확실하지 않죠. 시장 상황이라는 건 불확실성이 지배하니까요. 아무도 상황을 알지 못하는데 삼성의 미래에 대해 우리가 지나치게 낙관하거나 비관하는 건 좋지 않다고 생각해요. 단, 굉장한 불확실성 속에서 3대 세습 체제로 넘어가고 있기 때문에, 이럴 때일수록 더욱 기업 내외의 시장 조건이나 국제 경제 환경의 변화, 국내의 정치 질서나 사회 문화의 변화까지 받아들이면서 발전해나가야 한다는 거죠.

◆ 진중권 삼성이라고 하면 세 가지 이야기를 하지 않을 수 없는데요, 하나가 에버랜드 전환사채 발행을 통한 세습 체제죠. 기업의 자본 조달을 위해 만든 제도를 교묘하게 이용해서 세금을 내지 않는 부의 세습을 창조했다는 평가를 받고 있습니다. 법원에서는 1심과 2심에서 배임죄가 적용됐는데 대법원에서 무죄가 됐어요. 두 번째는 삼성 X파일 사건입니다. 1997년 대선을 앞두고 당시 〈중앙일보〉의 홍석현 회장과 삼성그룹의 이학수 부회장이 이건희 회장의 지시에 따라 수백억 원 대의 정치자금을 대통령 후보에게 제공하고, 검사들에게 뇌물을 준 내용이 담긴 녹취록

을 말합니다. 1997년 안기부 도청조직인 미림 팀에서 불법 도청해서 만든 테이프인데, 당시 MBC의 이상호 기자와 노회찬 국회의원이 이를 폭로했습니다. 이것도 역시 황당하게 마무리됐어요. 노회찬 국회의원은 유죄로 의원직을 박탈당했죠. 반면 당시 수사를 지휘했던 황교안 씨는 나중에 법무부 장관이 됐죠.

■ 노회찬 2005년 12월 당시 황교안 수사본부장이 이 사건을 6개월 정도 수사해서 발표했는데, 저와 이상호 기자 등 언론인, 즉 떡값 검사 명단을 공개한 사람은 다 유죄로 발표했습니다. 여기에 연루됐다고 의혹을 받았던 검사는 조사, 수사도 하지 않은 채 그냥 공소권 없음으로 처리했어요. 당시 한나라당 나경원 의원이 원내 대변인으로서, '검찰 수사가 참 잘된 것 같다'라고 발표한 게 기억에 남아요.

삼성이
국민 경제에 미치는 영향이 엄청나잖아요
그러니까 우리가 개입해야 할 권리가 있고
책임이 있다는 거예요

 ✦ 진중권 최근의 일이죠? 삼성이 자랑하는 '무노조 경영'의 민낯을 낱낱이 드러낸 2012년 삼성그룹 노사 전략 문건이 세상에 드러났습니다. 심상정 의원이 처음 폭로하면서 알려졌습니다. 이 세 가지를 하나씩 짚어볼

까요? 첫 번째 문제, 이 3대 세습이 일어나는 나라는 전 세계에서 대한민국이랑 북한밖에 없다는 말이 나올 정도입니다. 이 문제는 어떻게 생각하세요? 경영 능력이 없는 사람에게 세습할 경우에 문제가 생기지 않느냐 하는 부분도 있거든요.

■ 노회찬 소유와 경영은 기본적으로 분리돼야 하고, 경영을 잘하는 유능한 사람이 소유와 무관하게 고용돼서 기업 경영을 책임지는 게 기본이에요. 하지만 우리나라는 능력이 있든 없든 소유권자 자신이나 그 아들이 경영을 해왔죠. 가족 경영으로 유명한 스웨덴 발렌베리 가문의 경우 5대째 세습하고 있지만 아무에게나 물려주지 않거든요. 대학 다닐 때부터 졸업 후 일정한 국제 금융 능력을 쌓으면서 여러 문제들에 대해서 자력으로 돌파가 가능하도록 성장한, 어느 정도 검증이 된 가족 구성원에게 경영을 맡기고 있어요. 그런데 우리나라는 '아들 하나니까 네가 해라' 이런 식인 거죠.

▲ 유시민 이병철 회장은 창업을 한 절대군주였죠. 이건희 회장은 상속을 받은 절대군주였고요. 문제는 3대인 이재용 씨입니다. 이건희 회장이 아들이 하나밖에 없잖아요. 그래도 이병철 회장은 아들이 셋이나 됐단 말이에요.

● 심상정 딸들도 둘이나 있는데, 지금 그 발언은 여성을 경시하는 겁니까?

■ 노회찬 재산이야 집안 문제니까 알아서 나눠 가져도 되는데, 경영을 굳이 가족 중에서 해야 되냐는 거죠.

▲ 유시민 하고 싶은 걸 어떻게 말려요. 자본주의 사회에서 법으로도 못 막는 걸요. 세금만 제대로 잘 냈으면 문제없는 거예요. 문제는 90조 원을 상속하면서 내야 하는 세금 몇백억 원을 내지 않는 거죠. 자본주의 사회에서 자기 자산을 아들이나 딸에게 상속하면서 상속세만 제대로 냈으면 누가 말 못 하죠.

● 심상정 이재용 부회장이 이런 문제에 대해서 깊이 경청해야 된다고 봅니다. 할아버지처럼 할 수도 없을 테고, 아버지처럼 은둔의 제왕이 될 수도 없지 않습니까? 그렇기 때문에 경영 세습을 완료하는 이 전환기에 좀 더 개방적으로, 삼성의 새 비전을 내놓아야 할 거예요.

▲ 유시민 어떤 걸 내놓으면 좋을까요?

● 심상정 삼성이 처한 중요한 세 가지 문제가 바로 승계 문제, 노사 관계 문제, 그리고 하도급 간의 문제입니다. 그중 승계 문제와 관련해서는 어떤 방식으로 세습 체제가 완료될 거냐에 대해서 설왕설래합니다. 이건희 회장이 입원하고 오히려 삼성 주가가 올랐는데, 이것은 후계 구도와 관련이 있다고 보면 됩니다. 지금 삼성 일가가 에버랜드를 지배하고 에버랜드가 삼성생명을, 삼성생명이 삼성전자를 거느리는 구조입니다. 문제는 삼성생명이에요. 삼성생명은 삼성전자 지분의 7.2%를 가지고 있습니다. 현재 보험업법의 자산운영 규정에 따르면, 금융기업은 자기 총 자산의 2% 이내에 해당하는 계열사 지분을 가질 수 있어요. 지금 삼성생명의 시가가 193조 원 정도 되고, 여기에서 2%라고 하면 4조 원 정도 됩니다. 삼성생명은 삼성전자 지분을 4조 원 이내만 가져야 하지만, 지금 가지고 있는

7.2%를 시가로 계산하면 대략 19조 원입니다.

그러면 원래는 여기서 약 15조 원을 팔아야 하는데 어떻게 유지하고 있느냐. 바로 이 지점에서 대한민국의 대단한 진수를 보여준다고 생각합니다. 현재 보험업법 감독 규정을 보면, 이 보험업법에 대해서는 시장가격이 아닌 취득원가로 계산하도록 돼 있습니다. 그러니까, 지금 모든 금융기업이 계열사 지분을 가질 시 모두 시장가격으로 하지만, 오로지 보험업법에 대해서만은 취득원가로 하도록 한 것이죠. 그것도 감독 규정에 놔둔 겁니다. 그래서 유지가 되고 있는 거거든요.

✦ ^{진중권} 삼성을 위해 특별 맞춤 제작한 법 같은데요?

● ^{심상정} 기가 막힌 신의 한 수가 아닙니까? 삼성공화국의 진수를 보여주는 거죠. 이와 관련해서 현재 국회에 보험업법 개정안이 제출된 상태입니다. 보험업법 감독 규정에 있는 취득원가를 시장가격으로 바꾸는 게 핵심이에요. 삼성을 위한 특례꼼수조항을 개정하는 것은 시대적 대세고, 순리입니다. 만약 통과가 되면 삼성생명이 삼성전자를 지금처럼 지배하기 어렵게 되는 거죠. 대략 15조 원을 팔아야 하거든요. 그러면 지금의 이재용 체제, 삼성의 세습 구조를 개편해야 할 상황이 될 것입니다. 저는 국회가 이 보험업법 개정을 좀 서두르면서, 이재용 회장 체제로 넘어가는 과정에서 정경유착의 나쁜 관행들을 개선하도록 압박해야 한다고 봅니다. 현행법으로 접근할 수 있는 것은 이 정도 범위 내에서 검토할 수 있지 않느냐는 생각이고요. 물론 바람직한 삼성 개혁 방안은 이보다 더 나가야죠.

▲ 유시민 네, 더 나가야죠. 물론 자본 소유자로서 권리를 행사하는 거야 현행법에 맞고 타당하다면 괜찮죠. 그리고 더 바꿀 필요가 있다면 앞으로 논의해가면서 바꾸면 되는 것이고요. 문제는 이병철, 이건희 회장 체제까지는 자본 소유자로서의 의사만 행사하는 게 아니고 사실상 모든 계열사의 경영을 지배해왔잖아요. 소유와 경영이 분리되지 않았다는 거죠. 다음 세대들이 경영을 하고 싶을 수는 있어요. 그걸 '하지 마라'라고 말할 수 없습니다. 전체적으로는 소유와 경영을 분리시키되, 본인이 꼭 해보고 싶은 기업 정도를 경영해보는 건 나쁘지 않을 것 같아요. 선대 회장 때보다 기업 숫자도 늘어나고 자산 규모도 커지고 영업 범위도 글로벌한 상황에서, 과거 아버지나 할아버지가 했던 방식을 지속한다면 감당하기 힘들 거라는 생각이 듭니다.

♦ 진중권 그런데 경영과 소유가 분리되지 않았다고 늘 잘못하는 건 아니잖아요. 그래서 지배 구조를 개선해야 한다는 필연성이 딱 와 닿지 않기도 해요.

■ 노회찬 오히려 가족 경영이 책임감과 안정성을 갖고 잘될 수도 있지요. 하지만 GDP의 18%나 차지하고 있는 삼성 같은 기업이 가족 경영의 개념을 벗어나지 못하는 건 굉장히 위험천만합니다. 예를 들면 우리 군을 누가 통솔하고 있습니까? 대통령이 있지만 육군참모총장부터 시작해서 합참의장까지 지휘 체계가 있지 않습니까? 60만 명이나 되는 큰 군대를 특정 가족이 다 지배하다시피 해서 아들, 손자가 그 뒤를 이을 수는 없잖아요. 스웨덴 같은 경우는 예외적입니다. 아까 이야기한 발렌베리의 경우 5대째 이어지고 있는데, 발렌베리 가문의 기업 경영 방식을 따라가

려면 노동조합부터 인정하고 노동조합 대표를 이사회에 참여시키는 것부터 해야죠. 발렌베리는 가족들 마음대로 움직여온 기업이 아니에요.

● 심상정 발렌베리가에는 "소유는 특권이 아니고 책임이다"라는 철학이 있어요. 여기에 삼성과 근본적인 차이가 있습니다. 삼성이 우리나라 기업 총 매출의 5분의 1을 차지하는데, 이게 잘못됐을 때 국민경제에 미치는 영향이 엄청나게 크잖아요. 그러니까 우리가 개입해야 할 권리가 있고 책임이 있는 것이죠. 발렌베리는 지주회사를 공익재단이 소유하게 함으로써 소유를 사회에 내놓고 경영 승계권을 확보한 겁니다. 그런데 삼성은 소유 경영을 세습하려고 하는 것이기 때문에 큰 차이가 있죠.

▲ 유시민 소유 경영의 분리냐 가족기업 경영이냐 이러니 복잡한데, 사례를 가지고 한번 이야기해보죠. 같은 사회주의 국가인데, 시진핑 주석이 있는 중국과 김정은 위원장이 있는 북한을 비교해봅시다. 중국과 북한 시스템의 차이가 뭘까요. 북한은 핏줄을 타고 내려왔어요. 중국은 신민주주의라고 하는데 우리가 보기에는 공산당 일당 독재이고, 민주주의가 아니에요. 그렇지만 20대 청년당원 시절부터 계속 훈련받고 검증받으면서 내부에서 리더십을 확보한 사람이 국가 주석이 되잖아요. 국가 주석이 누가 되느냐에 따라서 정책의 차이도 있고 리더십 차이도 있지만, 기본적으로 자질과 경험이 검증된 사람들이 국가의 지도부가 된단 말이에요. 그런데 북한은 혈통을 따라 내려와요. 유전자 재조합을 할 때 운이 좋아서 좋은 유전자만 모이면 어느 정도 잘 유지될 수 있겠죠. 그렇지만 그런 증거가 없잖아요. 그러니까 망하는 거죠.

기업도 국가와 다르지 않다고 생각해요. 하나의 사회적 생명체로서의 국가 또는 기업이라는 조직이 장기적으로 변화하는 환경 속에서 자기 생명을 잘 유지하면서 발전해나가야 하는데, 생물학적 우연에 경영을 맡긴다는 것은 대단히 위험한 베팅을 하는 거예요. 그리고 자기들만 망하면 모르는데 삼성이 망하면 대한민국은 진짜 곤란해요. 그래서 사회적 위험을 최소화하는 경영권의 승계가 뭘까, 이런 점들을 우리가 같이 고민하는 거고요.

● 심상정 삼성이 발렌베리를 벤치마킹하려면 우선 노동조합을 인정해야 합니다. 발렌베리가 오늘의 가족 경영 체제 성립이 가능했던 것은 1938년 발표된 살트셰바덴(Saltsjöbaden) 조약이라는 게 있었기 때문입니다. 발렌베리가에 차등의결권을 주어 경영권을 보장해주는 대신에, 소유권은 공익재단에게 넘기고 노조의 경영 참가를 보장한 거죠.

✦ 진중권 차등의결권이라고 하면?

● 심상정 한 주(株)에 하나의 권리를 행사하도록 하는 것이 아니라, 한 주에 10배 내지 100배에 달하는 의결권을 부여하는 것입니다. 그렇게 그 집안의 의결권을 보장해주는 것이죠. 발렌베리가 소유를 사회에 환원하고 노조의 참여를 통한 투명 경영을 약속하는 대신, 경영권을 보장해주겠다는 사회적 합의가 성사된 것입니다. 1930년대 스웨덴에서는 노사 문제가 굉장히 심각했어요. 그런데 이 살트셰바덴 조약 이후에 노사 갈등을 해소하면서 복지국가로 나가는 결정적인 계기가 됐거든요. 그러니까 무노조 경영의 전통을 고집하면서 노조를 인정할 수 없다는 기조를 가지고는 감히 발렌베리를 언급할 수 없죠. 지금 삼성의 노조 탄압이 주

요한 사회적, 국가적 이슈가 될 수밖에 없는 이유라고 봅니다.

■ 노회찬 사실 삼성이 발렌베리를 벤치마킹하는 게 아니고, 자신들의 여러 문제를 발렌베리 사례를 거론하면서 감추는 거예요.

◆ 진중권 경제학자 장하준 씨도 경영 승계 세습을 인정해주되, 사회적 대타협을 하자는 주장을 하더라고요.

● 심상정 제가 이해하는 바로 장하준 씨의 주장은 첨단 글로벌 기업으로 나아가기 위해서는 전략적 투자가 가능해야 된다는 게 핵심이에요. 그래서 삼성의 순환출자 등 여러 가지 구조적인 문제가 있지만 어쨌든 글로벌 경쟁력을 갖추려면 효율적인 전략적 투자를 담보하는 구조로서 보호될 필요가 있다는 주장입니다. 일리가 있긴 합니다만, 그것이 꼭 세습 경영 체제를 인정해야만 가능한 것일까요? 그보다 경영의 안정성과 집중투자를 보장하는 지배 구조 변화도 충분히 고민할 수 있다고 봅니다.

아까 이야기했듯이, 국민경제에 엄청난 영향을 미치는 큰 기업이라면 국민경제의 지속적 발전을 위해 정부가 일정한 역할을 해야 됩니다. 국민연금이 삼성전자 같은 데 더 투자해서 지분율을 높임으로써 경영의 안정성을 보장해주는 방식도 가능하죠. 장하준 씨도 비슷한 이야기를 했습니다만, 제가 17대 국회 때 국민경제에 큰 영향을 미치는, 공공성이 담보돼야 하는 기업에 국민연금을 적극적으로 투자해야 한다고 이야기했다가 연금 사회주의로 몰매를 맞기도 했죠. 그런데 그때 저를 그렇게 비판했던 새누리당 의원께서 19대 국회에서 제가 했던 주장을 최근에 똑같이 하더라고요.

▲ 유시민 여당이라서 그래요. 야당이 되면 또 반대해요.

■ 노회찬 연금을 활용하는 발상은 비슷해요. 그 길이 다른 것뿐이죠.

● 심상정 민간 기업에 국민연금을 투자하자고 하면 시장주의를 거스르는 것처럼 난리법석을 치는데, 그런 인식을 바꿔야 해요. 예를 들면 미국도 지금 은행의 국유 지분율이 25% 정도 됩니다. 삼성처럼 글로벌 첨단 경쟁을 하는 기업의 경우에 미래기술 투자나 업종 전환, 신산업 개발 등 전략적 투자를 할 수 있도록 배려해야 한다는 점에서는 공감합니다. 다만, 어떻게 할 때 그것이 가능한지가 문제죠. 예를 들어 노조 탄압이나 하청 불공정거래, 불법 정치자금 제공 등을 다 합리화하거나 덮어버리면 안 된다는 거예요. 순환출자와 같은 아주 위험한 승계 방식을 개선하면서 전략적 투자가 가능한 방안을 모색해야 할 것입니다.

✦ 진중권 전략적 투자가 가능하다는 게 어떤 의미입니까?

▲ 유시민 두 가지 의미가 있습니다. 아까 제가 삼성의 반도체 전자 산업 진출 이야기를 했는데, 그 돈이 어디서 나왔을까요?

✦ 진중권 딴 데서 가져온 거죠?

▲ 유시민 제일제당과 제일모직 같은 제조업에서 번 돈을 신산업에 진출할 때 초기 투자비용으로 쓴 겁니다. 이렇게 돌릴 수 있는 자금을 가진 기업이 없었다면, 한국은 반도체 산업에 진출하지 못했을 거예요. 아니면 국

가가 하는 방법밖에 없죠. 그래서 재벌 체제를 옹호하는 분들은 한국의 경제 성장은 재벌 체제로만 설명이 가능하다고 하죠. 아주 빠른 3~4년 주기의 주력 산업 교체 과정이라든가, 초기 투자비용이 많이 들어가고 투자의 회수 기간이 긴 중후장대산업, 중화학산업에 한국이 진출할 수 있었던 것은 바로 재벌 기업이 있었기 때문이라는 겁니다.

경제학에서는 이것을 '수평적 보조'라고 이야기하는데요, 알짜배기 산업에서 건진 돈을 새로운 산업에 투입하는 걸 말합니다. 여기에서 삼성 쪽의 주장을 살펴보면, 국가적으로 계속 변화하는 기술적 조건이나 문화 속에서 새로운 산업이 계속 생기고, 그 새로운 산업에는 새로운 기술과 인력 등 많은 투자가 필요한데, 소유와 경영을 분리하게 되면 신산업은 누가 책임질 것이냐고 합니다. 계열사의 돈을 동원해서 새로운 산업으로 뛰어드는 게 재벌 체제의 이른바 장점이라고 인정되는 거예요. 앞으로 삼성그룹이 이것을 할 수 없게 될 경우 삼성은 기존의 기업이 하고 있는 사업에만 만족해야 하고 새로운 사업으로 못 나갈 거다, 이런 주장입니다.

● 심상정 전략적 투자가 가능할 수 있는 조건은, 무엇보다 경영의 투명성을 담보한다는 전제하에서 이야기할 수 있습니다. 노조를 인정하고 노조의 경영 참가를 보장하는 것도 전략적 투자에 대한 승인을 수월하게 할 수 있습니다. 지금 재벌 3세들의 경영 능력에 대해서도 상당한 의구심이 제기되고 있지 않습니까? 그러면 진짜 경영을 잘할 수 있는 사람인지 확실하게 검증돼야 합니다. 그래야 투자에 대한 신뢰도 생기는 거죠. 현재 전략적 투자라는 이름으로 대기업들이 사내 유보금을 600조 원이나 쌓아두고 있는데, 이것이 부동산 투기 같은 데로 몰려 있어서 고용을 창출하

는 투자로 작용하지 않는단 말이죠. 이런 점들에 대해서 투명하게 국민들과 나눈다면 바람직한 타협안이 나올 수 있을 것이라고 봅니다.

✦ 진중권 전략적 투자가 가지고 있는 어두운 측면, 부작용 같은 부분을 노사 문제와 연결시키지 않았습니까? 연결 고리를 좀 더 설명해주시죠.

● 심상정 노사 관계도 당연히 문제가 되는데요, 우선 경영이 투명해야죠. 스웨덴 발렌베리의 경우 성과를 국민들이 함께 누릴 수 있도록 투명성을 보장하기 위해서 노조의 경영 참가를 인정하는 것 아니겠습니까. 발렌베리에 은행이 있는데, 그 은행의 미국 총괄자가 그런 이야기를 했더라고요. 이사회에 갔을 때 노조 대표가 와 있는 걸 보고 깜짝 놀란 거예요. 거기에서 의사 결정도 노사가 상생하는 방향으로 하는 걸 보고 더 놀랐다는 겁니다. 그런 모습은 미국에서는 보기 어려웠겠죠. 이러한 근본적인 발상의 전환이 이루어져야 해요.

✦ 진중권 저는 두 가지로 이해했는데요, 하나는 노조가 경영에 참가함으로써 얻는 경영 투명성이고요. 경영자와 노동자 둘 다에게 권한을 주면 노동자들도 경영에 대한 책임감이 생기므로 같이 협력하는 관계로 바뀌어야 한다, 이게 다른 하나입니다. 삼성이 그동안 계속 무노조 경영을 해왔나요?

● 심상정 고 이병철 회장이 "내 눈에 흙이 들어가기 전에 노조는 안 된다"라고 말한 게 무노조 경영의 상징처럼 이야기되는데, 사실 1977년도에 미풍을 제조했던 김포 공장에서 처음 노조를 시도했어요. 여성 노동자

들이오. 제가 구로공단에 있던 그때 평균 임금이 8만 원 정도 됐을 거예요. 그런데 미풍은 초임이 2만 원 좀 넘는 수준이어서 노조를 만들려고 했던 거죠. 그때 감시, 미행, 협박 등 각종 노조 탄압이 처음 이어졌어요. 그 후 1987년 노동자 대투쟁 이후에 삼성중공업 창원 공장과 거제조선소에서 노조를 설립해서 시청에 신고를 하려고 했는데, 이미 신고가 된 노조가 있었던 거예요. 이것이 회사가 어용 노조를 먼저 신고해 노동조합 설립을 막는, 이른바 알박기 노조의 시초입니다. 그러다가 2011년에 복수 노조가 허용되다 보니 알박기 노조가 크게 의미가 없어졌죠.

지금은 회사가 어용 노조를 만들어서 노동자들의 자주적 결사체를 방해하고 있어요. 삼성의 무노조 경영은 사실 무노조 경영이 아니에요. 30개 계열사가 있는데 노조가 있는 곳이 10개 정도 됩니다. 예를 들어 삼성 일반 노조라든지, 금속노조 산하의 에버랜드 지회라든지, 최근에 노사 타결한 서비스 지회, 이런 것들이 있어요. 그중에는 회사의 이익을 위하여 설립된 어용 노조도 있죠. 하지만 엄밀하게 말하면 무노조를 지향했지만 무노조를 실현하지는 못했고, 노조 탄압 경영을 했다고 봐야죠.

■ 노회찬 내 눈에 흙이 들어가기 전에 노조는 안 된다고 했지만, 눈에 흙이 들어간 지 오래됐죠.

✦ 진중권 최근 삼성 반도체 백혈병 피해자와 관련해서 삼성 측에서 상당히 전향적으로 나온 측면도 있지 않습니까?

● 심상정 네. 삼성 반도체 백혈병 문제를 중재하면서 보니 기본적으로는 삼성이 이재용 체제로 가면서 이 문제는 털어야겠다는 의지가 크게 작용

했다고 봅니다. 물론 7년 동안 버티며 싸워온 가족들의 힘이 더 컸지만요. 그리고 2014년 6월 비로소 이루어진 삼성전자 서비스 노사협약 타결을 보더라도, 예단하기는 어렵지만 미묘한 변화가 감지됩니다. 하루아침에 모든 걸 바꿀 수는 없겠지만, 분명한 변화 의지가 있다면 앞으로 기업에 충격을 최소화하면서 점진적이고 단계적인 방안을 만들 수 있죠.

▲ 유시민 왕조 교체기에 개혁이 이뤄지는 경우가 많았잖아요. 새 왕이 들어설 때 민심을 얻기 위해서 개혁을 단행했죠. 사실 지금껏 우리나라 대기업도 왕조 체제였죠. 그걸 인정하고, 왕 교체기가 개혁의 적기라는 점도 인식해야 합니다. 삼성이 반올림(반도체 노동자의 건강과 인권 지킴이)과의 대화를 근자에 시작한 것도 어찌 보면 그 전 체제가 경직됐다는 뜻이에요. 스물 갓 넘은 여성 노동자들이 취직한 지 1년, 혹은 2년도 되지 않았는데 급성 백혈병이 걸렸어요. 역학 조사부터 시작하는 등 혹시 원인이 작업장에 있는 게 아닌지도 살펴보아야 하는 거죠. 그리고 댁의 귀한 자제가 우리 회사에 와서 병이 났으니 면목이 없습니다, 우선 저희가 해드릴 수 있는 것부터 하겠습니다, 이렇게 하는 게 상식 아니겠어요. 그런데 이 상식이 무시되는 체제를 갖고 있었다고요. 무려 7년 동안이나.

● 심상정 정치 환경도 많이 달라졌어요. 제가 새누리당 의원들한테도 삼성 백혈병 문제 해결 촉구 결의안에 서명해달라고 이야기를 하잖아요. 새누리당 의원들도 이제는 삼성이 이 문제는 털고 가야 한다는 생각이 지배적입니다.

✚ 진중권 옛날에 심상정 의원한테 그런 말씀을 들은 것 같아요. 민주당 사

람들 중에서 멀쩡한 사람이 고장 난 레코드처럼 똑같은 말을 반복하기 시작하면 '아, 삼성이 다녀갔구나'라고 생각하면 된다고. 삼성의 로비라는 건 여야 가리지 않았던 것 같고요, 우리가 X파일을 통해 알았듯이 검사들까지 연루된 거잖아요. 삼성이 그동안 그런 방식으로 지배해왔던 게 사실이고요. 저도 방송을 하는데, 이름을 거론하지 못하게 하더라고요. 그래서 항상 S그룹의 L회장, 이렇게 이야기했어요. 삼성 광고가 전체 광고의 4분의 1 정도를 차지한다고 하더라고요. 이렇게 아예 삼성 자체가 권력이 돼버렸는데, 쉽게 말하면 공식적이고도 합법적인 권력이고 그 밑에서도 움직이는 부분들이 있지 않습니까.

■ 노회찬 1987년 대통령 직선제 이후에 실시된 모든 대통령 선거에서 삼성그룹 등 대한민국의 주요 재벌들이 정치자금을 불법으로 살포했죠. 정도의 차이는 큽니다만, 여야 가릴 것이 없습니다. 뿐만 아니라 사법부, 검찰, 이런 고위 관계자들이 우리 사회의 힘 있는 모든 곳에 불법적인 뇌물을 살포하면서 자신들의 이익을 관철시키기 위해 노력해온 겁니다. 이들은 헌법과 법률을 무시하고 재력을 바탕으로 원하는 바를 관철시켜왔습니다. 필요한 법은 다 만들고, 법을 고치기도 하고, 판결도 입맛에 맞게 집어넣을 것은 넣고, 뺄 것은 빼고. 이런 식으로 국가 자체를 농락하면서 기업을 유지한 어두운 역사는 한국의 민주주의를 위해서도 더 이상 용납해선 안 되죠. 이러한 문제의식을 바탕으로 경영권 교체를 기회로 삼성도 달라져야 하지 않느냐는 인식이 있는 것 같습니다.

왕조 교체기에
개혁이 이뤄지는 경우가
많잖아요

▲ 유시민 노회찬 씨의 X파일 사건을 보면, 녹음된 내용과 그 사실에 대해 보도자료를 내고 홈페이지에 올렸다고 의원직을 박탈한 거잖아요. 그 돈을 준 사람이나 받은 사람은 아무 일도 없이 다 출세해서 잘나가고 있는 거예요. 도대체 대한민국에 정의라는 건 뭘까요? 우리가 알기로는 대한민국은 대통령도 헌법에 의거해서, 헌법이 보장하는 범위 안에서만 자기 권력을 행사할 수 있습니다. 하지만 이런 것을 다 무시하고 어느 돈 많은 특정 기업이 헌법을 무력화시키면서 치외법권 지대처럼 존재하고 있다면, 도대체 우리의 인간적 자부심이나 민주공화국의 시민으로서 갖는 긍지는 다 어디로 가느냐는 거예요. 저는 그런 점 때문에 우리 노회찬 씨를 볼 때마다 막 화가 나요. 도대체 이게 뭐야.

■ 노회찬 저는 지금도 달라진 게 없다고 봅니다. 더 조심스러워지기는 했겠지만요. 삼성그룹 법무팀장을 지냈던 김용철 변호사가 삼성 비자금과 관련해 양심선언한 내용을 보면, 그게 바로 이 기업을 지탱해오고 발전시켜온 철학과 방식이에요. 그 체질의 변화가 한 번에 오겠느냐……. 굉장히 걱정되는 부분이죠.

● 심상정 우리는 법치국가에 살고 있습니다. 법 앞에 만 명만 평등한 사회

가 아니라 만인이 평등한 사회로 가야 합니다. 관피아 척결, 경제민주화의 핵심은 결국 오랜 세월 동안 정경유착의 적폐로 누적돼왔던 것을 척결하자는 겁니다.

✚ ^{진중권} 마지막으로 하도급 문제가 있지 않습니까. 그건 어떻게 해야 할까요?

● ^{심상정} 하도급의 공정거래를 어떻게 솔선수범해서 실현하느냐가 관건입니다. 사실 공정거래법이나 관련법도 다 그 기준에 삼성이 걸려 있습니다. 그렇기 때문에 단지 '하도급 거래를 투명하게 해라' 이런 수준에서 해결할 수 있는 것이 아닙니다. 공정위 자료를 탈취하는 등 공권력에 저항하는 사례, 도청하는 사례 등 법치국가에서 있을 수 없는 다양한 일들이 벌어졌죠. 공정한 시장질서를 확립하는 데 그 기준이 삼성에 걸려서 제대로 이루어지지 않고 있기 때문에, 삼성 스스로 법 위에서 법 아래로 내려오겠다는 경영 철학의 변화가 있어야 합니다. 정치권에서 삼성이 그렇게 하도록 도와줘야죠.

■ ^{노회찬} 하도급 거래와 관련해서 불공정 행위가 있을 때, 징벌적 손해배상을 청구하겠다는 게 지난 2012년 박근혜 대통령의 선거 공약이었어요. '세상을 바꾸는 약속'이라는 공약집에 나와 있거든요? 이 책을 대통령에게 한 권 보내드리고 싶어요. 이 약속만 지키더라도 상당 부분 해결이 될 것입니다.

● ^{심상정} 제가 예전에 노동조합 활동을 할 때 하청기업과 협상을 많이 해

봤습니다. 그분들 말이, 꼭 먹고살 만큼만 준다는 거예요. 나머지는 원청에서 다 뺏어가거든요. 불공정거래이지요. 그런데 법도 있는데 왜 불공정거래로 신고를 안 하는 것일까요? 법보다 주먹이 가까우니까, 당장 주문이 떨어지고 업계에서 퇴출되니까 그렇게 못 하는 겁니다. 그러니까 법과 제도만으로 되는 건 아니고, 이윤 공유제를 비롯해서 근본적으로 불공정거래가 시정될 수 있는 사회적 합의가 있어야죠.

▲ 유시민 삼성이 이런 걸 모범적으로 선도하면, 이재용 씨가 그냥 돈 많았던 부자로 역사에 남는 게 아니고 대한민국을 바꾼 기업인으로 남을 거라고 생각해요.

● 심상정 비슷한 사례가 발렌베리에 있었어요. 발렌베리 2세가 SEB(Skandinaviska Enskilda Banken) 은행을 경영하면서 경제 위기가 왔습니다. 이때 부실 기업을 인수해 회생시키는 일을 했어요. 그러면서 이분이 아주 유명한 말을 남겼습니다. "선장이 먼저, 그다음이 배." 그만큼 경영주의 리더십이 중요하다는 이야기인데, 삼성도 하도급 문제에 대해서는 뭔가 능동적인 해결책을 내놓아야 할 겁니다.

✦ 진중권 삼성의 자체 개혁을 기대하는 부분도 있지만, 혹시 개혁을 할 수 있게끔 강제할 수 있는 힘 같은 게 있나요?

▲ 유시민 하려면 못 할 건 아닌데, 그렇죠?

● 심상정 포스트 스마트 시대의 삼성에 대한 전망을 여러 가지로 어렵게 보

도대체 대한민국에

진실은 뭐고

정의라는 건 뭘까요?

는 측면이 있지 않습니까? 이재용 회장 체제에 대한 우려도 있고요. 세계 경제의 불확실성, 불안정성이 매우 높아질 거라는 전망이 있고요. 이런 것을 헤쳐 나가기 위해서는 아버지 시대처럼 은둔의 제왕 방식으로는 안 된다는 거죠.

▲ 유시민 사람이 오래 살아야 백 년이고 칠팔십 년 살고 가는데, 아버지나 할아버지보다 더 존경받고 더 사랑받는 사람이 돼야 그 인생이 좋은 거죠. 그래서 한 가지 이야기하고 싶은 게, 삼성이 사방에 돈 뿌리는 바람에 노회찬 씨가 의원직을 뺏겼잖아요. 할 거면 들키지나 말았어야지, 비밀리에 녹음됐다가 도청당해서 결국 공개된 거 아닌가요. 다 삼성 때문에 벌어진 일이에요. 이재용 씨 아버지와 그 왼팔과 오른팔 때문에 이렇게 된 거잖아요. 그러니까 노회찬 씨 후원회에 이재용 이름으로 후원금 500만 원만…….

■ 노회찬 아니에요, 그 돈은 받고 싶지 않고요.

▲ 유시민 노회찬 씨가 받고 안 받고는 상관없어요. '우리 삼성, 이렇게 변하겠습니다'라는 자기 의지의 표시죠.

■ 노회찬 저는 이재용 부회장에게 따로 하고 싶은 이야기가 있어요. 아들을 국제중학교에 입학시킨 사건이 있지 않았습니까? 그것 때문에 사회적 배려 대상자 학생들 여럿이 입학을 못 했어요. 내 돈 가지고 하는 건데 남이 뭐라 할 게 아니라고 하지만, 그들이 편법과 특권을 쓸 때마다 다른 피해자들이 있었어요. 그 피해자들의 고통과 눈물이 있다는 거예

요. 그래서 저는 삼성그룹이 무엇보다도 대한민국의 법과 대한민국의 민주주의에 순응할 것을, 이제 한국 사회로 귀순할 것을 강력히 요청합니다.

▲ 유시민 그 귀순 의사의 표시로 500만 원만……

● 심상정 싫다는데 자꾸 강요하고 그러세요.

✦ 진중권 우리의 삼성, 미운 정과 고운 정 모두 안겨주는 기업입니다만, 그만큼 대한민국에 큰 역할을 해냈기에 앞으로도 더욱 유심히 지켜보면서 올바른 방향으로 이끌 수 있도록 해야겠습니다. 이는 비단 삼성만의 이야기는 아닐 것입니다. 대한민국 대기업의 특수한 체제가 가지고 있는 중요한 논제들을 지혜롭게 해결하면서 경영자와 노동자, 기업과 국민이 서로 동등한 위치에서 책임감을 갖고 상생할 수 있기를 바랍니다.

08

핵 사고와 전기요금

+ 김익중 탈핵전문가

스리마일
체르노빌
후쿠시마
그다음은
어디?

세월호 참사가 있던 그날,
정부는 고리원전 1호기의
재가동을 승인했다

✚ 진중권 역사학자 한홍구 교수가 이렇게 말했죠. "세월호 참사가 있던 그 날 정부는 고리원전 1호기의 재가동을 승인했다. 어쩌면 세월호 참사는 핵 발전 사고라는 대재앙의 예고일지도 모른다." 오늘날 인류는 핵 문제를 두려워하면서도, 실제 그 안전 문제에서는 정반대의 선택을 하거나 눈을 감습니다. 일본 쓰나미와 원전 사고에서 보았듯 대한민국을 단 한 번에 침몰시킬 수 있는 문제, 명백한 위험으로 우리 앞에 다가온 원전 안전 문제를 어떻게 해결해야 할까요? 동국대학교 의과대학 김익중 교수님과 이야기해보겠습니다. 후쿠시마 원전 사고 이후 일본의 상황부터 듣고 싶은데요. 지금 두 개의 일본이 존재하고 있는 것 같습니다. 핵 사고 때문에 아주 위험한 일본이 있는가 하면, 핵 사고 이전과 다름없이 평온한 일본이 있죠.

● 김익중 일본 사람들의 입장에서 생각해보면 이해가 됩니다. 그들이 겪은 사고를 곱씹을수록 마음만 아프고, 더 좋아질 가능성도 없죠. 때문에

되도록이면 이야기를 안 하려는 분위기가 있는 것 같습니다.

✚ 진중권 정권이 하는 말에 고분고분 수긍해왔던 일본 시민들도 반핵대회를 여는 등 핵에 대한 반발 여론이 큰 것 같은데요. 그런데도 일본 정부는 핵발전소를 가동하려고 한다고요?

● 김익중 경제적인 문제도 있어서 탈핵 사회로 곧바로 이행하는 게 쉽지 않을 겁니다. 그래도 점차 원전을 줄이는 쪽으로 갈 것으로 봅니다.

■ 노회찬 후쿠시마 핵 사고 이후 북해도를 다녀왔는데, 곳곳에 태양광 집열판이 대규모로 설치돼 있더라고요.

● 김익중 일본도 우리나라처럼 재생가능에너지에 투자를 안 했는데, 핵 사고 이후에 재생에너지 생산이 갑작스럽게 늘었죠. 원전을 하나 짓는 데 10년이 걸리지만, 태양광 집열판을 올리는 건 한두 달이면 되거든요.

✚ 진중권 현재 일본의 후쿠시마 핵 사고로 인한 오염도는 어느 정도입니까?

● 김익중 제가 항상 문제라고 생각하는 것이 일본 정부가 만든 일본 방사능 오염 지도인데요. 방사능 물질이 방사선을 방출하는 강도를 베크렐로 표기하는데, 지도에서는 1만 베크렐 이상만 표시합니다. 즉, 9천 베크렐, 8천 베크렐도 0베크렐과 똑같이 취급되니까 후쿠시마 외의 지역은 오염이 안 된 것처럼 오해를 사고 있죠. 그런데 몇천 베크렐, 몇백 베크렐도

문제거든요. 50베크렐, 100베크렐 이상 오염된 지역까지 표시한 일본 오염 지도에 따르면, 일본 땅의 70%가 오염됐습니다.

◆ 진중권 제 아내는 제가 뭐만 먹으려고 하면 원산지 표기를 보더라고요. 원산지가 후쿠시마 쪽이면 절대 안 된다는 겁니다.

● 김익중 후쿠시마 진료소에 계시는 한 의사에게 사고 이후 음식을 어떻게 가려 먹느냐고 물어봤습니다. 그랬더니 후쿠시마산과 일본 동해 쪽 수산물은 안 먹으려고 노력한다고 하더군요. 그런데 근본적인 해결책은 없다고 하더라고요.

◆ 진중권 핵 사고 이후 일본에서는 천황도 도쿄를 떠날 준비를 하고 있다, 자기 아이들을 외국에서 공부시키려고 한다 등의 음모론이 많이 나돌고 있더라고요.

● 김익중 저도 궁금해서 일본 인구 변동표를 봤어요. 후쿠시마 핵 사고 이후 몇 달 만에 일본 인구가 80만 명 줄었습니다. 이들이 모두 죽었을 리는 없고, 일본을 떠난 거죠.

■ 노회찬 부산이나 제주도에도 일본 사람들이 집을 짓고……

◆ 진중권 후쿠시마 지역은 오랫동안 못 들어가겠죠? 사람이 살 수 없는 곳이 되지 않았습니까?

● 김익중 세슘 반감기가 30년인데, 반감기를 10번은 거쳐야 세슘량이 1천 분의 1로 줄어듭니다. 아마 300년 정도 흘러야 방사능 오염에서 회복될 거라고 봅니다. 후쿠시마에 살던 사람들은 설령 후쿠시마를 떠난다 해도 집도 재산도 직장도 없으니 다시 후쿠시마로 돌아옵니다. 게다가 일본 정부가 돈이 없어서 보상 범위를 계속 줄이고 있는 상황이거든요. 이처럼 원전은 사고가 나면 그 범위가 너무 넓기 때문에 어느 나라든 대책이 없는 겁니다.

■ 노회찬 녹색의 전사 김제남 의원이 월성에서 원전 문제로 싸우고 있는 이유도 무엇보다 이 방사능 문제 때문이죠. 이게 체내에 피폭이 되면 하루 이틀 사이에 배출되는 게 아니라 몸 안에서 돌아다니면서 어떤 형태로든 영향을 주고 세포에 치명적인 손상을 가하거든요. 한국수력원자력은 허용치 이내로 배출했기 때문에 문제가 없다는데, 핵발전소 근처 주민들이 보여주고 계시잖아요. 갑상선암 환자가 다른 지역에 비해 2배, 3배인 거죠. 2014년 10월 중순경에 기장군 고리원전 근처에 살고 있는 주민이 핵발전소 영향으로 갑상선암에 시달리고 있다고 소송을 걸었고, 법원에서도 인정했죠. 다른 나라 일이 아닙니다.

▲ 유시민 김익중 씨의 저서 《한국 탈핵》 표지 문구가 무서워요. '스리마일, 체르노빌, 후쿠시마, 그다음은?' 이렇게 돼 있거든요. 그다음은 어디인가요?

● 김익중 전 세계에서 원전을 가동하는 나라는 31개국입니다. 지금 사고가 난 나라들을 보면, 거의 원전 보유 개수가 많은 나라들입니다. 1등이 미

국, 2등이 소련, 4등이 일본이에요. 원전 수가 많으면 사고 확률이 늘어나죠. 자동차가 많아지면 교통사고가 증가하는 것과 같은 원리죠.

✦ 진중권 우리나라는 원전 개수로 몇 등이죠?

● 김익중 5등입니다. 프랑스가 3등입니다. 우리나라 정부가 2024년까지 원전을 20개 더 짓는다고 했는데, 그러면 러시아보다 더 많아질 수 있죠.

✦ 진중권 러시아의 체르노빌 핵 사고와 일본 후쿠시마 핵 사고 중에서 어느 쪽이 더 심각합니까?

● 김익중 일본 정부는 체르노빌 핵 사고는 원전이 1개였지만 방사능 양이 후쿠시마의 10배쯤 된다고 말합니다. 하지만 그렇게 계산하는 건 맞지 않습니다. 왜냐하면 밖으로 유출된 방사능의 양은 잴 수 없고 추정할 뿐이거든요. 그래서 손상된 핵연료의 양으로 비교하는 게 맞습니다. 체르노빌은 원자로가 하나였지만, 후쿠시마는 원자로 3개와 사용후핵연료 저장수조 2개가 터졌습니다. 그런데 사용후핵연료 저장수조에 있는 핵연료 양은 원자로보다 많거든요. 그래서 산술적으로 합하면 5배 이상이 되는 거죠. 이 수조를 계산하지 않는다 해도 손상된 핵연료의 양은 최소 3배가 됩니다.

✦ 진중권 후쿠시마 핵 사고 현장에서는 멜트 다운(Melt Down)이라고, 지금도 원자로가 녹고 있다고 들었습니다. 그쪽으로 지하수가 들어갔다 나오면서 계속 방사능이 유출되고 있는데, 이에 대한 대책은 있나요?

● 김익중 없습니다. 멜트 다운, 즉 노심 용융은 핵연료가 녹아서 방사성이 유출되는 겁니다. 지금 원자로 안에 있는 핵연료봉은 녹아서 액체 상태가 됐고, 20cm 두께의 강철로 된 원자로도 녹았습니다. 이미 핵연료 300톤이 콘크리트를 뚫고 내려간 거예요. 얼마나 내려갔는지 모르지만, 분명한 건 이 근처를 지나는 지하수에 방사능이 섞여서 태평양으로 나가고 있다는 겁니다. 그래서 일본 정부는 지하수가 못 들어오도록 후쿠시마 제1원전 4개를 얼려버리겠다고 발표했습니다. 하지만 원전의 벽은 얼릴 수 있어도 바닥은 얼리지 못합니다. 얼리려고 해도 노심 용융이 진행된 핵연료에서 열이 나서 얼지가 않아요. 처음부터 쇼였다는 생각이 듭니다.

✚ 진중권 후쿠시마 핵 사고 이후 전 세계가 탈핵 방향으로 가고 있는데 우리나라는 원전 수출까지 하고 있으니, 정반대로 가고 있는 거 아닌가요?

● 김익중 원자력 산업은 사양길에 접어들었어요. 모든 산업이 그렇습니다만 선진국이 주도해서 수십 년간 이익을 봅니다. 그렇게 본전을 뽑은 선진국이 손을 빼면, 그 자리에 후진국이 들어오죠. 유럽이 지난 25년간 원전 50개를 줄였습니다. 미국도 30년간 원전을 안 지었고요. 대신 한국, 중국, 인도가 감소한 원전 50개를 채우고 있죠.

▲ 유시민 지금 석촌 호수 주변에 깊이 5m, 길이 8m짜리 싱크홀이 문제가 되고 있잖아요. 건축하는 사람들은 언제 싱크홀에 빠질지 모르니까 제2롯데월드 근처로 가지 말라고 하더라고요. 이렇게 눈에 보이면 위험을 인지하는데 원전은 잘 보이지도 않죠. 국내에 잠재된 위험이 어느 정도

인가요?

● 김익중 우리나라에는 노후 원전이 많습니다. 30년이 넘은 원전이 3개나 됩니다. 부산시 기장군의 고리 1호기가 수명을 연장한 지 7년째인데 이번에 한 번 더 연장하려 하죠. 경주에 있는 월성 1호기가 재작년에 수명이 끝나서 수명 연장을 심사 중입니다. 그리고 원래 수명이 40년이라서 조용히 30세를 넘긴 고리 2호기가 있습니다. 30년 수명을 왜 눈여겨봐야 하냐면, 후쿠시마 핵 원전이 일렬횡대로 10개가 있었는데, 지진과 쓰나미가 원전을 덮쳤을 때 30세 넘은 건 다 터졌고 30세 미만인 건 하나도 안 터졌습니다.

▲ 유시민 30세 수명이 굉장한 중요한 데이터이군요? 보건 쪽에서 노약자를 고위험군으로 분류하는 것과 같네요.

● 김익중 전 세계적으로 보면 원전은 평균 수명 26세 정도에서 폐쇄됐습니다. 그러니까 지금 30년 넘게 운전되고 있는 건 위험하죠. 냉장고, 텔레비전, 자동차를 30년 이상 씁니까?

✚ 진중권 나라별로 땅 넓이당 원전 개수를 산출한, 국가별 원전 밀집도 자료가 있는데요. 세계 1위가 대한민국입니다.

● 김익중 우리나라는 현재 원전을 23개 운영 중이고, 5개를 건설하고 있습니다. 정부는 2024년까지 모두 42개를 운영할 계획이며, 세계 3위 원자력 대국이 목표라고 밝혔습니다. 기장군에 낡은 원전이 2개, 경주에 1개

있고요. 전라남도 영광군, 경상북도 울진군에 있는 원전 수명도 10년밖에 안 남았죠.

◆ 진중권 원전 밀집도 2위 나라가 벨기에인데, 후쿠시마 핵 사고 이후 탈핵을 결정했습니다. 운영 중인 원전도 순차적으로 정지하기로 결정했답니다. 3위가 대만인데, 신규 원전 건설 및 수명 연장을 하지 않기로 해서 사실상 탈핵 결정을 했습니다. 4위가 일본입니다. 원전 54개 중에서 4개가 폭발했고 50개가 남아 있는데 지금은 가동을 멈췄죠. 추가 원전 건설은 불가능할 것으로 보이는데 요즘 들리는 소식으로는 가고시마 현을 비롯한 몇 군데에서 재가동할 움직임을 보이고 있고요. 5위가 프랑스인데 후쿠시마 핵 사고 이후 2025년까지 58기가 운영 예정 중입니다. 그런데 올랑드가 대통령 후보 시절에 원전 22개를 순차적으로 폐쇄하겠다는 공약으로 당선됐죠. 프랑스도 점차 탈핵으로 가고 있습니다.

● 김익중 대만에서 현재 98% 건설된 원전을 두고 논란이 있죠. 2%만 더 하면 완공인데, 이걸 중지시켜놓고 국민투표로 완공을 결정하겠다고 합니다. 그런데 국민투표를 하려면 투표율이 50%가 넘어야 되는데, 그게 쉽지 않죠. 그래서 야당은 투표하지 말고 결정하자, 여당은 국민투표를 하자고 주장하고 있어요.

후쿠시마도 계속
은폐하고 은폐하다
큰 사고가 난 거죠

✦ ^{진중권} 이제 고리원전 이야기를 하지 않을 수 없네요. 부산 시민들 중에도 잘 모르는 분들이 많습니다. 2012년 2월 9일 고리 2호기에서 오후 8시 34분부터 12분 동안 정전이 발생했죠. 블랙아웃이라고 하는데 이 사고가 은폐됐어요.

● ^{김익중} 정말 심각한 사건입니다. 스테이션 블랙아웃이라고 하는데 원자력발전소에 전기가 안 들어온 거예요. 전기가 안 들어오면 냉각수 펌프가 돌아가지 않습니다. 그렇게 되면 원자로 해열이 안 되는 거예요. 원자로에서 사고가 발생하는 건 열 때문이거든요. 게다가 그런 상황이 발생하면 비상 디젤 발전기가 돌아가야 하는데, 이것도 고장이 났어요. 결국 밖에서 전선을 끌고 와서 발전기를 돌렸어요.

✦ ^{진중권} 원전이 전문가 영역이다 보니까 바깥과 정보가 굉장히 단절돼 있어요. 사고를 숨기기에 굉장히 쉬운 구조 아닙니까?

● ^{김익중} 군대에서 사고가 나면 감추는 거랑 같죠.

▲ ^{유시민} 군인들이 군인권센터에서 개설한 군내 인권침해 상담전화인 아

미콜을 쓰면 영창으로 보낸다잖아요. 원전에서도 자기들끼리 이야기해야지, 밖에 있는 김익중 교수님한테 전화하면 큰일 나지.

● 김익중 이런 사고를 은폐했다가 드러난 게 10차례가 넘습니다. 이걸 보면 성공적으로 은폐된 사고가 얼마나 많겠느냐는 생각이 드는 거예요.

✦ 진중권 후쿠시마도 사고를 계속 은폐하다 큰 사고가 난 거죠.

▲ 유시민 고리 2호기가 있는 곳이 기장군인데, 맞은편이 해운대잖아요. 그럼 고리원전에서 사고가 나면 해운대를 포함해서 울산까지도 사고 범위에 들어가지 않나요?

● 김익중 그렇습니다. 후쿠시마도 그렇고 체르노빌도 그렇고 반경 30km 정도는 사고가 나면 완전히 비워야 합니다. 고리원전의 사고 범위인 반경 30km 안에 들어가는 인구는 300만 명이 넘습니다. 월성 1호기 기준으로 반경 30km 안은 인구가 100만 명이 넘습니다. 울산은 양쪽 원전 사고 범위 안에 다 들어갑니다.

■ 노회찬 울산 북구에서 《한국 탈핵》을 '북구의 책'으로 선정한 이유가 있네요.

▲ 유시민 그런데 원전 이름은 어떻게 만들어져요? 지명인가요?

● 김익중 고리원전의 고리는 지명이었습니다. 월성원전도 예전에 그곳이 월

성군이었던 거고요. 재미있는 건 울진원전, 영광원전인데, 이름을 바꿉니다. 울진원전은 한울원전, 영광원전은 한빛원전으로요. 이름만 들어서는 어디 있는지 몰라요.

▲ 유시민 서울을 기준으로 동쪽으로 쭉 내려오면 울진원전, 월성원전이 있고 거기에서 다시 내려오면 고리원전 1호기, 2호기가 있는 기장군이죠. 여기에서 서쪽으로 돌면 영광원전이고요. 서울에서는 다 머네요.

✚ 진중권 수도권이 가장 많은 전기를 쓸 텐데, 이 전기가 여기서 생산되는 게 아니라 다른 지역에서 생산되고, 그 지역 주민들은 그 전기를 생산하느라고 암에 걸리고…….

■ 노회찬 여기까지 전기를 가져 오기 위해 송전탑도 세워야 하고.

✚ 진중권 그 송전탑으로 밀양 주민들이 얼마나 고통을 당했는지…….

● 김익중 우리보다 더 재미있는 곳이 유럽입니다. 원전이 있는 곳을 표시하면, 그게 바로 국경선이에요. 자국에서 가장 먼 국경선에 원전을 설치하는 거죠.

■ 노회찬 이름을 바꾼다고 위험이 없어지는 게 아니잖아요. 차라리 워싱턴원전으로 불러서 미국에 있는 걸로 착각하게 만들지.

● 김익중 하하하. 영광원전, 울진원전, 경주원전, 부산원전, 이렇게 불러야

08 — 스리마일 체르노빌 후쿠시마 그다음은 어디?

국민들이 원전이 어디 있는지 알죠. 정부가 이름 왜곡을 잘합니다. 예를 들어 사용후핵연료도 사실은 고준위핵폐기물이라고 불러야 맞아요. 그런데 요즘 정부 공식 문서에서는 핵을 빼고 사용후연료로 부릅니다. 그래서 제가 사용후연료라고 하면 연탄재와 구분이 안 되지 않느냐고 항의한 적이 있죠.

■ 노회찬 이게 수사학, 즉 레토릭의 정치인데요. 예를 들면 정리해고를 노동시장의 유연화, 대량해고를 구조조정이라고 부르잖아요.

● 김익중 그중에서도 제일 마음에 안 드는 건 핵폐기물을 관리하는 방사성폐기물관리공단의 이름을 바꾼 겁니다. 이제 원자력환경공단으로 부르거든요.

✦ 진중권 하긴 우리나라는 원자력을 녹색에너지라고 하는 나라니까요.

● 김익중 원자력이라는 단어 자체도 잘못된 겁니다. 핵력으로 에너지를 만드는 거니까 핵발전소라고 해야 맞는데, 일본과 한국만 원자력이라고 부릅니다. 물리학과 교수한테 물어봤더니 원자력이라는 물리적 현상이 없다고 하더라고요.

▲ 유시민 원자력은 콩글리시로 하면 아톰 파워 아니야? 원자핵공학과하고 국문과하고 연대했나.

■ 노회찬 핵 발전은 끌 수 없는 불이라고 하더라고요. 맞습니까? 붙일 수

는 있는데 한번 붙이고 나면 끌 수가 없다는 거죠. 그러니까 결국은 식히는 데 필요한 전력이 끊기는 사고가 나면 가장 위험한 거네요?

● 김익중 네, 말씀하신 대로 온도만 낮춰주면 안전합니다. 그래서 원자력 안전의 첫 번째 요소가 해열입니다. 해열이 안 되면 사고로 이어지죠. 그런데 지금까지 발생한 원전 사고를 살펴보면 원인이 다 달라요. 스리마일 사고는 노무자 한 명의 실수로 일어났고, 체르노빌 사고는 과학자들이 실험하다 터진 거고요. 후쿠시마는 자연재해입니다. 만약 다음 사고가 난다면, 이 세 가지 원인 중에 하나이겠느냐? 저는 그렇게 생각하지 않습니다. 핵발전소의 부품이 200만 개가 넘습니다. 어떤 요인으로 사고가 발생할지 모르는 거죠. 이 사고들의 공통점은 아무도 예측하지 못했다는 거예요.

■ 노회찬 사고 위험성을 감안하면, 핵폭탄을 갖고 있는 거나 원자력발전소를 갖고 있는 거나 비슷해요.

● 김익중 그렇습니다. 그래서 안보 차원에서 원전 문제에 접근해야 합니다. 원자로가 있는 원전 돔 건물이 있지 않습니까. 미국에서 원전을 홍보할 때 이 원전 돔에 비행기가 떨어져도 비행기가 깨지지 돔은 안 깨진다면서 실제로 실험한 동영상을 보여줍니다. 그럼 한국 돔도 미국 돔과 차이가 없다고 칩시다. 문제는 그 돔 옆에 있는 사용핵연료 수조를 저장하는 건물이에요. 이게 견딜 수 있냐는 거죠. 핵물질 양으로 따지면, 핵폭탄은 핵물질 10kg을 씁니다. 그런데 핵발전소는 100톤을 씁니다. 무려 1만 배예요. 그래서 70년 전에 핵폭탄이 떨어졌던 나가사키, 히로시마에는 지

금 사람이 살지만, 후쿠시마나 체르노빌에는 시간이 지나도 사람이 살 수 없는 겁니다.

▲ 유시민 이렇게 위험한 건데도 사람들이 경각심을 덜 가지는 이유가 경제성 때문이잖아요.

● 김익중 그것도 잘못된 상식이죠. 원자력 에너지가 결코 싸지 않습니다. 미국과 유럽에서 원전을 안 지은 이유도 비싸기 때문입니다. 한국수력원자력에서는 발전 단가가 더 싸다고 하는데, 비용 산정 방식에 따라 발전 단가는 다르거든요. 원자로 건설 비용, 유지 비용, 운영 비용, 인건비, 우라늄 값과 같은 생산비만 반영돼 있고, 10만 년 동안 고준위핵폐기물을 보관하는 비용, 사고가 났을 때 대응하는 비용이 제대로 반영돼 있지 않습니다. 이 비용까지 따지면 화력발전보다 훨씬 비싸죠.

그리고 원자력에 지원하는 정부 비용이 굉장히 많습니다. 정부 돈으로 지원한다는 이야기는 국민들 세금으로 한다는 거죠. 게다가 정부 비용은 발전 단가에 반영돼 있지 않습니다. 그래서 정확한 발전 단가 산출도 심각한 문제입니다. 적어도 야당에서는 제대로 된 발전 단가를 한 번쯤은 계산해줘야 됩니다. 미국 듀크대학에서 내놓은 보고서가 있어요. 그 보고서를 보면 미국에서는 원자력이 태양광보다 더 비쌉니다.

▲ 유시민 그런데 정부에서 왜 계속 원전을 지으려고 하죠? 국내 원전 전문가들은 이런 진실을 알 거 아니에요.

우리나라는 원자력을
녹색에너지라고 하는 나라니까요

● 김익중 모를 겁니다. 배우지 않았을 거고, 원자력이 싸고 청정하다고 믿고 있을 겁니다. 제가 지금껏 만난 원전 전문가들은 그렇게 믿고 있었습니다. 그런데 그렇게 믿지 않으면 못 견딜 겁니다. 후쿠시마 사고 이후에 일부 일본인들이 방사능 물질을 먹어도 괜찮다고 믿는 심리와 마찬가지가 아닐까 싶어요. 어차피 원자력에서 못 벗어나니까요. 2011년도 정부 사이트에 올라온 에너지 생산 단가를 보고 그래프를 그려봤습니다. 이걸 보면 킬로와트당 태양광 생산 단가는 660원, 석유가 207원, 원자력이 39원입니다. 이렇게 보면 태양광이 엄청 비싸죠. 그런데 세계 시장에서 이 비싼 태양광 발전은 엄청난 속도로 성장 중이고, 값싼 원자력은 줄고 있잖습니까. 즉, 잘못된 생산 단가라는 거죠. 국내에서는 풍력 발전이 비싸다고 알고 있는데, 실제로 상당히 많은 나라에서 전기를 만드는 방식 중에 제일 싼 게 풍력이라고도 말합니다.

✦ 진중권 태양광이나 풍력 같은 재생가능에너지는 환경적인 특성에 많이 좌우되지 않나요? 우리나라는 어떻습니까?

● 김익중 우리나라 자연 조건에는 재생가능에너지가 맞지 않는다는 이야기를 많이 하는데요. 예를 들면 이런 겁니다. 원자력이 만드는 전기를 태양광으로 다 만들려면 집광판으로 국토를 3번 덮어야 된다. 전 국토의 300% 정도의 면적이 필요하다. 그런데 이건 사실이 아닙니다. 제가 태

양광 전문가한테 물어봤더니 남한의 2%만 덮으면 원전이 만드는 전기를 다 만들 수 있습니다. 재생가능에너지 사업은 신산업이고, 에너지 효율화도 큽니다. 이미 독일은 재생가능에너지로 많은 돈을 벌고 있습니다. 고용 효과 또한 크고요. 원자력에 비해서 같은 양의 전기를 생산할 때 고용 효과가 독일에서는 10배 정도 된다고 말합니다. 2012년에 전 세계에서 재생가능에너지가 생산한 전기가 전 세계 전기 생산량의 20%를 차지합니다. 원자력은 그 절반인 11%를 생산했고요.

▲ 유시민 우리나라에서 생산되는 에너지 중 재생가능에너지 생산 비율은 몇 %예요?

● 김익중 우리나라는 세계 꼴찌입니다. 전체 전기 중 1%도 안 됩니다. 세계 평균은 20%가 넘는데요. 후쿠시마 이후 일본을 보니까 재생가능에너지가 원전 에너지를 따라잡는 건 한 방에 가능합니다. 설치하는 데 시간도 별로 안 들거든요.

■ 노회찬 그런데 우리는 거꾸로 왔잖아요. 예전에는 발전차액 지원제도라고 해서 아파트 옥상에 태양광 발전 설치를 해서 전기를 생산하면 한국전력에서 발전 사업자에게 지원을 해줬거든요. 그런데 이명박 정부 들어서면서 그 제도가 없어졌습니다.

✦ 진중권 또 하나는 사용자 입장에서 에너지를 어떻게 쓸 것인가 하는 문제입니다. 독일 사람들은 노이로제 걸린 것처럼 전기를 아끼더라구요. 헤프게 쓰는 사람이 있으면 옆에서 쫓아다니면서 불도 끄고요.

● _{김익중} 탈핵으로 가려면 반드시 에너지를 절약해야 합니다. 유심히 봐야할 데이터가 선진국은 전력 소비량이 증가하지 않습니다. 그러면서도 경제성장을 합니다. 반면 우리나라는 마치 쇼트트랙을 보는 것 같죠. 1인당 전력 소비량이 급격하게 상승해 웬만한 선진국보다 더 많이 씁니다. 이대로 놔두면 15년 후 미국을 추월합니다. 선진국에 비해 경제 상황은 못한데, 전기만 많이 쓰는 이상한 나라가 됐죠. 수요를 잡지 않으면 재생가능에너지를 개발한다고 해도, 다른 어떤 에너지를 개발한다고 해도 밑 빠진 독에 물 붓기입니다.

▲ _{유시민} 누가 그렇게 전기를 많이 써요?

● _{김익중} 주로 산업계죠. 가정용 사용량만 따지면 선진국보다 사용량이 적습니다. 일본, 프랑스의 절반도 안 되고 미국, 캐나다의 4분의 1밖에 안 됩니다. 산업용 전기가 가장 큰 문제입니다. 한전이 기업에 전기를 원가이하로 공급하니까 전기를 많이 쓰는 외국 기업이 한국에 많이 들어옵니다. 이렇게 기업이 한번 들어오면 전기 사용량이 눈에 띄게 증가해요. 이들은 주로 설치 산업이라서 국내에 들어와도 고용 효과가 없습니다. 산업용 전기요금을 어서 정상화해야 돼요.

▲ _{유시민} 이거 정말 재미있네요. 가정용 전기는 누진세를 적용하지 않았을 때 1킬로와트에 120원쯤인데 공장에서 쓰는 산업용 전기는 81원. 학교에서 쓰는 것도 94원이네요.

✚ _{진중권} 똑같은 전기인데 포장지가 다르다는 겁니까 뭡니까. 국민 개개인

에게 전기를 아끼라는 건 의미가 없는 거네요.

■ 노희찬 비정상적인 전기요금을 현실화하려고 해도 그때마다 재벌을 대변하는 언론에서 등장하는 논리가 경제성장에 악영향을 미친다는 거죠.

▲ 유시민 가정용은 왜 누진제를 적용해서 전기세 폭탄을 때립니까? 공장도 누진제를 해야 될 거 아닙니까?

● 김익중 심지어 공장은 역누진제예요. 가격도 원가 이하이고, 많이 쓸수록 싸게 줍니다. 한전이 누적 적자 상태인데, 이 한전 적자는 국민 세금으로 메우게 돼 있습니다.

✦ 진중권 쉽게 말하면 우리가 공장 전기세를 내주는 거네요.

▲ 유시민 이거 헌법재판소에 위헌 제소해야 되겠는데? 산업을 진작할 필요가 있다는 건 받아들입시다. 그런데 그 산업을 진흥하기 위해서, 공장에서 쓰는 전기요금의 부족한 부분을 집에서 전기 쓰는 사람에게 내라는 건 과세 원리에 어긋나는 거 아니에요?

✦ 진중권 기업이 전기를 아껴야 할 이유는 전혀 없습니까?

● 김익중 이런 이야기가 나오면 사람들이 이렇게들 질문합니다. 전기요금을 올리면, 우리나라 기업들이 어려워지지 않겠냐고. 그래서 당사자들

에게 물어봤습니다. 어느 지방 소도시에서 제조업 사장님 50여 명을 대상으로 탈핵 강의를 할 때 두 가지를 물었습니다. 첫 번째, 제가 알기로는 우리나라 제조업에서 전기요금이 차지하는 비중이 제품 생산비의 1~3%인데 맞습니까? 사장님들이 한참 계산해보더니 전기요금 비중이 전체 비용이 아닌 생산비의 1~3%라고 하시는 겁니다.

그래서 두 번째 질문에 들어갔죠. 전기요금이 100% 오르면 사장님들 회사가 망합니까? 충분히 생각하고 답을 달라고 했습니다. 그런데 아무도 손을 안 들어요. 진짜 괜찮은 거냐고 물었는데, 다 괜찮다는 거예요. 중소기업에게 이해만 시켜주면 산업용 전기요금이 100% 오르는 걸 견딜 수 있다는 겁니다.

■ 노회찬 그럼 삼성그룹 같은 대기업은 더 잘 견디겠네.

✦ 진중권 2010년 전기요금 기업별 수혜표가 있는데, 삼성전자가 1년간 전기요금만으로 1,044억 혜택을 받았어요. 그런데 영업이익이 17조 3천억입니다. 현대제철은 전기요금 수혜 금액이 796억이고, 영업이익이 1조 376억입니다.

▲ 유시민 현대제철, 포스코 등의 기업은 열로 고철을 녹여서 생산하는 철강업이잖아요. 그런데 현대제철에 비해 포스코는 영업이익이 5조 원이 넘는데, 전기요금 수혜 금액이 600억 원밖에 안 되네요. 왜 그렇죠?

● 김익중 포스코는 전기를 많이 쓰는 회사이기는 한데, 자체 발전을 많이 합니다. 이건 칭찬받아 마땅합니다.

▲ 유시민 현재 기업의 영업이익에서 전기요금이 차지하는 비중이 크지 않네요. 이 정도면 충분히 감당할 수 있죠. 그러면 기업이 전기를 덜 쓰게 하기 위해서는 누진제를 적용해야 하겠네요. 원가 이하로 공급하고 있는 산업용 전기요금을 최소한 가정용 전기요금 수준으로 올려야 하는데, 왜 안 하죠?

■ 노회찬 과거에 대표적인 국내 기업 지원 정책 중 하나가 바로 산업용 전기요금 인하였습니다. 그런데 이제 기업들이 그만한 자생력이 있고 이익 창출도 많이 하고 있으니까, 가정보다 더 많은 혜택을 받는다는 게 말이 안 되죠. 휘발유 가격을 일반인들은 1리터에 2천 원 내는데, 기업한테는 1,500원에 팔면 안 되잖습니까.

● 김익중 부정의하기 때문에, 정의당에서 관심을 가져주셔야 할 것 같습니다.

▲ 유시민 1990년대 중반에 독일 석탄 산업이 사양산업이 되니 기존에 석탄 산업 종사자들의 재교육, 재취업에 들어가는 재정을 조달할 목적으로 전기 사용자들의 전기요금을 7% 올렸어요. 그랬더니 어떤 소비자가 연방헌법재판소에 국가의 사무를 왜 납세자에게 넘기느냐고 소송했습니다. 이게 위헌 결정이 나서 의회에서 법을 고쳤습니다. 우리나라 전기요금 문제도 법적 근거가 있을 텐데, 찾아서 한번 검토해봅시다.

✚ 진중권 마지막으로 전체 전력 사용량 표를 보면 산업용이 55.3%, 상가와 공공건물에서 쓰는 일반용이 21.9%입니다. 주택용은 13.9%밖에 안 되네요.

● 김익중 전기요금이 올라야 기업들도 에너지 효율화와 관련된 일에, 예를 들어 일반 조명을 LED로 바꾸는 데 비용을 쓰게 되겠죠. 그런데 전기요금이 너무 낮으니까 에너지 효율화에 투자하려고 해도 원금을 회수하는 데 시간이 너무 많이 걸리는 거죠.

▲ 유시민 국가적으로 전기요금을 아끼자고 해서 집에서 에어컨 틀고 싶은 거 참았는데 갑자기 억울해지네.

● 김익중 그럴 필요 없어요. 그건 말이 안 돼요. 하하하.

✦ 진중권 억울해하는 건 나중에 합시다. 일단 이야기의 핵심을 정리해보겠습니다. 첫 번째 교훈은 탈핵이 매우 시급하다는 것이었고요. 두 번째는 재생에너지로 빨리 나아가야 한다는 것, 세 번째는 전기요금 현실화 문제를 다뤘습니다. 마지막으로 정의로운 과제가 생겼네요. 원자력 발전 단가를 제대로 산정해서 발표해주십시오.

■ 노회찬 그것이 알고 싶다. 발전 단가의 진실을.

▲ 유시민 진짜 궁금해.

북한이
무서워?
우스워?

북한에 사는 이들은
우리에게
'아무나'가 아닙니다

✦ 진중권 무슨 이유인지 모르겠지만, 최근에 북한 관련 뉴스들을 많이 접할 수 있습니다. 아무튼 북한 권력층의 변화 등도 중요하지만, 우리에게 더욱 중요한 것은 북한인권 문제 아닐까요. 정치적 망명, 생계 유지를 위해 탈북했던 1, 2세대에 이어 삶의 질을 위해 탈북하는 3세대가 된 시점에, 향후 한국 사회의 많은 부분을 좌우할 문제입니다.

● 서보혁 사실 과거 북한 포용 정책을 전개해나갈 때는 남북 관계를 중시하고, 북핵 문제의 평화적 해결이라고 하는 전략적인 판단에 따라 인권 문제가 상대적으로 소홀히 다뤄진 점이 있습니다.

✦ 진중권 서울대학교 통일평화연구원의 서보혁 교수님입니다. 2003년 유엔 인권위원회에서 처음 북한인권결의문이 채택됐습니다. 북한의 시민·정치적 권리, 경제·사회·문화적 권리 전반에서 지속적이고 심각한 인권 침해가 일어나고 있다는 데 대해 전 세계가 인정하고 있습니다. 2014년

11월 유엔 제3위원회를 통과한 북한인권결의안에는 북한의 인권 상황을 국제형사재판소에 넘기는 내용이 포함돼 화제가 되기도 했습니다. 이러한 움직임에 발맞춰 우리 역시 10년 동안 묵혀온 '북한인권법'을 반드시 통과시켜야 한다는 목소리가 커지고 있는데요. 오준 유엔 대사의 말처럼 북한에 사는 이들은 우리에게 '아무나'가 아닙니다. 그런데 과연 북한 주민들의 인간적 권리를 최우선시하는 방안들이 마련되고 있는 것일까요? '형제와 원수 사이'에 있다고 하는 남한과 북한의 관계에서 우리 국민들은 어떠한 역할을 할 수 있을까요?

● 서보혁 문제는 대북 압박 정책을 주요 기조로 하는 정권으로 바뀐 후에 인권 문제가 북한을 압박하는 수단으로 이용되면서 관계가 더욱더 악화되고 있다는 것이죠. 그러면서 우리 정부가 북한인권 문제를 개선해나갈 수 있는 폭은 좁아지고 있습니다. 더구나 2014년 유엔에서 채택된 북한인권결의안은 북한인권 침해 책임자들에 대한 국제형사재판을 권고하는 강력한 내용이 담겨 있어 북한 쪽에서도 반발이 일어나고 있는데요. 이 결의 내용에 대해 언론은 '형사처벌'에만 초점을 두고 있지, 내용 전체에 대한 이해가 부족합니다.

✚ 진중권 자세히 설명해주세요.

● 서보혁 2013년 유엔 인권이사회 결의에 의해서 북한인권조사위원회(COI)가 결성됐어요. 1년간의 조사 활동 후에 북한에 살인이나 강제 이주, 납치, 성폭력, 고문, 굶주림 등을 포함한 반인도적 범죄가 있다는 보고서가 인권이사회에 제출됐습니다. 보고서에는 이런 반인도적 범죄와

관련 있는 책임자들을 국제형사재판소에 회부하거나 특별 법정을 설치해 처벌을 권고하는 내용이 있습니다. 또한 COI 보고서와 그걸 인용한 2014년 제69차 유엔총회에서 채택된 북한인권결의를 보면, 북한에 가해지고 있는 국제사회의 경제 제재가 북한 주민들의 생존에 영향을 주지 않도록 유의할 것, 그리고 정전 상태에 있는 한반도 문제를 평화적으로 해결하기 위해 관련 국가들이 고위정치회담에 나설 것 등의 권고 사항이 담겨 있습니다. 남북 간 스포츠·학술 등 다양한 교류와 대화를 통해 화해에 나서라는 내용도 있고요. 탈북자 강제 송환을 중단하라는 중국에 대한 권고도 포함돼 있습니다. 즉 우리 정부와 국제사회가 그동안에 소극적이었던 문제들을 적극적으로 해결하라는 메시지가 담겨 있습니다.

■ 노회찬 우리도 권고를 받은 거네요.

▲ 유시민 중국과 러시아에서 북한에 '잘 좀 해라. 우리도 입장 곤란하다' 이 정도는 이야기하지 않겠어요?

● 서보혁 그렇죠.

✦ 진중권 북한인권 문제를 국제적으로 계속 문제 삼는 쪽은 주로 유럽연합하고 일본이죠?

● 서보혁 네. 2000년대 초반부터 유럽연합과 일본이 북한인권결의안 초안을 만들고 상정하는 데 주도적인 역할을 해왔습니다. 유럽은 국제인권 문제에 관심이 많고, 역사적으로도 인권 문제에 대한 자부심이 강한 편

입니다. 일본은 납치자 문제가 얽혀 있기 때문에 결의안 상정에 주도적인 역할을 했다고 보입니다.

■ 노회찬 최근에 인권 문제를 다루는 북한의 태도 변화가 감지되는 게 있습니까? 특히 김정은 체제 이후에요.

● 서보혁 그 부분이 지금 주목해야 할 사항입니다. 북한 정부가 인권 개선을 위한 제도적인 조치 등 변화를 보이고 있다면 이것을 더욱 장려하고 격려해야 하거든요. 그런 점에서 보면 김정은 정권의 등장과 시기적으로 일치하진 않지만, 2000년대 들어서 북한이 인권 개선을 위한 나름의 제도적인 조치들을 해왔습니다. 인권 관련 법 제도들이 제·개정됐고 경제적 문제로 탈북했다가 귀환한 사람들에 대한 처벌을 완화하고, 국제사회, 특히 북한이 가입한 유엔 국제인권협약위원회와 협력하고, 유엔 인권최고대표사무소(OHCHR)와 대화할 의향을 표명하는 등 인권 문제 해결을 위해 기능적이고 실무적인 시도를 하고 있어요.

✚ 진중권 그런 것은 국내에 거의 알려지지 않아요. 뉴스에서도 찾아보기 힘들고요.

■ 노회찬 북한 당국이 인권을 다루는 태도가 최근에 좀 전향적으로 변화했음에도 불구하고 유엔에서의 결의는 어느 때보다 강도가 높은데요. 그 이유는 뭔가요?

● 서보혁 말씀하신 것처럼 북한이 최근에 취한 대내외적인 인권 관련 조치

들 중에서 환영할 만한 것들도 발견됩니다. 작년 유엔 총회에서 북한은 인권최고대표사무소와의 기술 협력과 북한인권특별보고관의 방북을 검토할 의향이 있다고 표명했습니다. 이것은 당시 유엔 북한인권결의안에 들어 있는 최고지도자의 형사처벌 조항을 삭제하기 위한 로비의 일환이기도 합니다만, 북한의 긍정적인 태도 변화를 더욱 촉진할 필요는 있죠. 또 남한과 인권 대화에 응할 용의가 있음을 북한 리수영 외무상이 밝히기도 했지요. 하지만 국제사회, 적어도 COI 보고서는 북한 정부가 반인도적 범죄를 중단할 의지와 능력이 없다고 보고 있어 강력한 조치를 검토하고 있는 것 같습니다.

유엔이 강력한 결의안을 촉진시킨 국제 담론으로 '국민보호책임(R2P: Responsibility to Protect)'이라는 것이 있습니다. 과거 '인도주의적 개입'의 새로운 버전이라고 볼 수 있는데요. 2000년대 들어 유행하기 시작한 이 담론은 분쟁이나 인권 침해 등으로 한 나라의 정부가 국민의 생존과 행복을 책임지지 못할 경우, 국제사회가 그 책임을 대신해야 한다는 시각입니다. 처음에는 외교적, 경제적 수단으로 보호를 추진하다가, 그것으로는 한계가 있고 해당국 정부가 계속해서 국민을 탄압할 경우 군사적으로 개입할 수도 있다는 것입니다. 그런 논리가 지난 북한인권 COI 보고서에도 적용됐죠. 사실 R2P는 미국이 리비아 카다피 정권에 대한 군사적 개입의 근거로 활용되기도 해 북한에게는 민감할 수 있습니다.

북한에 대해 기대도 하고
실망도 하는 양가감정은
국민 모두에게 있을 거예요

✦ 진중권 이제 우리 문제로 넘어오죠. 유엔 북한인권결의안 소식이 전해지면서 국내에서 거의 동시에 나온 이야기가 바로 '북한인권법 제정'입니다.

▲ 유시민 국회에서 어떤 상태에 있는지도 좀 정리해주시죠.

● 서보혁 미국에서 2004년, 일본에서는 2006년에 북한인권법을 만들었습니다. 그 과정을 보면서 우리나라도 만들어야 하는 것 아니냐, 특히 참여정부 시절 17대 국회 때부터 그런 주장이 제기되기 시작했습니다. 당시참여정부가 긴밀한 남북 관계 속에서 북핵 문제를 평화적으로 해결하려고 노력했죠. 그 과정에서 북한인권 문제에는 소홀하다는 이야기가 나왔고, 특히 보수 정치세력과 북한인권 운동단체 등에서 그런 문제를 제기했습니다. 그때부터 관련 법이 국회에 계속 계류되다가 최근 새누리당과 새정치민주연합에서 각각 단일안을 만들어 물밑 협의를 시도하는 것으로 알려졌습니다.

현재 북한인권법 제정에 적극적인 새누리당의 법안 골자는 통일부가북한인권 정책 기본계획을 만들고 주무장관이 국회에 그 계획과 결과를보고하는 것, 외교부에서 북한인권 전담 특사를 임명하는 것, 그리고 가장 논란이 되는 사항인데 북한인권재단을 만들어서 북한인권 운동단체를 지원하는 내용 등이 담겨 있습니다.

◆ 진중권 그게 결국 북한에 삐라 뿌리는 사람들 아닌가요?

▲ 유시민 꼭 그런 건 아니고…….

■ 노회찬 그 사람들도 포함돼 있는 거죠.

◆ 진중권 야당은 왜 반대합니까? 반대한다고 말하는 게 맞나요?

● 서보혁 야당은 초반에는 북한인권법에 반대했습니다. 이유는 적대 관계에 있는 남한에서 북한인권 문제를 법적으로 다룬다고 실효성이 있겠느냐는 것입니다. 또 북한인권법을 만들면 우리 정부의 대북 정책이 경직돼 남북 관계를 풀어가며 통일을 준비하는 데 부담을 줄 수 있다는 지적도 있습니다. 그러나 북한인권 문제가 심각하다는 것은 너무도 분명하고, 이제는 의지를 표명할 필요는 있다는 국민적 여론이 높아졌습니다. 이에 야당은 인도적 지원을 위주로 하는 생존권 개선에 초점을 두고 법안을 검토하기 시작해, 이제는 북한의 시민정치적 권리, 즉 자유권 개선도 포함하는 법안까지 만들었어요.

■ 노회찬 우선 북한인권에 문제가 있다는 것은 인정해야죠.

▲ 유시민 당연히 인정해야죠.

■ 노회찬 북한인권을 개선하기 위해 노력해야죠. 하지만 실질적으로 효력이 미치지 못하는 법을 만들어서 접근하는 게 어떤 효과가 있죠? 북한은 당연히 안 지킬 텐데요.

● 서보혁 2004년 미국에서 북한인권법이 만들어지기 1년 전에 '북한자유화법안'이 처음 상정됐습니다. 당시 부시 정부가 집권하면서 '악의 축', '폭정의 종식', 핵 선제공격 독트린까지 나오며 대북 강경 정책이 극에 달했습니다. 북한자유화법안은 북한 정권 교체를 법안 전문에 명시할 정도로 미국 극보수 정치세력인 네오콘의 입장이 많이 반영돼 있었죠. 이에 우리 정부나 시민사회에서 많은 반대가 있었고요. 그래서 미국 내 자유진영 세력들과 협력해 그 법안을 포기하도록 했습니다. 그 대안으로 '북한인권법안'을 의회에 상정한 것입니다. 2004년 순조롭게 하원, 상원을 통과해 10월경 부시 대통령이 서명했습니다. 북한인권법은 5년 한시법이었어요. 지금도 연장돼 시행되고 있는데 당시는 북한인권 특사가 임시직이었고 배당된 예산이 얼마 되지 않았습니다. 그렇지만 북한인권법은 탈북자, 탈북자단체, 북한에 방송 보내기 등에 예산을 배정했습니다. 그래서 미국이나 캐나다에서 북한인권단체가 늘어나기 시작했어요. 남한에 입국했던 탈북자 일부가 남한 입국 사실을 숨기고 미국으로 들어가 난민 신청을 하는 일도 발생하기 시작했습니다.

✦ 진중권 돈 때문에 움직인 것 아닌가요?

▲ 유시민 그래서 탈북자들이 한국에 왔다가 미국으로 많이 갔어요.

● ^{서보혁} 일본 같은 경우 납북자 문제에 초점을 둔 대북 압박의 의미가 크다고 볼 수 있겠습니다. 사실 실효성보다는 외교적인 압박 용도가 크죠.

▲ ^{유시민} 국내 정치용은 아닌가요?

● ^{서보혁} 인권 문제에 대한 자기 나라의 국제적인 이미지를 생각했을 것입니다. 일본은 납북자 문제가 커서 이 문제를 해결하지 못하면 집권 위기가 올 게 분명하죠. 오히려 우리나라는 북한인권 문제를 북한에 직접 전달하기에는 현실적인 어려움이 있습니다. 분단을 극복해야 하는 과제가 있으니까요. 이산가족 문제라든지 국군 포로, 납북자 문제 등 분단으로 파생된 인도적 문제가 산적해 있고 탈북자 문제도 큰 현안입니다. 미국, 일본과 다르죠. 그러기 위해서는 유연함이 필요해요.

과거 참여정부 때는 이산가족 상봉 회담을 개최하면 납북자나 국군 포로의 상봉이나 생사를 확인하는 일도 동시에 진행했습니다. 그런데 북한인권의 경우 보편적 문제이므로 남북 관계와 별개로 국제 협력으로 전개하겠다고 하는 것은, 말은 그럴듯하지만 실효성 없는 접근입니다. 남북 관계가 얼어붙은 현실에서 우리가 북한인권에 할 수 있는 역할은 제한적이고, 특히 인도적 문제 해결의 문은 완전히 닫혀버렸습니다.

✦ ^{진중권} 그나마 다른 방식으로 해결해왔던 것마저도 위축될 수 있는 위험이 있네요.

● ^{서보혁} 일단 북한과 우리가 직접 대화를 해야 합니다. 탈북자 문제 때문에도 더욱 그래요. 탈북자들은 헌법상 우리나라 국민입니다. 이분들의

인권과 안전을 위해 노력하기 위해서는 중국 또는 주변국들과의 협력이 필요합니다. 탈북 사유가 다변화되고 있지만 여전히 경제적 문제가 가장 큽니다. 북한에 대한 지원과 경제 협력이 대안입니다. 또 가족 구성원 중 일부의 탈북으로 인한 새로운 이산가족 문제가 발생하고 있습니다. 미워도 북한과 대화할 수밖에 없습니다. 실용적 접근이 필요한 때예요.

▲ 유시민 저는 북한이 1차 핵 실험을 했을 때 엄청 열 받더라고요. 그 핵실험을 하면서 남북 관계가 얼어붙었을 뿐만 아니라 대북 포용 정책을 수행하던 당시 참여정부의 입지가 국내에서 완전히 좁아졌어요. 우리 정부의 정책에 대해서 북한이 어떻게 생각하는지 전혀 감이 안 오는 거예요. 전에는 이렇게 생각했어요. 북한에서 유리 생산이 잘 안 되기 때문에, 민가나 관공서 들이 쌀 포대 같은 걸로 창문을 막아놓거든요. 대한적십자사 마크가 찍혀 있는 쌀 포대예요. 북한 사람들이 그게 남한에서 보내준 쌀이라는 걸 알 테니까. 고맙다고 느끼겠지, 그런 생각이 들더라고요. 그리고 개성공단에서 일하는 북한 사람들한테 우리가 점심밥을 주잖아요. 어느 날 갑자기 북한 당국에서 점심밥을 주지 말라는 겁니다. 그럼 점심은 어떻게 하냐니까 도시락을 싸온다는 거예요. 그 도시락이 충실하면 모르겠는데 부실해요.

■ 노회찬 아니, 밥을 줘야 일을 하지.

▲ 유시민 개성공단에서 회사를 운영하는 분들이 그래도 국은 줘야 하지 않느냐, 먹어야 일할 거 아니냐고 해서 '그럼 국은 주라우'라고 허락하더라고요. 그래서 무조건 고깃국을 끓여서 냉면 그릇 가득 줬대요. 그렇게 6

개월간 일하면 처음 왔을 때 비해서 얼굴에 윤이 나고 낯빛이 바뀐대요. 우리는 그런 것도 인권 개선이라고 생각했어요. 우리 자존심을 상하게 하고 섭섭하게 하고 못되게 굴어도, 서로 경제 협력도 하고 지원도 해서 '남한 사람들이 잘사는구나, 우리를 도와주는구나'라는 생각이 들면 적대감이 덜어지지 않겠냐는 기대를 했는데 북한이 그렇게 나오니까 화도 나더라고요. 그렇다고 강경 정책으로 돌아서면 뭐가 해결될까 싶은 거죠. 이런 양가감정은 우리 국민 모두에게 있을 것 같아요.

● ^{서보혁} 우리가 국제사회에서 북한을 비판해도, 북한은 남한과 교류하면서 얻을 수 있는 이익이 있기 때문에 근본적으로 남북 관계를 단절할 거라 생각하진 않습니다. 대북 전단을 뿌려 북한의 반발을 사고, 대화도 끊고, 압박 위주로 진행되는 국제 공조에만 협력하면 북한인권 개선에 별 도움을 주지 못합니다. 남북 관계가 경직되는 건 물론이고요.

통일 문제는
3차 방정식입니다

✦ ^{진중권} 통일에 대해 이야기해볼까요. '통일 대박'이라는 말이 나오던데, 좋죠. 통일 효과가 골드만삭스 정도는 되나 봅니다. 2050년에 통일 한국이 일본, 독일 등 선진국을 제치고 미국에 이어서 세계 두 번째 부자 나라가 될 거라는 예상도 있네요. 만세!

▲ 유시민 미국은 부자 나라가 아니에요. 1인당 GDP 기준으로 보면 미국이 1등도 아니고, 유럽의 좀 부자 나라들에 비해서 한참 처져요.

■ 노회찬 G2가 아니라 2G 아니에요? 2G가 된다는?

♣ 진중권 제 핸드폰처럼 아주 복잡한 변수가 존재하는 건 분명해 보입니다. 서보혁 씨는 통일 문제를 푸는 대한민국의 입장을 이렇게 비유했습니다. "이중적 지위 위에서 푸는 3차 방정식이다." 이게 무슨 뜻입니까?

● 서보혁 제가 들어도 어려운 말이네요. '3차 방정식'은 이런 겁니다. 하나는 남한 내에서의 여론 결집과 정부와 시민단체들 간의 건전한 역할 분담이고요, 둘째는 평화 정착과 남북 화해 그리고 북한인권 개선이 동시에 맞물려 갈 수 있도록 하는 국제 협력입니다. 세 번째는 우리한테 적이자 동포인, 이중적 정체성을 갖고 있는 북한과의 실효적인 인권 협력입니다. 현재는 둘째 부분이 확립돼 있는 반면 세 번째가 이루어지지 않은 데다 첫째 부분도 부실합니다. 정부의 인식 전환과 분발이 필요하다는 말씀을 드리고 싶습니다.

■ 노회찬 남북 관계가 악화되는데 북한인권이 좋아진다는 건 어불성설 아니에요?

▲ 유시민 그렇죠. 나빠질수록 내부가 더 심각해지죠.

■ 노회찬 한반도에 평화가 멀어지고 전쟁 위험이 고조될수록 북한인권은

더 나빠질 것이고요.

● 서보혁 지금 접경 지역에서 북한의 최고지도자를 비방하는 전단을 공개적으로 살포하는 이들이 있는데, 우리 정부가 사실상 손을 놓고 있습니다. 이렇게 되면 북한의 반발에 앞서, 탈북자와 북한인권을 위해 제3국 등지에서 묵묵히 일하고 있는 사람들한테는 어려움이 가중되거든요. 북한이 남한을 비방하며 체제 결속을 시도하기 때문에 북한 주민들에 대한 통제도 높아집니다. 북한 주민의 생존권 개선에 이바지해온 인도적 지원도 중단되고, 교류도 어렵고요.

✦ 진중권 적과 동지라는 이중적 지위가 있고, 거기에서 동시에 3개의 방정식을 풀어야 하는 거네요.

▲ 유시민 이중적 지위에서 푸는 3차 방정식이라는 표현을 좀 더 쉽게 만들어보면 이런 거예요. 이원1차연립방정식은 다 알잖아요. 1차 방정식이 2개 있는데, 미지수가 2개면 다 풀 수 있어요. 그런데 이건 미지수가 3개예요. 우선 남북 관계가 있고요, 북일 관계를 포함한 국제사회 관계를 통칭해서 북미 관계, 그리고 한미 관계가 있어요. 여기서 어느 하나를 고정시켜야만 다른 것들의 해를 구할 수가 있어요.

✦ 진중권 변수 중에 하나를 상수로 만들어야 되는 거죠.

▲ 유시민 그렇죠. 우리 힘으로 통제할 수 있는 변수가 뭘까요? 사실 북미 관계 또는 한미 관계는 어렵잖아요. 북미 관계는 불가측성이 너무 높아

요. 너무 대결적이고요. 그나마 어느 정도 예측 가능한 범위에서 자력으로 확정할 수 있는 변수는 남북 관계밖에 없어요. 그런데 전에는 이 변수가 어느 정도 통제 가능한 또는 예측 가능한 범위에 있었지만 지금은 그렇지 않아요. 이명박 대통령 취임 이후부터의 상황을 예전과 비교했을 때 가장 큰 차이는 미지수 3개가 다 유동적이라는 거예요. 이 문제에 관해서는 국민들의 선택이 필요한 시점이 올 거라고 봐요.

✦ 진중권 저도 비슷한 생각입니다. 예컨대 김대중 정부 때는 미국 내 야당이 공화당이었어요. 그다음에 우리가 이명박 정부이면 미국은 민주당이었고요. 어긋나는 상황이죠. 우리 안에서라도 고정된 태도가 필요한데 정권이 바뀔 때마다 계속 정신이 없는 거죠.

▲ 유시민 북한도 지금 어리석은 거예요. 우리 정부만 남북 관계를 상수로 고정시켜야겠다는 판단, 의지가 없는 거라고 보지 않아요. 북한도 마찬가지예요. 클린턴 정부 때 진도 좀 나가고, 김대중 대통령, 이어서 노무현 대통령 때 진도를 확 나갔어야 했어요. 그때 자기들 내부가 흔들릴까 봐 위축돼서 진도도 안 나가고, 그러다가 이렇게 된 거란 말이죠. 그래도 김정은이 우리 민족을 위해서 뭔가 긍정적인 기여를 할 수 있다면, 일종의 계몽군주가 되는 길 말고는 없어요. 그런데 계몽군주는 우선 똑똑해야 되거든요.

✦ 진중권 그리 똑똑해 보이진…….

■ 노회찬 제가 봤을 때 북한에서는 미국하고 잘되면 다 풀린다고 보고 미

국과의 관계에만 몰두하는데 지금 그나마 나은 오바마 정부, 민주당 정부가 들어섰는데도 불구하고…….

▲ 유시민 나을 게 하나도 없죠.

✚ 진중권 그런 와중에 핵실험을 하면 안 되죠.

▲ 유시민 자기들이 미국에게 엄청 중요한 존재라고 착각하는 거예요.

■ 노회찬 그런 점에서 북한의 태도 변화가 필요해요.

▲ 유시민 그러니까 태도도 좀 바꾸고, 필요한 조처들을 취하면 이렇게 국제형사재판소 가자는 이야기도 안 나올 거 아닙니까.

✚ 진중권 저기, 너무 흥분하셨어요.

▲ 유시민 아, 진짜 열 받는다니까요!

✚ 진중권 열혈 청년님, 진정하시고요. 마지막으로 이 북한인권법을 평범한 시민의 입장에서는 어떻게 생각해야 할까요? 예컨대 여당 것을 받아들여야 하는지, 야당 안을 받아들여야 하는지, 아니면 북한인권법 자체를 쓸데없는 걸로 봐야 하는지요?

● 서보혁 저는 기본적으로 북한인권 문제를 놓고 남한이 북한을 법적으로

242

김대중 대통령,
이어서 노무현 대통령 때
진도를 확 나갔어야 했어요

접근하는 것에 대해서 회의가 듭니다. 남북은 전쟁까지 치렀고, 체제의 차이에 따라 인권관에도 차이가 있습니다. 거기에 2008년 이후 경색 국면을 벗어나지 못하고 있지 않습니까. 그러나 법안 제정에 긍정적인 국민 여론을 무시할 수 없는 측면도 있습니다. 그래서 어느 방향이든 실효적인 개선에 이바지하는 방향으로 법안이 만들어졌으면 좋겠어요. 이를 위해서는 광범위한 국민적 여론도 반영돼야 하고, 군소야당의 의견도 수렴됐으면 좋겠다는 생각입니다. 인도주의 구현이라는 과제가 미국이나 일본이 말할 때와 우리가 말할 때는 다르거든요.

무엇보다 우리는 군사적 대치 상황에 있습니다. 즉 인권 문제가 군사적 긴장을 높이는 역효과를 가져오면 안 됩니다. 남북한 군사적 신뢰 구축, 비핵화 프로세스 등 한반도 평화를 염두에 둔 접근이 중요합니다. 한반도의 특수성이라는 게 바로 이것입니다. 우리는 목숨을 위협할 수 있는 공간에 함께 살고 있으니까요. 북한인권 문제는 한반도 평화 정착과 동전의 양면입니다. 인권을 내세운다고 무분별한 언동이 모두 정당화되는 게 아니에요. 평화주의적 인권 개입, 이것이 해법입니다.

▲ 유시민 그런데 그 답을 집행해야 될 분들이 이런 답에 관심이 없는 것 같네요.

■ 노회찬 가까이 하기엔 너무나 먼 당신. 정답이네요.

✦ 진중권 북한인권 문제가 대한민국 안에서 서로 싸울 일은 아닙니다. 북한인권에 모두가 동의한다면 여야, 보수, 진보, 혁신을 떠나 가장 효율적이며 적절한 방식이 무엇인지 사회적 합의를 찾으면 되지 않을까요? 차

분하고 합리적인 담론을 통해서 만들어나가야죠.

■ 노회찬 이제까지 북한인권법 문제를 다룬 대화 중에 가장 균형 있었던 것 같아요. 존함도 '서보혁'이잖아요.

▲ 유시민 그렇지! 보수와 혁신이 서로 잘 지내라고 해서 서보혁이잖아요.

10

시험, 학교, 교육은 어디로

+ 조희연 서울시교육감

스무 살
넘어도
공부만 하는
인생을
언제까지

진보 교육감을 검색하면
가장 많이 나오는 키워드가
일반고 전성시대입니다

✦ 진중권 흔히 나는 수능 세대니, 너는 본고사 세대니 말합니다. 이렇게 입시 제도로 세대가 세세하게 나뉘는 사회가 또 있을까 싶은데요. 사람들이 모이면 별의별 의견 차이가 많지만, 결국 내 자식 명문대 잘 보낼 수 있는 교육 제도를 원한다는 점에서는 놀라울 정도로 일치하는 것 같아요. 그런 점에서 언제나 교육 개혁은 정말 어려운 일이라고 생각되는데, 교육감을 선거로 뽑고 난 이후 이상한 현상이 벌어지고 있죠. 특히 세월호 참사를 겪고 난 다음 있었던 교육감 선거 결과가 가장 놀라운데요. 거의 모든 지역에서 진보 성향의 교육감들이 당선됐습니다. 그만큼 우리 교육이 달라지기를 원하는 열망이 엄청나다는 거죠. 그중에 이분과 이야기해보지 않을 수 없지요. 그렇지 않습니까, 조희연 서울시교육감님?

● 조희연 '어부지리 당선'이라는 말을 많이 들었는데, 사전투표 등의 자료를 보니 이미 1등을 하고 있었더라고요.

■ 노회찬 어부지리가 아니죠. 어부의 노동을 과소평가해서는 안 됩니다.

✦ 진중권 저는 이미 예견했습니다. 3등에서 2등으로 치고 올라오는 상승세가 무서웠죠.

■ 노회찬 당시 유권자들이 지나가면서 교육감 선거에만 관심 있다고 이야기하더라고요. 많은 유권자들, 특히 학부형들은 우리 아이에게 어떤 교육을 시키는 게 더 좋은가라는 기준을 가지고 교육감 후보들을 본 것 같아요. 진보라는 이념을 선택한 것이 아니라. 이런 사람이 교육감이 되면 혁신학교가 만들어지겠다, 또는 더 좋은 교육이 보장되겠다라는 생각을 한 거죠. 어찌 보면 교육감 선거야말로 유권자들 자신의 욕망에 기초한 투표였고, 현실적인 판단을 많이 했던 것 같아요.

✦ 진중권 세월호 참사가 지방선거보다 교육감 선거에 더 큰 영향을 끼쳤던 것은 희생자가 아이들이었기 때문이죠. 우리가 그동안 아이들에게 너무 했다는 마음이 모두에게 있는 거죠. 교육감 선거에만 관심이 있다는 말은 아마 그 뜻이 아닌가 싶어요. 전국에서 진보교육감들이 승리하지 않았습니까?

▲ 유시민 그렇죠. 이번에 진보교육감으로 당선된 이들 중에는 지난번 교육감 선거 때 낙선하고 다시 나온 이도 있는데, 4년 전보다 10% 가까이 더 득표했더라고요. 원래 여론이라는 게 0에서 100이 되는 게 아니고 60대 40에서 50 대 50으로 바뀌는 거잖아요. 엄마들이 세월호 참사 이후, 길 가다가 교복을 입은 아이들만 보아도 괜히 마음이 울컥했다고 하죠.

그런 마음이 교육감 선거에 큰 영향을 미친 것이 아니었나 싶어요.

● 조희연 제 아내도 교사거든요. 반 학생이 이런 말을 했답니다. 세월호 참
사 이후 엄마가 아무 말도 안 하고 자기를 몇 분 동안 꼭 껴안고 있었답
니다. 그 말을 듣는데 눈물이 나더라고요. 그 사건으로 좋은 삶, 좋은 교
육에 대한 우리들의 잃어버린 기억, 감수성을 재발견한 게 아닌가 싶고,
그게 투표로 이어졌어요. "당신은 학부모입니까, 부모입니까"라는 광고
카피가 있었잖아요. 학부모의 마음이 아니라 부모의 마음을 가지는 것,
그것이 새로운 교육을 만드는 중요한 출발점이고 동력이죠.

✦ 진중권 본격적인 질문을 던져보죠. 조희연 교육감을 검색하면 가장 많이
나오는 키워드가 '일반고 전성시대'입니다. 사람들이 가장 궁금해하는
게 바로 이거예요. 그동안 일반고가 특목고, 자사고 때문에 이류 학교,
삼류 학교가 돼버렸죠. 그런데 대부분의 아이들이 바로 이런 학교에 다
니거든요.

● 조희연 말씀하신 것처럼, 일반고가 마치 선발대에 끼지 못한 아이들이
다니는 학교인 것처럼 잘못 인식되고 있는 게 문제죠. 슬럼화 현상이라
고 표현하지 않습니까? 학생들이 집 근처 가까운 고등학교에서 정상적
으로 공부를 하고, 자기가 원하는 대학에 가야죠. 이렇게 당연한 것들이
지금은 우리가 추구해야 하는 엄청난 목표가 돼버렸네요. 고등학교 체
제를 보면 맨 위에 특목고가 있죠. 과학고와 예술고, 외국어고등학교가
여기에 포함되고요. 그다음에 들어선 게 자율형사립고등학교(자사고)입
니다. 자사고는 서울에만 25개나 있습니다. 전국적으로 40여 개가 있고

요. 자사고들이 성적이 우수한 학생을 빨아들이니 일반고에는 성적이 우수한 학생들이 적어지죠.

▲ 유시민 교육감님은 어느 고등학교 나오셨어요?

● 조희연 서울 종로구에 있는 중앙고등학교입니다.

▲ 유시민 공부 잘하는 학교였어요?

● 조희연 후기고 중에서는요. 전기고 입시에서 떨어진 학생들이 가는 곳이죠.

▲ 유시민 거기 혹시 박정희 대통령 아드님이 다녔던 학교 아닌가요?

● 조희연 그렇죠, 박지만 씨가 다녔죠.

▲ 유시민 대통령 아드님도 공부 잘했어요?

■ 노회찬 저는 중학교도 고등학교도 시험으로 들어간 마지막 세대인데, 그때 입시가 없어진 게 박지만 씨 때문이라는 소문이 자자했죠.

● 조희연 1974년에 서울 고교 평준화가 이루어졌으니까 40년이 흘렀어요. 그런데 오늘날 완전히 엉망이 됐죠. 그래서 제2의 고교 평준화가 필요하다고 표현할 수 있는 상황이 된 거고요.

■ 노회찬 말씀 잘하셨어요. 제가 중학교에 입학해서 보니까 우리 반에 동네 형들이 있는 거예요. 중학교 가려고 재수, 삼수한 거죠. 평준화 1세대, 특히 좋은 학교에 무시험으로 들어온 사람들을 보고 '뺑뺑이 세대'라고 놀리기도 했어요. 그런데 사실 시험 잘 치는 학생과 못 치는 학생을 섞어 놓았을 때 교육적 효과가 더 크다는 것은 다른 나라의 실험에서도 많이 확인된 바예요. 무엇보다 성적 잘 나오는 사람만 솎아내고 나머지를 포기하는 건 공교육이 할 바가 아니거니와, 공부 잘하는 사람에게 꼭 좋지도 않다는 거죠.

✚ 진중권 저는 서울 양정고등학교를 다녔는데 굉장히 무시당했거든요. 선생님들이 우리를 '평준아'라고 불렀어요. "야, 이 평준아들아."

▲ 유시민 진중권 씨가 평준화 세대이면서 학력고사 세대죠. 제가 평준화 세대이면서 본고사를 본 세대이고요. 조희연 교육감님과 노회찬 대표님은 전부 다 시험으로 들어가셨고. 여기 모인 사람들만 해도 다 다른 경험을 했잖아요. 그만큼 짧은 기간에 교육제도의 변화가 많았다는 거죠.

✚ 진중권 전 한나라당 국회의원 강용석 씨를 만났는데, 이분이 갑자기 이런 발언을 하는 거예요. "교육감을 뽑는데, 왜 20, 30대들이 투표를 하느냐. 고등학생들에게 투표권이 왜 없느냐"라고. '와, 굉장히 진보적인 발언을 하는데?'라고 생각했는데 그다음 말이 "우리 애가 자사고 다니는데 말이야"더라고요.

● 조희연 자사고 다니는 학생이라면 저를 반대하지 않았을까요?

◆ 진중권 자사고와 특목고는 어떻게 돼야 하는 건가요?

● 조희연 자율형사립고등학교는 이명박 정부 때 고교 다양화 정책의 일환으로 도입됐습니다. 정부의 재정 지원을 받지 않는 대신에 교육과정 편성의 자율권과 학생 선발권을 가지는 거죠. 정부의 재정 지원이 줄어드는 만큼, 그 부족분을 채우기 위해 수업료를 3배로 올리죠. 그리고 교육과정 자율 편성 권한이 크다는 점을 이용해 국영수를 늘리고 입시 중심의 교육에 집중하는 경우가 많아요.

문제는 이런 자사고의 수가 너무 많다는 거예요. 게다가 한국은 교육평등에 대한 욕구가 굉장히 강하기 때문에 자사고에 대한 불만이 많아졌죠. 그러면서 이명박 정부의 대표적인 실패한 정책으로 간주됐고, 박근혜 정부조차도 초기에 다른 방향으로 전환하려 했던 겁니다. 자사고는 5년에 한 번씩 재지정 평가를 받아야 하는데, 이를 서울시교육청에서 합니다. 교육부 장관과 협의해야 하지만 원래 교육감의 권한이죠. 자사고가 미워서 폐지하는 게 아니고, 일반고를 회생시키기 위해서는 자사고에 대한 재정비가 불가피하기 때문이에요. 무엇보다 원래의 취지와 다르게 높은 등록금을 받으면서 일반 서민들은 접근할 수 없는 고급 학교가된 것은 잘못된 거죠.

■ 노회찬 그나마 좀 좋은 학교를 왜 없애느냐, 그런 오해를 할 수도 있는데. 사실 이 문제는 영리병원의 경우에 대입해서 생각해봐도 금방 이해가되는데 말이죠.

▲ 유시민 저는 자사고 문제는 많은 분들이 납득하리라고 봐요. 그런데 특

선생님들이
우리를 '평준아'라고 불렀어요
야, 이 평준아들아

목고 문제는 좀 다른 것 같네요.

● 조희연 영재학교나 특목고 문제는 좀 다른 각도에서 접근해야 합니다. 설립 목적대로 외국어나 예술, 체육 등 특정 분야에 대해 심화된 교육을 제대로 하고 있는지, 단지 입시 명문으로 변질됐는지에 대해 엄정히 평가하고 지도·감독을 강화해야 합니다. 이건 굉장히 오래된 문제고 다르게 풀어야 할 문제이니까요. 하지만 자사고는 지금 5년여밖에 안 됐고, 또 교육 평등을 원하는 국민적 요구에 완전히 반하기 때문에 대대적인 정비가 필요한 거죠.

▲ 유시민 특목고는 원래 특수한 목적을 가진 고등학교잖아요. 외국어고등학교이거나 과학고등학교이거나. 제 딸도 외국어고 출신인데 제 딸이 나온 학교가 지금은 자사고가 됐어요. 작년에 서울대에 100명 가까이 넣은 것 같아요. 그런데 왜 그 학교가 자사고로 바뀌었을까. 그 이유는 간섭받기 싫어서예요. 그래서 저는 특목고의 경우는 꽤 간단하게 부작용을 해결할 수 있을 것 같아요. 학교 목적에 맞는 전형을 하면 되죠. 예를 들면 외국어고는 외국어 실력만 보고 뽑으라는 거예요. 과학고면 과학을 기본으로 수학, 물리학 같은 과목을 보는 거죠. 그런데 신입생을 뽑을 때, 결국 내신이니 토익, 텝스 성적을 보고 뽑아요. 그렇게 해서 소위 좋은 대학 많이 보내려고 하는 거죠. 과연 이걸 못 하게 하는 것으로 간단하게 해결할 수 있을까요.

■ 노회찬 선발 과정은 강제할 수 있지 않습니까?

● 조희연 선발 과정만 강제한다고 문제가 해결되기는 힘들다고 봅니다. 예를 들어, 외국어고에서 영어 듣기 평가로 신입생을 뽑으면, 중학교에서부터 엄청난 영어 듣기 사교육이 발생하겠죠.

■ 노회찬 외국어고를 엄격히 외국어 능력만으로 뽑거나, 과학고를 수학, 과학 등의 점수로만 뽑게 되면 결국 명문대로 진학하기 위한 징검다리로서의 효과가 떨어질 겁니다. 그렇게 되면 지금처럼 기를 쓰고 사교육을 시키거나 편법을 쓰지는 않을 거예요.

◆ 진중권 혁신고 문제는 어떻게 되는 건가요?

● 조희연 혁신고는 일반고를 혁신하는 겁니다. 학교 자율권의 활성화, 교사의 자발적이고 창의적인 교육 등의 노력을 통해 학교를 되살리는 거죠. 혁신학교는 경기도에 300여 개 정도가 있고, 서울은 60여 개밖에 안 됩니다. 곽노현 교육감 때 혁신학교가 시도되다가, 문용린 교육감으로 바뀌면서 혁신학교를 늘리지 않았거든요. 혁신학교는 지금 한국 사회에서 굉장히 중요한 교육 민주주의 프로젝트라고 생각합니다.

한국의 교육계는 굉장히 권위적입니다. 저는 교육감이나 교장 선생님의 권한도 매우 권위적인 방식으로 작동하고 있다고 봐요. 그래서 혁신학교의 경우, 교장과 교사의 관계에서 교사에게 자율성을 많이 부여합니다. 그동안 교사와 학생의 관계를 보면 학생은 완전히 피교육자로 지식을 주입받는 존재이잖아요. 혁신학교에서는 학생을 존중할 대상으로, 창의적 학습의 주체로 세우고자 노력하는 겁니다. 이게 선진화된 교육입니다. 자기주도적인 학습 능력, 자발적인 학습 능력을 고양하고 교사가 학생을 자발적이고 창의적으로 교육하려고 노력하는 구조를 만드는 겁니다. 이를 위해서 교육청이 재정 지원을 해주는 겁니다.

✦ 진중권 성과가 나타나고 있죠?

■ 노회찬 혁신학교의 성과는 이미 학부모들로부터 검증되고 있다고 봐요. 제 조카가 경기도에 있어서 이야기를 들었는데, 아이를 혁신학교에 보낼 수 있는 아파트와 길 건너에 있어 그 학교에 보낼 수 없는 아파트의 시세가 1억 원 차이가 난답니다. 이것도 문제이긴 하죠.

▲ 유시민 그렇죠. 혁신학교가 많아지면 건설 경기가 살아난다는 말도 하던데, 좀 황당한 이야기죠.

● 조희연 상상력이 풍부한 분들이 계시니까요.

■ 노회찬 얼마 전 서울의 한 혁신 초등학교에서 수업을 해달라고 해서 갔어요. 그 학교는 혁신학교가 되면서 선생님들의 자발적인 노력으로 학부형 모임, 특히 아버지 모임을 만들었더라고요. 상시적으로 참여하는 분들이 200~250명 정도 돼요. 놀랍죠. 아버지들은 학교에 거의 안 가잖아요. 그런데 아버지들이 모여서 여러 자발적인 활동들을 하니 그 전에 볼 수 없었던 활기가 생기는 거죠.

● 조희연 맞습니다. 서울 노원구 상원초등학교가 대표적인 곳입니다. 내부 공모를 통해 평교사 출신이 교장 선생님으로 선출됐어요.

■ 노회찬 그 무시무시한 전교조 출신이죠.

● 조희연 그러니 얼마나 적극적으로 일을 하겠어요.

♣ 진중권 독일에서 유학할 때 여행 가이드 아르바이트를 했어요. 그때 한국에서 선생님들이 오신 적이 있어요. 고등학교 방문을 원하시기에 한 학교에 갔어요. 독일 학교에서 젊은 여자분과 나이 든 남자분이 나오니까, 한국 선생님들이 모두 그 나이 든 남자분에게 인사를 하는 거예요. 그분이 말하길 자기가 아니라 여자분이 교장 선생님이라고 하더라고요. 거기는 교장 선생님을 투표로 뽑는데 돌아가면서 한 번씩 한다는 거죠. 교장이라고 대단한 권한이 있는 게 아니라 행정의 책임을 맡고, 대신 가르치는 업무는 좀 줄이는 정도더라고요.

● 조희연 서울시교육청을 보면 교육감 아래 지역 교육청이 11개로 나뉘어 있고, 거기에 교육장이 있죠. 단위 학교에 가도 교장, 교감, 교사 이런 수직 구조가 강해요. 평가 권한도 윗선이 다 가지고 있죠. 그러다 보니 교사는 교감의, 교감은 교장의, 교장은 교육장이나 교육감의 눈치를 보게 돼 있습니다.

▲ 유시민 상호 평가로 바꾸면 안 되나요?

● 조희연 그래서 최근에 다면 평가도 도입하고 있죠.

3분의 1은 자고
3분의 1은 떠들고

▲ 유시민 한 가지 의문이 있는데요. 보수 쪽에서 공격할 때, 일반고 전성시대라는 건 결국 하향평준화가 되는 거라고 말합니다. 자사고 평가를 엄격하게 하고 특목고는 원래 취지대로 하면 되지, 자사고를 폐지하는 건 문제이지 않느냐, 왜 공부 잘하는 애들 모아서 열심히 공부시키는 것을 못 하게 하느냐, 그렇게 이야기를 해요. 그런데 제가 7~8년 전까지 PISA(OECD 회원 국가 세계학력평가)에서 고등학교 1학년 학생들의 데이터를 본 기억에 따르면, 한국 학생들이 독해나 과학 분야의 평균 점수는 굉장히 높아요. 거의 최상위권이죠. 그런데 학력 측정을 한 학생들을 4분위로 나누어서, 제일 성적이 좋은 1분위 학생들끼리만 모아서 비교하면 20위권으로 떨어져요. 즉, 한국 학생들의 평균 수준은 높은데, 아주 못하거나 잘하는 아이들도 별로 없다는 거예요. 그래서 이 자료가 탁월한 재능을 가진 학생을 양성하는 수월성 교육이 안 됐다고 말하는 근거로 사용되죠. 즉, 평균 수준에 맞춰서 수업을 하면, 잘하는 아이는 지겹고 못하는 아이는 계속 어렵다는 거예요. 그러니까 수업시간에 잠이나 잔다는 겁니다.

● 조희연 지금은 더 자죠. 3분의 1은 자고, 3분의 1은 떠들고.

▲ 유시민 궁금한 게 수월성 교육도 필요하지 않느냐는 거죠. 어느 분야에선가 능력이 특히 뛰어난 아이들은 거기에 맞는 교육을 받을 권리가 있

잖아요. 이 문제로 과거 평준화 시스템을 공격하면서 평준화 부분도 해결해야 하거든요.

● 조희연 그 점에 대해서는 우리의 교육 철학에 문제가 있는 것 같아요. 30~40년 전의 교육은 선진국을 따라잡는 게 목표였죠. 우수하고 앞선 지식이 있고, 그것을 빨리 암기하고 따라잡는 것이 교육이었어요. 하지만 이제 그런 시대는 지났죠. 정보를 안다는 차원이라면 지금 선진국과 큰 차이가 없어요. 얼마나 창의적이고 자발적인 교육을 할 것인가라는 문제에 직면해 있죠. 예전에는 국어, 영어, 수학을 잘하는 게 공부였습니다. 그런 과목이 중심이니 선행학습이 활개치는 거죠. 하지만 이제는 교육해야 할 것들이 다릅니다. 리더십 활동, 협동 능력 등 현대 사회에 필요한 다면적인 능력을 키우고 평가해야죠. 평가의 기준, 재능의 기준에 대한 사고를 바꿔야 하는 시점입니다.

✦ 진중권 사실 정부도 입으로는 그렇게 표방하고 있어요. 창조경제가 바로 그거죠.

● 조희연 네, 창조적 교육이 필요해요.

■ 노희찬 아까 말씀하신 PISA 자료를 보면 우리나라 학생들이 상위권인 것은 맞습니다. 그런데 1등은 변함없이 핀란드잖아요. 몇 년 전에 핀란드 교장협의회 피터 존슨 의장이 한국에 왔을 때 많은 관심이 몰렸죠. 이분 이야기에서 귀기울여야 하는 것은 다음과 같습니다. 핀란드도 1970년대에 우열반을 도입해보는 등 노력해봤지만, 최종 결론은 잘하는 아이와

못하는 아이를 섞어서 교육해야 한다는 거라고 합니다. 그러면 그 안에서 발생하는 학력의 차이는 어떻게 하나? 수준에 맞게끔 따로 가르친다는 거예요. 그러려면 선생님이 할 일이 아주 많아지죠.

그래서 핀란드에서는 선생님에 대한 지원이 엄청납니다. 선생님 대부분이 석사 학위를 가지고 있죠. 선생님이 자신의 능력을 더 키우기 위해 휴직을 하거나, 부수적인 교육을 받는 것에 대한 지원도 잘돼 있습니다. 무엇보다 학급 수를 줄이고, 개인별 성적을 매기는 시스템을 없애버렸죠. 이렇게 여러 가지 시스템이 복합적인 역할을 하면서 결국 핀란드의 교육이 성공했다고 합니다. 이 좋은 걸 왜 우리는 못 하냐고요? 살인적인 대학 입시가 기다리고 있는 곳에서는 불가능해요. 우리가 PISA 성적이 좋다고 자부심을 가질 이유도 없어요. 한국의 노동시간이 전 세계 1위죠. 그런데 노동시간보다 수업시간이 더 길어요. 우리나라 학생들은 주당 60시간 공부해요.

> # 한국의 노동시간은 전 세계 1위죠
> # 그런데 노동시간보다
> # 수업시간이 더 길어요

 유시민 문제는 대학이죠. 대학 입시가 다가오는데 수업이 입시에 도움이 되지 않는다고 느끼면 수업시간에 참여할 동기가 없어지거든요.

✦ 진중권 자, 결국 자연스럽게 이야기는 대학 문제로 갑니다. 사실 아무리 학생들에게 필요한 교육이라고 해도 학부모들이 달려와서 '진도 안 나가고 뭐하느냐' 이러면 참 난감하거든요. 교육감 당선자들이 만나서 공통 공약을 냈더라고요. 그중 하나가 대학 관련 공약이었는데, 대학 입시 개혁, 학벌 체제 개혁을 하자는 겁니다. 원래 그것이 교육감의 권한은 아니지 않습니까?

● 조희연 그렇습니다. 하지만 초중등 교육을 근원적으로 왜곡시키는 게 학벌 체제, 입시 체제니까, 전국의 교육감들이 이 문제에 대해 공동의 목소리를 내고 여론화하자는 취지로 성명을 냈지요. 적어도 좋은 고등학교에 들어가기 위한 부담을 없애면, 초중등 교육이라도 정상화할 수 있으니까요. 그다음에 대학 체제를 개혁해서 고등학교 교육을 개혁하는 2단계를 생각해볼 수 있지 않느냐는 겁니다.

✦ 진중권 구체적인 방안이 뭘까요?

● 조희연 교수단체 등에서 여러 가지 안을 내놓고 있죠. 기본적으로 대학 학벌 체제의 문제는 학벌에 따른 불평등 문제죠. 프랑스처럼 통합 국립대학을 만들자, 국립대학을 중심으로 사립대학까지 아우르는 인적, 물적 자원을 공유하는 대학 통합 시스템을 만들어보자 등의 안이 있습니다. 아마 독일의 대학 제도와 비슷할 텐데, 이렇게 되면 지금처럼 확연한 대학 서열화를 좀 완화할 수 있겠죠. 그리고 대학마다 특성화 영역을 분산시키자는 대안도 있습니다. 문제는 너무 먼 미래의 일이라고 생각한다는 데 있죠.

▲ 유시민 학부모들과 학생들이 바라는 대학교는 서울대학교죠. SKY 아래로도 서열이 쫙 있어요. 그 순서를 외우잖아요. 서성한 중경외시 건동홍 국숭세단. 맞나? 조희연 교육감도 서울대학교를 졸업하셨잖아요. 그런데 서울대학교는 교육을 잘해요? 어떻게 생각하세요?

● 조희연 교육을 더 잘한다기보다는 상위권의 학생들이 4년 동안 함께하고, 그들이 사회에 나가서도 함께하는 효과가 있는 거죠.

▲ 유시민 왜 여쭤봤냐면, 저도 다녀봤는데 좋은 학교가 아니더라고요. 잘 가르치는 학교가 아니에요. 애들을 다 팽개쳐놓죠. 지금도 별로 달라지지 않았어요. 학교에서 배우는 게 별로 없을 뿐만 아니라 학생들을 잘 지원해주지도 않아요. 교수들의 중요한 업무라는 게 공부 잘하는 애들 뽑아서 외국 유학을 알선해주고 보내는 거죠.

● 조희연 요즘은 정말 그렇게 되고 있어요.

▲ 유시민 그리고 유학 다녀와야 교수 시켜주죠. 제가 경제학과 출신인데, 서울대 경제학과에서는 미국 아이비리그 출신만 교수로 뽑아요. 자신들이 양성하는 박사가 해마다 엄청나게 많거든요? 그런데 그 박사들을 교수로 안 뽑기 시작한 게 벌써 한 20년 정도 됐어요. 그럴 거면 박사 과정을 없애야죠. 즉, 교육의 질이 높은 대학이라서 사람들이 들어가려는 게 아니에요. 졸업생들이 사회에서 가지고 있는 권력이 너무 크기 때문에, 그 권력의 네트워크 안에 들어가고 싶어서 사람들이 그 대학에 들어가는 거거든요.

■ 노회찬 사람의 운명이 평생에 걸친 동안의 자기 노력에 따라 달라지고 결정돼야 하는데, 우리나라는 열아홉 살에 운명이 결정되는 나라죠. 열아홉 살 이후로는 학교 졸업장 하나로 행세를 할 수도 있고, 반대로 학교 졸업장 때문에 노력해도 안 되고. 그러니까 그 자격을 따기 위해서 온 집안이 아이에게 물적 투자를 하는 거죠.

▲ 유시민 유치원 때부터 스펙 관리하고.

■ 노회찬 우리가 굉장히 아둔한 시스템을 운영하고 있는 거예요.

▲ 유시민 미국에서 오바마 대통령이 의료보험을 도입하는데, 한국의 현행 의료보험제도보다 그 수준이 훨씬 못해요. 그런데도 그걸 공산당식이라고, 위헌이라고 제소하고, 데모하고 난리가 났잖아요. 재선해서 지금까지 6년 동안 겨우 그 제도 하나 만든 거 아니에요. 우리가 미국인들을 보면서 고정관념에 사로잡혀서 스스로를 괴롭히고 있는 국민이라고 비아냥거려요. 그런데 우리나라 학벌 문제를 보고 있으면 우리가 그렇다는 생각이 들어요.

■ 노회찬 저는 좋은 기회가 하나 오고 있다고 생각하는데, 사실 대학 개혁이 잘 안 됐던 요인 중에 하나가 전체 대학 중에 사립대학이 차지하는 비중이 워낙 컸기 때문이었죠. 사립대학은 공권력으로 개입할 수 있는 영역이 아니니까요. 그런데 불행 중 다행인 현상이 생겼는데, 이미 대학 정원이 남아돌게 된 거죠. 대학 정원이 55만 명 정도인데…….

SKY서성한중경외시건동홍국숭세단

▲ 유시민 2013년 신생아 수가 45만 명이에요.

■ 노회찬 2018년에는 고등학교 졸업생 수와 대학 입학 정원이 같죠. 그러니까 모두가 그냥 들어갈 수 있어요. 우리나라 평균 대학 진학률이 70~80% 사이인데, 일단 대학 수를 현격하게 줄여가야 되고, 2030년까지는 현존하는 대학을 절반으로 줄여나가야 되는데, 이 줄이는 과정을 대학 교육의 혁신 프로그램으로 활용하면 연착륙이 가능하지 않을까.

✦ 진중권 제가 지방대학에 있잖아요. 저는 웃을 수가 없어요. 대학을 줄이면 결국 지방대학이 줄고, 대학이 수도권에 집중되잖아요.

▲ 유시민 지방 사립대학 교수들이 가을이 되면 신입생을 모집하러 자기 모교부터 시작해서 세일즈맨처럼 막 달려요. 못 모으면 학교 문 닫으니까. 연구하고 가르칠 준비를 해야 되는데……. 아까 조희연 교육감께서 말씀하셨는데, 정말 전환이 필요한 시점이죠. 국립대학 통합 네트워크 같은 건 좀 생소할 수도 있는데, 제가 예전에 정치할 때 그 정책을 낸 적이 있어요.

■ 노회찬 진보정당의 대선 공약이었죠.

▲ 유시민 국립대학을 하나로 묶어서, 공동학점제를 포함해서 교수들도 인사이동을 하는 거예요. 예컨대 승진할 때도 학교를 옮겨 다니면서 하는 겁니다. 이 대학에서 조교수가 되고, 저 대학에서 부교수, 정교수가 되게 하는 거죠. 또 학생들이 국립대학 통합 네트워크 내에서 취득하는 학점

은 서로 인정하고, 졸업장도 국가가 인정하는 하나를 받는 거죠. 서울대학교의 경우 학부는 폐지하고 대학원만 남기는 겁니다. 그것도 기초 학문이나 공공성이 강한 분야를 중심으로요. 학부를 없애면 교수들은 어떻게 하느냐. 그 통합 네트워크 안에서 일부 학부 강의는 살려서 전국에 있는 국립대학 학생들이 한 학기씩 서로 바꿔가며 수업도 들어요. 그러나 서울대학교는 신입생 선발을 안 하는 거죠. 그럼 고려대나 연세대가 그 자리를 차지할 거다? 하라는 거예요. 그 대신 사립대학은 등록금을 엄청나게 비싸게 받잖아요. 대신 국립대학은 연간 100만 원 정도의 등록금만 받고, 무상교육으로 가자는 거예요. 이렇게 해야 대학 교육이 사는 거죠.

■ 노회찬 진보정당도 비슷한 이야기를 계속했죠. 그중 하나가 서울대 폐지론이고요. 이걸 대학 하향평준화라고 비난하는데 그게 아닙니다. 오히려 서울대를 70개로 늘리는 방안이에요. 재정 지원 등을 통해 지방의 어려운 학교에 훌륭한 교수들이 더 오게끔 해서 교육의 질을 높이는 거죠. 어차피 사립대학은 손을 대기가 쉽지 않으니까, 국공립대학부터 해보자는 거죠.

● 조희연 교육감의 영역도 아니고, 권한도 없지만 이런 논의들은 모두가 해야죠. 세월호 참사에서 느낀 게 그거예요. 우리가 왜 사나요? 서울대학교 들어가기 위해서 살아요?

▲ 유시민 아니죠. 서로 사랑을 표현하고 주고받기 위해 살죠.

● 조희연 그러니까 발상을 바꾸어야 합니다. 방법이야 여러 가지가 있죠.

♣ 진중권 서울대를 없애자고 하면 이른바 지배층들, 자칭 엘리트층들의 반발이 엄청날 것 같아요.

▲ 유시민 국민 중에 서울대 나온 사람이 몇 명이나 된다고 그걸 논의를 못해요? 이해가 안 돼요.

♣ 진중권 그러니까요. 그 몇 명 안 되는 사람들이 다수를 설득하고 있는 거죠. 이야기를 좀 바꿔서, 조희연 교육감의 공약 중에 학원 일요일 휴무제가 있는데요. 일요일에 학원 문 열지 말자고 하면 그 시간에 과외를 시키지 않을까요?

● 조희연 이미 '공교육정상화법'이라는 법안에 선행교육 규제에 대한 내용이 들어 있습니다. 왜 선행학습을 못 하게 하느냐. 선행학습은 기본적으로 진도 앞지르기잖아요. 남보다 먼저 학습해서 다른 사람을 앞서가려고 하는 거죠. 그건 교육이 아니에요. 독일은 유치원에서 알파벳을 가르치지 않는데요. 가르치면 아동 학대랍니다.

▲ 유시민 아동 학대까지는 아닌데 독일 경우에는 초등학교 1학년 한 학급에 17~18명이 들어오면 그냥 스스로 깨치고 온 아이가 한두 명 있고요, 나머지는 다 알파벳을 모르고 들어옵니다. 그리고 무엇보다 집에서 못 가르치게 해요. 초등학교 1학년에게 매일 5분에서 10분 걸리는 숙제를 내주는데, 4학년이 되면 30분 정도 할 수 있는 거 내주죠. 가장 먼저 받

는 주의 사항이 1학년 때는 집에서 가르치지 말라고 해요. 이유를 물어보니 태양이 2개면 안 된대요. 하늘에 해가 2개 있으면 아이가 방향을 알 수가 없다. 가르치는 역할은 오로지 학교 선생님의 몫이에요.

● 조희연 한국의 입시 경쟁은 아동 학대, 청소년 학대 수준이에요. 그래서 선행학습금지법이 만들어졌는데, 이게 고육지책이죠. 공부를 법으로 금지하는 건 뭔가 잘못된 것 같아요. 중요한 건 이런 고육지책을 안 써도 되는 상태를 만드는 거죠. 말씀하신 것처럼 학원 규제가 도리어 비밀 사교육을 증폭시키는 결과를 가져올 수도 있어요. 현재 한국 사회에서 학원은 학생들을 돌보는 기능도 있어요. 맞벌이 부부들이 낮에 아이를 돌볼 수가 없으니 학원에 보내는 겁니다. 주말이나 휴일도 마찬가지고요. 그 비용을 다 개인이 부담하는 거죠. 사교육을 줄여야 하는 이유는 무엇보다 사회적인 상황 때문이고, 따라서 전체 사회 개혁의 방향에서 접근해야죠. 그래서 지난 교육감 선거가 그렇게 뜨겁지 않았나 싶습니다. 세월호 참사는 우리가 어떻게 살고 있는가를 극명하게 보여주었죠. 참혹한 현실을 고스란히 아이들이 감당하고 있어요. 그들을 희생양으로 우리는 살고 있는 겁니다. 어른들은 그걸 모른 척하고 있었고, 그게 그 많은 죽음으로 드러난 거죠. 다른 세상에 대한 열망이, 또 다른 교육에 대한 열망으로 강하게 표현되고 있는 겁니다.

◆ 진중권 중요한 건 지금입니다. 진보적 성향의 교육감들이 좋은 선례를 남겨야죠. 조희연 교육감이 당선된 것도 그 전 진보교육감들이 보여준 성과 때문이었고요. 혁신학교와 같은 일들이 학부모들에게 커다란 설득력을 가졌다고 봅니다.

● 조희연 꼭 진보적 가치를 추구한다고 해서 유능하다는 법은 없습니다. 부족한 게 많습니다. 그것을 어떻게 지혜롭게 풀 것인가, 어떻게 시민적 힘을 배경으로 풀어나갈 것인가. 그 과정을 만들어가야죠. 모두 힘을 합해서.

◆ 진중권 한국의 학생들이 가장 긴 시간 공부를 한다는 말이 가장 가슴에 남습니다. 우리 아이들은 한국어도 제대로 못하는 나이부터 영어를 배우기 시작하죠. 대학 입시 개혁에 대한 논의가 많지만, 이제는 그렇게 대학에 들어가서 또 취직할 때까지 공부를 미친 듯이 합니다. 열아홉 살의 성적표로 평생이 결정되고, 스무 살이 넘어서도 계속 공부만 해야 하는 인생. 이건 사회적으로도 엄청난 낭비고, 손해고, 일종의 도박이죠. 그런 점에서 교육감 선거의 결과를 보면 우리가 제정신을 찾고자 하는구나, 라는 생각은 듭니다.

11

카톡과 사생활

+ 박경신 법학자

두려워 말라, 검열하는 자들은 나약한 자들이다

아이들 빼고
다 하고 있었다는 거죠

✦ ^{진중권} 대한민국에 사이버 망명 물결이 이어지고 있습니다. 검찰이 사이버상의 허위 사실 유포를 감시하는 전담팀을 구성하는, 사실상 사이버 검열에 나섰기 때문입니다. 실시간 메신저 감청 논란부터 포털사이트 사의 수사기관 협조 논란, 의료 정보의 무단 수집에서 수사기관에 대한 이동통신사의 통신 자료 과다 제공 의혹이 터졌습니다. 사이버 검열이 일상적이라고 생각하는 시대. 이 문제에 관한 한 국내에서 가장 확실한 전문가라고 할 수 있는 분이 누굴까요? 고려대학교 법학전문대학원 박경신 교수님, 맞나요?

● ^{박경신} 그런가요?

✦ ^{진중권} 박경신 교수님 하면 떠오르는 일화가 있거든요. 인터넷에 성기 사진을 올려서 사회적 물의를 일으키셨어요.

● ^{박경신} 지금 딱 그렇게 말하시면 제가 벗은 사진을 올린 것 같잖아요. 아

271

직도 그 사진을 실제 사진으로 알고 있는 분들이 많고요. 그런데 제가 아니라고 해명하면 저를 훌륭하고 용감한 사람이라 생각했는데 실망했다는 반응이 있어요. 특히 여성분들이.

✚ 진중권 교수님은 저와 개인적인 인연이 있죠. 옛날에 제가 '듣보잡'이라는 발언을 했다가 모욕죄로 피소됐을 때, 교수님께서 위헌 소송을 권하셨죠.

▲ 유시민 아니 그러면 트위터에서 나를 촉새라고 부르는 사람들은 내가 고소하면 다 걸리는 건가요?

✚ 진중권 고소를 안 해서 그렇지, 다 걸려요.

● 박경신 아직 '촉새'는 대법원 판결을 받은 바 없습니다. '듣보잡'은 판례가 생겼습니다.

▲ 유시민 오, 그러면 나도 촉새 소송 한번 해야겠어요.

● 박경신 이 판례가 법학 교과서에 실렸는데, 이런 식이면 국어사전에 '듣보잡'을 실어줘야 돼요. 불법으로 정한 단어라고.

▲ 유시민 저도 트위터에서 저를 여러 동물에 비교해서 욕하거나, 제가 하지도 않은 일로 욕한 걸 캡처해서 고소하면 된다는 건가요?

● 박경신 그럼요. 모욕의 정의가 어떻게 돼 있는지 아시죠? 모욕의 정의가, 모욕입니다. 가장 유명한 사례가 보수 논객 지만원 씨가 문근영 씨 외할 아버지가 빨치산이었다고 발언하자, 어느 네티즌이 "지는 만 원이나 냈나"라고 말했다가 고소당했어요. 그게 모욕죄로 인정됐어요.

◆ 진중권 본격적인 논의에 들어가기 전에, 갑자기 홍수를 이루는 사이버 검열 관련 기사들 중에서 우리가 되짚어봐야 할 사실부터 살펴보죠.

● 박경신 2014년 9월 16일 박근혜 대통령이 SNS에서 국가원수에 대한 모욕이 도를 넘어섰다고 이야기했고, 이틀 후에 검찰이 사이버 명예훼손 전담팀을 만들겠다고 하면서, 카카오톡도 적극적으로 압수수색을 하겠다고 했습니다. 내용을 보면 특정 단어를 실시간으로 모니터링해서 선제적으로 대응하겠다는 것이었습니다. 그 목적은 국론 분열과 정부 불신을 조장하는 글들을 막겠다는 거였죠.

◆ 진중권 이건 유신 시절도 아니고.

● 박경신 그렇죠. 긴급조치 1호가 유신 헌법을 비판하는 걸 막기 위해서 나왔죠. 그렇게 발표하고 다음 날 정진우 노동당 부대표의 카카오톡이 실제로 압수 수색된 것이 밝혀지면서, 카카오톡 이용자들이 텔레그램으로 망명하는 사태가 벌어졌습니다. 그러자 다음카카오 이석우 공동대표가 이용자들의 프라이버시 보호를 위해서 감청 영장에 불응하겠다고 밝혔죠.

▲ ^{유시민} 서비스가 중단되더라도, 고객들을 보호했어야 '이 회사 믿을 만하다' 그랬을 텐데.

● ^{박경신} 예전에 타이레놀에 부작용이 있다고 하자마자 제조회사에서 판매 중단을 선언하고, 지금 가진 타이레놀을 다 버려달라고 했죠. 그래서 오히려 주가가 뛰었던 생각이 납니다.

쥐약은
쥐를 잡을 때만
써야 합니다

✦ ^{진중권} 지금 국가기관에서 어느 정도로 들여다보고 있나요?

● ^{박경신} 실시간으로 대화 내용을 들여다보는 감청, 언제 누구랑 대화했다는 사실만 확인하는 통신 사실 확인, 통신자의 신원 자료를 확보하는 통신 자료 제공(통신 정보 확인)이 있습니다. 2011년도 인구 대비 우리나라가 미국의 9배 정도 감청을 진행했고요, 일본의 287배를 진행했습니다. 통신 사실 확인은 3,700만 명에 대해서 진행했습니다.

✦ ^{진중권} 아이들 빼고 거의 다 하고 있었다는 이야기죠.

▲ 유시민 자연인 단위가 아니고 연인원이겠죠?

● 박경신 통신 사실 확인은 겹치는 것을 다 따져서 3,700만 명입니다. 송수신이 완료된 메시지를 보는 압수수색은 1년에 20만 건 정도일 것으로 추정됩니다. 여기까지는 영장이 필요하고요. 통신 자료 제공은 1년에 700만 명입니다. 통신 자료 제공은 이용자 정보의 신원을 확인하는 건데요. 이것을 영장 없이 하고 있다는 게 문제입니다. 예를 들어 경찰이 인터넷에 올린 글을 보다가, 글쓴이가 범죄를 저지르고 있는 것 같으면 신원을 확인하는 겁니다. 수사기관에서 포털회사, 통신회사에 수사 죄목까지 써서 보냅니다. 즉 잠재적인 수사 대상, 피의자 취급을 받는 사람이 1년에 700만 명이나 된다는 거죠. 우리나라가 범죄율이 낮은데 놀라운 숫자죠.

♣ 진중권 특히 우리나라에서 왜 이렇게 많이 하는 건가요? 이유가 따로 있나요?

● 박경신 제 생각에는 이용자에게 통신 사실 확인 통지가 잘되지 않아서 그런 것 같습니다. 3,700만 명이 통신 사실 확인을 당했으면 주변에 그 사실을 통지 받은 사람이 있어야 되거든요? 그런데 없어요. 모르는 거죠. 그러니까 문제도 안 되죠.

■ 노회찬 기본적으로 법에 문제가 있습니다. 통신 사실 확인은 통지해줄 의무가 없어요. 그리고 영장을 받아서 진행하는 감청도, 기소하거나 불기소하기로 결정났을 때 통지해주는 겁니다. 즉, 기소하거나 불기소 처리

할 이유도 없는 마구잡이 통신 사실 확인은 통지를 안 해줘도 되는 겁니다. 물론 특별감청, 긴급감청으로 통지를 못 하는 특수 범죄도 있습니다. 하지만 그런 경우는 극히 드물죠. 심각한 문제는 검사 혹은 검찰이 과도하게 영장을 청구한다는 데 있습니다. 그리고 판사들이 너무 쉽게 영장을 승인해줘요. 통지가 제대로 안 되다 보니 시민적 차원에서 감시·감독하는 기능들도 굉장히 약화돼 있죠.

2013년부터 2014년까지 1년 6개월 동안 감청 영장이 이뤄진 걸 보면, 다음카카오에 요청된 건 141건밖에 안 돼요. 그런데 압수수색영장은 3,800건이나 됩니다. 그러니까 경찰과 검찰은 압수수색영장을 가지고 할 걸 다 해왔다는 거예요. 문제의 핵심은 감청 영장이 아니더라는 겁니다. 감청 영장은 사이버 명예훼손, 세월호 집회 관련 등의 이유로는 발부가 안 됩니다. 그런데 압수수색은 이런 이유로 영장발부가 되는 겁니다. 카카오톡이 털린 정진우 노동당 부대표도 집회 시위와 관련된 죄목으로 수색한 거죠. 침묵시위를 제안했던 여학생도 털렸는데, 그 경우에도 집시법 위반 혐의로 압수수색영장을 가지고 한 거예요. 즉, 무리한 수사를 해서 물의를 일으키는 건 압수수색영장이 발부되는 경우인데, 이 문제에 대해서는 다음카카오 이석우 공동대표가 아무 이야기도 안 하죠. 결국 협조하겠다는 이야기예요.

● 박경신 하지만 다음카카오 대표의 감청 영장 불응 선언으로 이용자들의 프라이버시 침해가 실제로 보호되는 측면이 있습니다. 정진우 노동당 부대표의 경우, 지난 3개월 동안의 문자메시지를 달라고 압수수색영장을 발부한 겁니다. 미래의 문자메시지를 달라고 하는 것은 감청 영장 이름으로 진행돼온 건데, 이건 다음카카오의 결정에 따라 못 하게 됐다는 거

죠. 프라이버시 침해 정도로 보면 실시간 감청이 제일 센 거고, 미래의 문자메시지를 가져오라는 게 다음으로 센 거죠. 왜냐하면 있지도 않은 범죄 증거를 미리 달라고 하는 거니까요. 그다음이 과거의 일에 대한 압수수색이 있는데, 다음카카오는 미래의 문자메시지를 가져오라고 하는 이 영장은 거부하겠다는 겁니다.

■ ^{노회찬} 그러나 똑같은 내용을 시간이 지난 다음에 압수수색영장으로 가져올 수 있지 않습니까? 적어도 사흘 치는 보관하고 있으니까.

● ^{박경신} 영장을 받는 데 하루 이틀 또는 사흘이 걸릴 수도 있거든요. 그동안 저장 내용이 없어질 수 있는 거죠. 이렇게 시간이 많이 걸리는 이유는 영장을 하도 많이 신청해서 법원에서 처리하는 데에도 시간이 꽤 걸리기 때문입니다.

■ ^{노회찬} 지금은 카카오톡이 문자 서비스를 보관하지 않는다지만, 원래는 보관했다는 거잖아요. 그걸 사람들이 몰랐다는 겁니다. 이제는 다들 프라이버시인데 왜 뒤져보냐고 항의하니까 통신업자들이 보관을 안 하는 거죠.

● ^{박경신} 특정 기간은 보관하기로 정부와 사업자가 합의했습니다. 그것도 문제입니다. 외국은 아예 서버에 저장을 안 하는 업체가 많습니다. 그러면 사람들이 통신사를 선택해서 이용할 수 있죠. 지금은 국가가 나서서 특정 기간은 저장하도록 담합을 시켜버렸어요.

▲ 유시민 다음카카오에서 이용자들이 바로 지울 수 있도록, 서버에 안 남게 암호화한다고 한 거 아닌가요?

■ 노회찬 그건 두고 봐야 아는 거죠. 일단 영장 발부를 할 때 통신비밀보호법의 원래 취지에 걸맞게 해야 합니다.

✚ 진중권 재미있는 건 사이버 망명 사태죠. 어떤 분이 텔레그램으로 망명을 해보니까 검찰과 경찰이 먼저 와 있다고 하더라고요.

● 박경신 하지만 거기 와 있다고 해서 뭘 할 수 있는 건 아니에요. 텔레그램은 서버가 외부에 있으니까 법원이 업자에게 권한을 행사할 수 없죠.

■ 노회찬 사실 이건 정부에서 입장을 밝혀야 돼요. 국민들이 주고받는 문자메시지 때문에 국론이 분열되고 국가가 혼란에 빠지고 선량한 기업이 위기에 빠졌다고 생각하고 있는 거 아닙니까?

▲ 유시민 박경신 교수님, 헌법적으로 보면 국론은 분열돼 있는 게 정상 아니에요? 헌법적인 조명을 좀 해봐야 될 것 같다는 생각이 드는데.

● 박경신 유신 때 긴급조치 1호 첫 번째 죄목이 유언비어 유포죄였습니다. 지금 검찰에서 명예훼손죄를 그렇게 이용하려고 하는 거죠. 만약 경찰과 검찰에서 아동 성폭력 전담반 혹은 조폭 전담반을 만들어서 카카오톡을 뒤지고 선제적 대응을 하겠다고 했다면, 국민들이 반발하겠습니까? 그게 아니라 죄목이 명예훼손이라는 거죠. 특히 선제적 대응을 하겠

다는데, 이건 본인이 명예훼손을 당했다고 이야기를 안 해도 먼저 검찰이 잡겠다는 거죠. 명예훼손인지 아닌지는 진실 여부가 먼저 밝혀져야 하는데, 그럼 진실이 정해져 있다는 거잖아요. 예를 들어서 누가 '박경신이 호스트바에서 일한 적이 있다'라고 하면, 검찰이 저에 대해서 뭘 얼마나 정확하게 알아서 선제적 대응을 하겠습니까. 즉, 선제적 대응이라는 건 검찰에게 진실의 책이라는 게 따로 있을 때 가능하다는 건데, 그게 말이 안 되는 거죠.

▲ 유시민 선제적 대응 조치를 듣고 전 처음에 좋아했어요. 왜냐하면 저보고 만날 종북 좌빨이라고 하는 사람들이 있는데 검찰에서 선제적으로 손봐줄 거 아니냐고 생각했단 말이죠.

● 박경신 검찰이 유시민 씨가 종북 좌빨인지 아닌지 알 수가 없기 때문에 선제적 대응을 할 수가 없죠. 어쨌든 지금은 표현의 자유와 프라이버시의 문제가 동시에 폭발하고 있는 시대라는 겁니다.

■ 노회찬 이건 가가호호 방문해서 안방에서 무슨 이야기를 하는지 듣겠다는 겁니다. 그리고 화장실에서 누가 나오면 바로 들어가서 뭐라고 낙서했는지 살펴보겠다는 거죠. 이렇게 되니 결국에는 꼭 필요한 영장에 대해서도 국민적 저항이 일어나는 거죠.

● 박경신 그 문제의 열쇠를 사법부가 가지고 있습니다. 영장 기각률이 낮은데, 검찰이 하도 많이 들이미니까 사법부에서 빨리 결정을 안 하면, 사법부 때문에 범죄 수사를 못 한다고 곧바로 기사가 뜨거든요.

▲ 유시민 그러다 보니 빨리 결정하면서 용인해주는 거죠.

● 박경신 그래서 이건 사법 개혁의 문제이기도 합니다. 영장 전담 판사를 늘려서, 판사들이 소신껏 판단할 수 있게 해야죠. 외국에서는 피의자를 확보하고 그 사람을 뒤지는 압수수색을 하는데, 우리는 피의자가 누구인지를 찾기 위해 압수수색을 하는 경우가 매우 많아요.

▲ 유시민 우리나라는 선진적이야, IT 강국이야.

■ 노회찬 당시 정홍원 국무총리가 이에 대해 사실상의 사과 발언을 했습니다. 통신비밀보호법과 관련한 감청, 압수수색은 테러범, 인질범, 간첩 등 아주 긴급한 사태에 예외적으로 적용돼야 한다고 했죠. 실제로 법에도 그렇게 적혀 있지 않습니까? 단순히 검찰의 문제만이 아니라, 제대로 감시하지 못하고 있는 사법부도 문제라는 거죠.

✚ 진중권 재미있는 건 감청이든 통신 사실 확인이든, 이것 자체를 반대하는 건 아니잖아요?

■ 노회찬 그러니까 쥐약은 쥐를 잡을 때만 써야 됩니다. 쥐약을 아기들이 엉금엉금 기어 다니다 먹게 만들면 안 되잖아요. 그러면 쥐약 자체를 판매 금지할 수밖에 없는 상황도 되는 거예요. 그러면 쥐만 신나는 거죠.

안방에서 무슨 이야기를 하는지
듣겠다는 겁니다
화장실에서 누가 나오면
바로 들어가서 뭐라고 낙서했는지
살펴보겠다는 거죠

'가지러 왔습니다'라고 말하고
수색하듯이
이메일도 그렇게 해야죠

◆ ^{진중권} 외국의 통신사나 IT기업들은 이 문제를 어떻게 처리하고 있는지, 한국과 비교해서 말씀해주셨으면 좋겠습니다.

● ^{박경신} 가장 다른 것은 역시 통지 조항입니다. 우리는 기소·불기소 처분이 다 끝난 다음에 알려주기 때문에 기소된 사람이 재판을 받으러 가면 통신 내용이 갑자기 증거물로 나오는 거예요. 독일은 최대한 빨리 통지합니다. 그리고 기소·불기소 처분을 안 당하는 사람도 반드시 통지를 받게 돼 있습니다.

통신 기업들도 우리나라와 외국은 좀 다릅니다. 페이스북, 구글, 트위터 등은 부가통신사업자 신고 번호가 없습니다. 그런데 우리나라는 포털회사들이 부가통신사업 신고를 해야 됩니다. 그리고 방송통신위원회의 시정 조치를 따르지 않으면 신고가 취소될 수 있습니다. 일종의 사후적인 허가제예요. 그러다 보니 사업자들이 국가에 묶여 있죠. 반면 외국은 그렇지 않습니다. 2007년에 전 미국 중앙정보국(CIA) 직원 에드워드 스노든이 미 국가안보국(NSA)의 정보 수집 프로그램 '프리즘'의 존재를 폭로한 적이 있습니다. 이와 관련해서 야후는 NSA가 프리즘 프로그램에 동조하라는 영장을 들고 오자 이에 불복하는 소송을 수년간 제기했어요. 페이스북과 마이크로소프트도 합법적인 영장에 불복하는 소송을 제기하고 있고, 트위터는 이용자들에게 정부 감시 상황을 알릴 권리를 획득하기 위해 소송을 제기하고 있습니다. 구글은 투명성 보고서를 통해서 정부에 의한 감시를 이용자들에게 계속 알려왔습니다. 왜냐하면 인터넷은 사람들이 평등하게 소통할 수 있는 매체이고, 민주주의 사회에서 핵심적인 공간이기 때문이죠.

▲ 유시민 좀 다른 이야기인데, 금융 거래 정보를 조회 당하면 일정 기간 내에 통보를 해오지 않습니까. 저는 몇 번 받아봤거든요.

● 박경신 그건 통지가 잘됩니다. 그리고 정치인이시니까, 그렇게 받게 되죠.

✤ 진중권 저도 받았습니다. 하나는 마포경찰서, 하나는 서울지검이더라고요. 이유는 몰라요.

■ 노회찬 국가의 관심과 배려를 받고 계신 거네요.

▲ 유시민 애정과 관심을 쏟아주시는 건 좋지만, 애정과 관심을 쏟아줬으면 쏟아줬다는 표시는 해야 될 거 아냐.

● 박경신 몰래 계좌를 뒤져서 어떤 판단을 하려고 했는지 모르죠.

■ 노회찬 금융 정보 조회는 나중에 통보라도 해주는데, 통신 사실을 확인했거나 내용을 들춰본 경우에는 통보 자체도 안 하는 경우가 많다는 게 문제죠. 통지율이 36% 정도 된다고 하죠? 아무튼 실시간 감청과 관련해

서 법무부의 공식적인 입장은 실시간 감청이 불가능하다는 겁니다. 다음카카오도 실시간 감청은 하지 않는다는 겁니다. 기계 설비가 있어야 되는데 자기들이 설비를 먼저 설치할 생각이 없다는 거예요. 그런데 소프트웨어로 실시간 감청이 가능하다는 게 확인됐죠. 그래서 저는 이런 의심을 합니다. 이미 불법적으로 이런 걸 하고 싶어 하는 세력들이, 또는 그런 정보기관이 다 들여다보고 있다는 거죠. 그리고 사건으로 만들고 싶을 때는 몰래 봤다고 하면 안 되니까 감청 영장을 발부 받는 거죠. 이런 의심을 안 할 수가 없어요.

▲ 유시민 한동안 패킷 감청 이야기를 많이 했잖아요. 인터넷을 오가는 거의 모든 자료들은 잘게 쪼개져서 전송된 뒤, 재구성 단계를 거치면서 재생됩니다. 이때 쪼개지는 단위를 '패킷'이라고 해요. 패킷 감청은 패킷이 오가는 길목에 접근해서 그 내용을 엿보거나 가로채는 방법을 말하는데, 이게 보안성이 높아서 '사이버 망명 지대'로 알려졌던 구글 지메일에서도 다 가능하다는 거 아닙니까. 국가정보원이 패킷 감청을 했다는 정황이 드러나서 난리가 났었죠.

● 박경신 패킷 감청은 말씀하신 것처럼 이메일 계정, 카카오 계정 등을 통해 개별적으로 정보를 받는 게 아니라, 인터넷 회선상에서 물리적으로 지나가는 모든 정보 패킷을 다 감청하는 겁니다. 이걸 하려면 통신사 쪽 협조가 있어야 하고요. 패킷이 암호화돼 있으면 패킷을 열어봐도 무슨 말인지 모릅니다. 지금 문제가 되는 게 서버에 저장하는 동안에 이 패킷이 암호화돼 있지 않은 경우가 있는데, 기관에서 그걸 가져가는 거죠.

✦ 진중권 패킷이 암호화됐다면 그걸 왜 감청해요? 풀지도 못하는 걸?

● 박경신 그러니까 암호화가 안 된 것들을 보겠다는 거죠.

✦ 진중권 예를 들어 암호화가 안 된 게 뭐죠?

● 박경신 암호화를 하려면 서버 용량이 매우 커야 합니다. 그래서 신생 서비스 업체 쪽은 암호화를 안 했겠죠.

▲ 유시민 그러면 우리가 쓰는 이메일은 다 암호화된 패킷으로 가는 거예요?

● 박경신 지메일은 확실히 그런 걸로 알고 있습니다. 다음카카오나 네이버도 확인해봐야 되는데, 암호화했을 겁니다.

▲ 유시민 저는 너희들 다 봐라, 그러면서 쓰는데.

● 박경신 그래서 이메일도 패킷 감청을 하는 게 아니라 이메일 수색영장으로 받아 가고 있죠. 그런데 압수수색은 통지 조항이 없어요. 법적으로는 압수수색을 할 때 동시에 알려줘야 하거든요.

▲ 유시민 오프라인에서는 그렇게 하잖아요. 압수수색을 할 때, 영장을 미리 보여주잖아요.

● 박경신 그렇죠. 영장이 있다고 해도 증거를 몰래 훔쳐 갈 수는 없습니다.

말을 하고 가져가야죠. 마치 집을 수색할 때와 마찬가지예요. '가지러 왔습니다'라고 하고 수색하듯이, 이메일도 그렇게 해야 되죠. 그런데 증거인멸의 위험이 있다는 이유로 통지를 안 하고 가져가고 있는 거예요. 어차피 제가 지워도 이메일은 서버에 남아요. 그러니 영장으로 계정을 동결하게 한 다음에 통보를 하고, 저에게 이메일의 어떤 부분을 가져가는지를 보여줘야 한다는 거죠. 그런 노력을 사법부에서 해야 합니다.

▲ 유시민 이메일 계정을 동결하고 바로 압수수색 하면 되겠네요. 그걸 왜 통보를 안 해. 아무리 긴급해도 그건 할 수 있지.

● 박경신 여기에 프라이버시 문제의 핵심이 있습니다. 알면서 감시당하는 것과 모르면서 감시당하는 건 천지 차이죠. 예를 들어 다른 사람들은 다 옷을 입고 있는데 저만 옷을 벗고 있는 것과, 목욕탕에 가서 모두 다 벗고 있는 건 다르니까요. 결국 맥락이 있어야 하는 건데, 지금은 비밀 감시가 이루어지고 있는 거예요.

✦ 진중권 피의자도 아닌데 감시를 당하기도 하죠?

● 박경신 대표적인 게 유병언의 은신처로 알려졌던 '송치재'라는 곳을 검색한 사람들의 위치 정보를 다 본 겁니다. 통신 사실 확인이 3,700만 명이 되는 것도 같은 논리입니다. 즉 무엇을 검색했다는 이유로, 어떤 위치에 있었다는 이유로 자신의 위치 정보를 국가가 취득할 수 있다는 논리입니다. 바로 스노든이 폭로한 NSA 수사가 전 세계적으로 비난받고 있는 이유입니다.

▲ 유시민 이게 한국형 CSI예요. 한국형 과학수사.

■ 노회찬 사진관에 가서 사진을 찍고 저는 사진을 찾아왔는데 사진사가 저도 모르게 원판을 가지고 있다면 원판은 누구 것입니까? 제 것 아닙니까?

● 박경신 그렇죠. 남기겠다는 합의가 없었다면.

■ 노회찬 카카오톡에 남아 있는 메시지를 활용해도 좋다고 위임하거나 승인한 적이 없다면 일단 문제가 되는 거죠. 카카오톡에 가입할 때 이용 약관에는 그 내용이 없거든요. 그러니까 가지고 있다는 이유로 누가 달라고 하면 자기네들 판단에 따라서 주고, 또 추려서 주기도 하는 관행도 개인정보보호와 관련해서 짚고 넘어갈 문제가 아닌가요?

● 박경신 더 심각한 문제가 이동통신사들입니다. 사용자의 인적 사항을 확인하는 것을 다음카카오, 네이버 등에서는 2012년 11월에 중단하겠다고 선언했어요. 용감한 이야기죠. 용감한데, 사실은 현명한 결정이었어요. 왜냐하면 저희 참여연대 공익법센터에서 통신 자료 제공에 대해서 포털사를 상대로 소송했고, 이겼습니다. 그 소송으로 인해 물어줘야 하는 피해 보상액이 한 건에 50만 원입니다.

✦ 진중권 와, 세다.

● 박경신 1년에 600만 건이 이루어지면, 피해 보상액이 3조 원입니다. 그러

이게 한국형 CSI예요. 한국형 과학수사

니 포털사들이 통신 자료 제공 거부를 선언한 거죠.

▲ ^{유시민} 그럼 이동통신사를 상대로 소송을 해야겠네요?

● ^{박경신} 소송을 하려고 하는데, 통신 자료 제공을 누가 당했는지 알 수가 없어요. 이용자들 약 몇 백 명을 모아서 나라에 통신 자료를 제공한 적 있냐고 물어봤는데, 안 알려주더군요.

▲ ^{유시민} 그것부터 소송해야 되겠네요.

● ^{박경신} 그래서 소송을 진행하고 있어요. 1, 2심에서 모두 이겼습니다. 이 렇게 법원 판결이 나왔으면, 알려줘야 되잖아요? 그런데 아직도 안 알려 주고 있어요. 그러니까 사진관에 가서 "내 사진 원판 있습니까?" 하고 물 어봤는데, "말 못 해줘" 이렇게 답한 것과 같습니다. 은행에 가서 내 계좌 에 잔고가 얼마나 있는지 물어봤는데, 안 알려준다는 거나 마찬가지입 니다. 지금 그렇게 황당한 상황인 거죠.

■ ^{노회찬} 앞에서 나왔던 명예훼손 이야기를 더 해야 할 것 같은데, 우선 명 예훼손을 당한 본인이 처벌하지 말아달라고 하면 처벌은 안 하는 거잖 아요. 공인들에 대한 명예훼손은 친고죄로 만들어야 하는 거 아닌가요?

● ^{박경신} 친고죄로 만들어놓으면 선제적 대응을 할 수가 없죠. 그리고 누 구든 선제적 대응을 할 수 없게 명예훼손을 친고죄로 만드는 법안도 국 회에 상정돼 있습니다.

▲ 유시민 그게 피해자가 처벌을 원하지 않는다는 의사를 표시하면 처벌할 수 없는, 반의사불벌죄 같은 거죠? 적극적으로 고소하기가 두려울 수 있는 폭행죄, 상해죄만 예외적으로 여기에 해당하잖아요. 그런데 명예훼손 죄가 반의사불벌죄에 해당하는 거 아닙니까? 그러니 명예훼손죄는 친고 죄가 되는 게 맞는 거 아닌가요?

● 박경신 전 세계적으로 명예훼손은 형사처벌을 하지 않는 쪽으로 가고 있습니다. 왜냐하면 서민들의 평판을 보호하는 순기능보다는, 권력자가 검찰을 동원해서 자기를 비판하는 사람들을 탄압하는 법적 근거가 되고 있기 때문입니다.

▲ 유시민 아, 그러니까 형사법에서는 명예훼손죄를 없애고 민사 소송의 대상으로 해야 된다는 거죠.

● 박경신 2005년에 보니 전 세계에서 명예훼손으로 투옥되는 사람이 한국을 빼놓고 200여 명 되더라고요. 그런데 한국만 50여 명입니다. 우리나라가 명예훼손 형사처벌의 왕국인 거예요.

▲ 유시민 최근에 더 늘었을 겁니다.

● 박경신 맞습니다. 통신 자료 제공도 노무현 정부 때는 10만 건 수준이었는데, 100만 건 수준으로 올라간 게 이명박 정부 때죠.

▲ 유시민 욕먹는 게 싫으면 정치하지 말아야죠. 원래 선출 공직자든 임명

공직자든 공직자 임무 중의 하나가 욕먹는 겁니다.

■ 노회찬 유신헌법을 비판하고 유언비어를 살포했다는 이유로 긴급조치 1호로 투옥돼서 징역을 산 사람들에 대해서, 다시 무죄를 선고하고 국민 세금으로 배상하고 있지 않습니까. 액수만 300억 원이 넘는데…….

◆ 진중권 '잊힐 권리(Right to be Forgotten)'에 대해 말해보고 싶은데요. 개인이 온라인에 있는 자신의 각종 정보를 지우거나 퍼뜨리지 못하도록 요구할 수 있는 권리를 말합니다. 1995년 유럽연합에서 '개인 정보 처리를 규정하는 유럽 정보보호지침(European Data Protection Directive)'을 채택하면서 잊힐 권리에 대한 논의가 본격화됐죠.

● 박경신 우리나라에도 잊힐 권리가 있습니다. 이미 이와 관련된 시스템도 마련돼 있어요. 의무 조항은 아니지만 개인의 권리가 침해된 경우, 침해될 가능성이 있는 경우, 또는 분쟁이 예상되는 경우에는 요청에 의해 개인 정보를 삭제할 수 있습니다.

◆ 진중권 개인의 권리를 보장하기 위해서가 아니라, 피곤한 일이 벌어질까 봐 그런 거 아닙니까?

● 박경신 그렇죠. 그런 점에서 또 다른 문제도 있습니다. 분쟁이 발생할 것 같으면 사업자가 책임을 지기 싫으니까, 불법이 아닌 정보들도 쉽게 삭제하고 차단할 수 있다는 겁니다. 1980년대 서울역 회군을 검색하면 나오는 정치인이 있는데, 그분이 서울역 회군으로 비판을 받으니까 잊히고

싶다고 삭제를 요구했죠. 이렇게 잊힐 권리가 남용될 가능성도 열려 있습니다.

◆ 진중권 또 어떤 문제들이 있나요?

● 박경신 예를 들어 이혼 경력이 올라와 있다든가.

◆ 진중권 그건 좀 그렇지 않나요? 공인이 아닌 이상.

● 박경신 이런 경우가 있어요. 유럽에서 한 성공한 사업가가 과거에 세금을 안 내서 집을 경매당했던 일을 지우고 싶은 겁니다. 이에 대해 유럽사법재판소가 원 정보를 지우는 건 안 되지만, 검색에서는 빼라는 결정을 내렸습니다. 지금 방송통신위원회에서 나오는 이야기가 사인(私人)의 경우 이혼 경력 같은 건 검색에서 빼줄 필요가 있다고 합니다. 그런데 이건 100분과 토론해봐야 하는 아주 어려운 사안입니다.

◆ 진중권 찬반 양쪽이 다 일리가 있다는 말이죠?

● 박경신 네. 결국 그 결정의 요점은 공익적이지 않은 것은 검색되지 않게 할지어다, 이렇게 되겠지요. 그런데 공적인지에 대해서 공동체가 집단적인 판단을 해서 검색에서 넣고 빼겠다는 것은, 검열의 위험이 있습니다. 예를 들어서 유병언 씨는 그 전에 사인이었는데, 세월호 사건이 터지니까 공인이 됐죠. 그럼 사건이 터진 후에야 유병언 씨의 행적에 대해 검색할 수 있다는 것은 표현의 자유가 가진 비리 예방 효과를 사장시키는 것

이에요.

■ 노회찬 그러니까 제가 삼성으로부터 떡값을 받은 검사들 리스트를 공개한 것도 개인의 사생활이라는 거 아닙니까. 대법원 판결을 보면, 이게 국민들의 관심사가 아닌데 공개했다고 문제 삼은 거잖아요.

▲ 유시민 국민들은 관심도 없는데 너희가 왜 공개했어, 이런 거였죠.

● 박경신 사실 노회찬 의원님이 받은 판결을 잘 읽어보면 잊힐 권리 판결이에요. 왜냐하면 판결문 중에 "떡값을 주고받은 지 얼마가 지났는데"라는 부분이 나오니까요.

▲ 유시민 그리고 사람들이 관심도 없는데 굳이 환기시켰으니 국회에서 나가라는 거 아니에요.

■ 노회찬 친일 문제도 그렇습니다. 나라를 팔아먹은 지 110년이 지났는데 그걸 아직도 기억하고 그 거래에 대해서 비난을 하는 자들이 잘못됐다는 거죠.

✦ 진중권 허 참, 우리나라는 이미 잊힐 권리가 행사되고 있네요. 공인들에 한해서, 그것도 매우 그릇된 방향으로 말입니다.

● 박경신 그렇죠. 이 문제는 100분 토론이 필요하다고 생각하지는 않습니다. 아주 분명한 문제들 앞에서 표현의 자유, 명예훼손 등의 개념이 막 이

용당하고 있으니까요.

✦ 진중권 사이버 검열 문제가 온라인 개인 정보 보호 문제로 이어지고, 여기에 더해 공적인 것과 사적인 것에 대한 이야기까지 이어졌습니다. 이 이야기의 끝에 오니 생각나는 말이 있습니다. 위키리크스의 설립자 줄리안 어산지가 〈시사 IN〉과의 인터뷰에서 이런 말을 했더군요. "두려워하지 말라, 검열하는 자들이야말로 나약한 자들이다. 그들은 진실에 대한 시민들의 믿음을 두려워한다. 그래서 검열하는 것이다." 그렇습니다. 민주주의의 열매 어느 하나 우리가 싸우지 않고 얻을 수 있는 것은 없다고 생각합니다. 두려워하지 맙시다. 그게 먼저입니다.

12

기초연금과 의료민영화

+ 오건호 사회정책가

저도
나라에서 주는
용돈 받을 수
있나요?

안 준 게 아니라
줄 것처럼 이야기한 건
어떻게 하지?

◆ 진중권 대통령이 후보 시절에 한 약속을 안 지킨다고 2013년 대통령을 검찰에 고발한 간 큰 분이 계시죠. 시민사회단체 '내가만드는복지국가(이하 내만복)'의 오건호 공동운영위원장님입니다. 고발의 구체적인 내용이 뭐였습니까?

● 오건호 저희가 고발했더니 다들 이렇게 말하더군요. "선거에서 공약 안 지키는 거 처음 봤냐." 그런데 저희가 고발한 이유가 당선 이후에 공약을 지키지 않아서가 아닙니다. '허위 사실 공표'입니다. 이미 대통령 선거운동에서 공약을 허위로 알리고 당선된 것이죠. 기초연금을 예로 들어보면 이렇습니다. 지난 대선 당시 유권자들, 특히 어르신들은 모두에게 20만 원을 주는 것으로 이해했어요. 그런데 내만복에서 조사해보니, 공약이 애초에 모두 20만 원을 주는 게 아니었어요.

◆ 진중권 20만 원씩 더 주겠다는 거 아니에요?

● 오건호 이미 법이 통과된 내용대로 국민연금과 연계해서 감액해 지급하는 것이었어요. 그런데 플래카드에는 모든 어르신들에게 20만 원씩 주겠다고 쓰고, TV 토론에서도 다 주는 것처럼 이야기했죠. 20만 원을 받을 줄 알고 투표를 했는데 실제 공약은 그게 아니었어요. 선거일 3일 전에 새누리당이 홈페이지에 올린 공약집, 재정소요자료집을 봐도 그렇습니다. 그래서 저희가 1년 정도 추적을 했고, 증거를 내밀었더니 황우여 씨, 안종범 씨, 문형표 씨까지 오류를 공개적으로 인정했습니다. 이게 바로 허위 사실 공표죠. 주겠다고 하고 안 준 게 아니고, 안 줄 걸 줄 것처럼 이야기했기 때문에요.

▲ 유시민 한마디로 사기였다는?

■ 노회찬 예를 들면 바나나 우유에 바나나가 들어 있지 않다는 걸 아는 거예요. 그러면 바나나 맛 우유라고 이야기해야 되는데, 바나나 우유라고 하는 걸 그냥 내버려둔 겁니다.

▲ 유시민 박근혜 대통령에게 감정 이입을 해서 내재적으로 접근해보자고요. 굉장히 합리적이라고 볼 수도 있어요. 왜냐하면 대통령 선거에서 기존의 고령 지지자들이 80% 이상 압도적으로 지지해줬잖아요. 그리고 그분들 중에는 국민연금 장기 가입자가 별로 없습니다. 그러니까 지금까지 기초노령연금을 약 10만 원 받던 분들이 기초연금제도가 바뀌면서 2배로 올라서 20만 원(국민연금 가입자 평균 소득 200만 원의 10%)을 받게 됩니다. 현행 기초노령연금법에 의거하면 2028년에 20만 원으로 오르도록 정해져 있었는데, 박근혜 대통령이 인상 시기를 2014년으로 앞당긴 겁니다.

✦ 진중권 그렇게 앞당긴 것이라면, 그다음 받을 사람들에게는 어떤 영향을 미치나요?

▲ 유시민 정부가 수정한 기초연금제도에 따르면 앞으로 가입자가 받는 금액이 가입자 평균 소득의 10% 수준보다 낮아져요. 2025년쯤 되면 기초연금은 현행보다 오히려 줄어들어요. 2028년엔 가입자 평균 소득의 10%에도 못 미칩니다. 현행 기초노령연금보다 못한 연금으로 전락하죠. 그런데 그때 고령층으로 진입하는 국민들은 박근혜 대통령을 별로 안 찍었잖아요. 정확하게 나에게 표를 준 사람에게 보은하고, 그렇지 않은 사람은 제낀다는 거죠.

■ 노회찬 그것까지 다 알았다고 한다면 대통령을 재평가해야 되겠네요. 대통령 공약집 이름이 '세상을 바꾸는 약속'이에요. 읽어보면 좋은 게 많습니다. 지금 논란이 되고 있는 '총리에게 국무위원 제청권을 주겠다', '장관에게 관계 부처·산하 기관장 인사권을 다 주겠다' 이런 게 명문화돼 있어요. 뿐만 아니라 비정규직에게 차별 임금을 지불하면 징벌적 손해배상제를 하겠다는 등 좋은 내용들이 많습니다. 그런데 하나도 안 지키고 있잖아요. '세상을 바꾸는 약속'이 아니라 '약속을 바꾸는 세상'이에요. 잡은 고기에게는 먹이를 주지 않는다는.

✦ 진중권 자신들이 지향하는 정책이나 이념과는 정반대의, 오히려 상대방이 가지고 나올 만한 공약을 가져가서……

▲ 유시민 그건 좀 배워야 돼요.

앞으로 어떻게 되리라는 것은 알고
기초연금을
받으셔야 합니다

● 오건호 우리가 언론과 협력해 박 대통령의 대선 캠프에서 복지 정책을
담당한 안종범 씨을 취재했습니다. "모든 노인들에게 20만 원"이라고 적
힌 현수막을 보여주면서 물었어요. 왜 이렇게 국민들한테 홍보했습니까?
그랬더니 홍보팀에서 한 일이라서 본인은 모르겠다는 거죠.

▲ 유시민 그건 조폭의 노하우인데요. 두목이 칼 들고 손에 피 묻히는 거
봤어요? 요새 분위기가 좀 그렇다, 이렇게 한마디 하면 밑에서 알아서
하는 거잖아요.

✦ 진중권 또 다른 문제가 있지 않습니까?

● 오건호 요즘 저희가 열심히 하고 있는 운동이 노인 빈곤을 완화하는 거
예요. 기초연금법을 보면 70%의 노인에게 돈을 주게 되는데요. 이 돈이
가장 절실히 필요한 사람이 기초생활보장 수급 노인분들인데, 현재 약
40만 명입니다. 이분들도 2014년 7월 25일부터 기초연금 20만 원을 통
장으로 받습니다. 문제는 이분들이 지금 받고 있는 기초생활보장 생계급
여가 있는데, 여기에서 20만 원이 까여요. 그래서 결국 같죠. 2014년 7월
을 기준으로 대한민국 70%의 노인들의 현금 소득이 기초노령연금 10만

원에서 기초연금 20만 원으로 10만 원씩 올랐는데요, 오히려 맨 아래에 있는 40만 명의 어르신들만 그 혜택을 못 받아요. 형평성에 어긋나죠.

◆ 진중권 가장 필요한 사람들이 그 혜택을 못 받는 거네요.

■ 노회찬 상대적 빈곤율이 더 높아지죠. 맨 아래 계층은 그대로인데 차상위는 10만 원씩 새로운 수입이 생기니까 격차는 더 벌어지는 거예요.

● 오건호 쪽방촌을 돌아다니면서 어르신들을 만나보니 이 사실을 대부분 모르고 있었습니다.

▲ 유시민 2007년 기초노령연금법이 제정됐을 때도 기초연금 수급 노인들에게 기초노령연금이 지급되지 않았지요?

● 오건호 유시민 씨가 보건복지부 장관으로 계실 때 기초노령연금을 도입했죠. 그때 이미 저소득계층 노인에게는 경로연금이라는 게 있었습니다. 이명박 정부가 기초노령연금을 2008년 시행하면서 기존 경로연금을 폐지했어요. 그렇지만 취약계층 노인의 경우 월 5만 원 정도의 경로연금이 사라진 대신 기초노령연금 약 10만 원(2008년에는 8만 4천 원)이 생겼으니 그대로 넘어갔어요. 그런데 이명박 정부가 기초생활보장 생계급여에서 기초노령연금만큼을 공제했어요. 독거노인의 경우 생계급여로 월 48만 원을 받다가 기초노령연금 10만 원을 공제해 38만 원만 받게 된 거죠. 이전에는 생계급여 48만 원 + 경로연금 5만 원 = 총 53만 원을 받았다면, 제도가 바뀌어 생계급여 38만 원 + 기초노령연금 10만 원 = 총 48

만 원만 받게 된 거예요.

✦ ^{진중권} 아니, 복지를 늘려야 하면 이것부터 바로잡아야 하는 거 아니에요?

● ^{오건호} 기초노령연금이 도입됐지만 기초생활보장 수급 노인들은 오히려 현금 급여 총액이 줄어드는 어처구니없는 일이 생긴 거죠. 이러한 상태가 계속 방치돼 오늘에 이르렀어요. 박근혜 정부가 들어서면서 기초연금 20만 원이 도입됐는데, 이번에는 20만 원을 생계급여에서 공제합니다. 결국 이전에 기초노령연금 10만 원을 받고 생계급여에서 10만 원을 공제했는데, 이제 기초연금 20만 원을 받고 생계급여에서 20만 원을 공제합니다. 이걸 우리는 '줬다 뺏는 기초연금'이라 부릅니다. 결국 기초생활 수급 노인들은 기초연금 인상 공약에서 아무런 혜택을 얻지 못하고 있죠.

▲ ^{유시민} 일단 받는 사람들이 내용을 모르게 만들면 안 되죠. 내가 어느 정도 연금을 받는지 정확하게 알 수 없으면 어떻게 합니까. 제대로 지급되는지 안 되는지, 덜 받는지 더 받는지도 알 수 없잖아요. 아, 이게 원래 의도했던 건가?

● ^{오건호} 이제는 사회복지학과 교수님들도 대한민국 기초연금을 이해하기 어렵습니다. 노후 설계를 해야 하는데 '내가 65세가 되면 기초연금을 얼마를 받겠지'를 알 수가 없습니다. 주민센터에 문의해도 대답을 들을 수가 없습니다. 기초연금법이 개악인 이유 중 하나는 너무 복잡하다는 겁니다. 특히 연금 문제는 세대 간 영속성을 기반으로 하기 때문에 제도에

대한 신뢰가 굉장히 중요한데, 이번에 이 부분이 깨져버렸어요.

✤ 진중권 그렇죠. 미래를 믿고 오늘 내 돈을 내는 것도, 아래 세대의 돈으로 위 세대에게 먼저 지급해줄 수 있는 것도 신뢰가 있어야 가능한 일이죠. 그래서 한때 민간연금보다 국민연금을 더 신뢰했던 거 아닙니까. 은행은 파산해도 국가는 파산하지 않을 테니까요.

● 오건호 20만 원이 올라도, 국민연금과 연계해서 감액될 뿐만 아니라 이후 인상 기준이 국민연금 가입자 소득 증가율, 물가와 연동되면서 가치가 줄어듭니다. 저희들 계산에 따르면 2022년까지는 박근혜 정부가 도입한 기초연금이 그나마 더 많아요. 그런데 그 뒤부터는, 지금 어르신뿐만 아니라 미래의 노인들까지 기존 기초노령연금제도보다 덜 받게 돼요.

✤ 진중권 박근혜 대통령이 퇴임한 이후잖아요.

● 오건호 대한민국 복지가 빈약했지만 조금씩 전진하고 있었어요. 그런데 뒤로 후퇴하는 건 제가 알기로 이번 기초연금이 처음입니다.

✤ 진중권 왜 그렇게 복잡하게 만들었을까요? 만드는 분들도 머리가 아프지 않나요?

▲ 유시민 저도 그건 이해가 잘 안 돼요.

■ 노회찬 국민과 국가에 대한 관심이 없으니까 그렇죠.

● 오건호 기초연금의 원조는 한나라당입니다. 2002년 이회창 대선 후보가 때부터 계속 이야기됐고, 노무현 후보에게 용돈연금을 만드느냐는 핀잔도 들었죠.

▲ 유시민 맞아요. 그랬지.

● 오건호 역대 선거에서 기초연금은 한나라당의 단골 상품이었습니다. 어르신들의 표를 위해서죠. 이명박 후보도 20만 원씩 주겠다고 했다가 약속을 지키지 않았죠. 한나라당이 기초연금을 공약으로 내걸지 않은 유일한 선거가 2012년 총선입니다. 당시 비상대책위원장이 박근혜 대통령이었어요. 그래서 제가 그때 박근혜 비상대위원장을 새롭게 보게 됐죠. 야권이 보편복지라는 주장으로 밀고 나오니까, 이렇게 대응했죠. "이러다 나라가 거덜 난다." 그걸 보고 '진짜 국가의 재정 안정성을 고민하는구나. 노인층 표까지 포기하면서 기초연금 공약을 내걸지 않는구나'라고 생각했어요. 그리고 야권에서 기초연금 20만 원을 주겠다고 말했습니다.

  이후 2012년 대선이 오죠. 처음에 새누리당은 이 공약을 내걸지 않길래 대선까지도 기초연금 카드를 쓰지 않는구나 했는데, 2012년 11월 6일 대한노인회에 가서 끝내 약속을 해버립니다. 그날은 문재인, 안철수 두 후보가 단일화 회동을 한 날입니다. 비록 선거에서 야권이 졌습니다만, 당시는 야권이 단일화하면 질 것 같았기 때문에 아차 싶었던 거죠. 그러다 보니까 기초연금 공약이 급하게 나오게 된 거고요.

✚ 진중권 스텝이 꼬여버렸군요.

● 오건호 이렇게 큰 공약을 당시의 정치적 국면에 따라 툭 내던질 수 있었다는 게…….

■ 노회찬 모르면 용감해집니다.

♣ 진중권 앞으로 어떤 일이 벌어지는 거예요?

▲ 유시민 별일 안 생겨요. 우선은 받는 액수가 높아지기 때문이죠. 그러나 국민들이 앞으로 어떻게 되리라는 것은 알고 받으셔야 한다는 거죠.

지금의 속도로 고령화가 진행된다면 중산층은 병원비 때문에 빈곤층으로 내려앉을 수 있습니다

● 오건호 저희가 지금 박근혜 정부가 아닌 대한노인회하고 싸우고 있습니다. 대한노인회가 이렇게 말합니다. "정부가 돈이 없어서 그렇다는데 이해해야지." 이건 지금 어르신들의 의견을 제대로 대변할 수 있는 정치적 조직이 없다는 걸 말해주죠. 과연 대한노인회가 기초연금에 대한 전체 노인의 의견을 제대로 반영하고 있는 걸까요?

♣ 진중권 지금 의료민영화 입법도 추진되고 있지요?

● 오건호 이명박 정부 때 의료영리화를 추진하고 수서발 KTX도 민간한테 넘기려고 했죠. 10여 년 전에는 민영화에 찬성하는 국민들도 많았는데, 이제는 민영화라고 하면 '이거 사기업에 넘기는 것이지?' 하고 부정적인 비판 의식을 가지고 있죠. 그래서 이명박 정부는 못 했어요. 지금 정부는 하고 싶은데, 국민들이 저항할 걸 아니까 꼼수의 꼼수가 펼쳐지고 있는 겁니다. 병원에서 자회사를 만들어서 영리 활동을 하는 방식이죠. 대형 병원이 자회사를 만들고, 자회사가 하는 부대사업의 영역을 넓혀줘서 거기서 돈을 벌라는 거예요. 이런 식으로 영리화가 진행되면 또 다음 단계로 나아가겠죠? 정말 영리해요.

■ 노회찬 일본 아베 정권의 수법이에요. 일본의 경우 개헌을 하려면 의원 3분의 2 이상의 동의를 얻어야 하는데 그게 힘드니까 의회 내에서 헌법 구조에 대한 해석을 바꿔서 개헌 효과를 보려고 하죠. 이것이 편법으로 개헌을 시행하는 아베 정권의 해석 개헌이죠. 지금 우리의 의료민영화가 그렇습니다. 이렇게 되면 어떤 일이 생기느냐. 삼성병원을 예로 들어볼까요? 삼성그룹에 이미 삼성메디컬이나 삼성바이오테크 등 관련 회사들이 있어요. 이런 회사들이 비영리법인 하에 의료기기, 의약품, 여러 가지 부대사업으로 영리 활동을 하게 하는 거죠.

▲ 유시민 이 문제는 법리적으로 정밀하게 살펴볼 필요가 있어요. 우리 의료법 조항을 보면, 의료기관은 의료인만 설립할 수 있어요. 그것이 의료영리화를 막는 첫 번째 조항이고요. 두 번째는 의료인 이외에 국가지방단체, 종교법인, 학교법인만이 병원을 설립할 수 있어요. 그래서 모든 법인의료기관은 비영리 의료법인이 될 수밖에 없는 거예요. 쉽게 말하면

의사가 아닌 사람은 병원을 열 수 없고, 국가지방단체, 종교법인, 학교법인을 빼고 주식회사 병원을 못 만드는 거예요. 하나 덧붙이면, 한 명의 의료인이 복수의 의료기관을 열 수도 없어요. 거의 45년 전에 만들어진 조항인데, 이 조항도 문제가 있다고 봅니다.

✚ 진중권 그런데 그 조항을 어떻게 바꾸나요?

▲ 유시민 의료법에 명시된 '국가 지방자치단체에 등록돼 있는' 항목을 삭제하는 거예요. 누구나 의료법인을 열 수 있게 하는 거예요. 그러면 사람들이 돈을 모아서 의료법인을 열고 배당을 하고 주식도 상장할 수 있죠. 물론 지금의 의료법인들도 영리 활동을 해요. 다만 그 영리 활동으로 생긴 이익을 그 의료법인 밖으로 가지고 나가진 못하죠. 돈을 벌면 병원을 더 짓거나 장비를 개선하거나 의료 인력을 더 고용하는 데 자체 투자하도록 묶어놨어요. 때문에 사람들이 자산 증식을 목적으로 병원에 투자할 수가 없죠.

이것이 현행 제도인데, 참여정부 때 이걸 풀어야 한다는 주장이 재정경제부 등에서 강하게 제기됐습니다. 2005년, 2006년까지 이 문제를 다루다, 하지 않는 것으로 대통령과 최종 합의했습니다. 그런데 이명박 정부 들어서 다시 제기됐죠. 왜냐하면 의료가 돈벌이가 제일 잘되는 분야이기 때문이죠. 보험공단의 수가가 원가의 70%다, 80%다 아우성을 치지만, 그럼에도 불구하고 병원들이 돈을 많이 번단 말이에요. 그러니까 여기에 눈독을 들이는 자본 쪽에서 밀어붙이거든요.

● 오건호 지금 말씀하신 게 의료영리 자회사를 설립할 수 있도록 하는 방

식이죠.

✚ 진중권 좀 더 구체적으로 설명을 해주십시오.

▲ 유시민 영리 자회사를 허용해주면, 기존의 의료법인이 그 자회사에 투자를 해요. 그다음에 외부에서 투자자가 들어와요. 자회사가 어떤 일을 하게 되느냐? 의료인력 공급 업무를 맡긴다든가, 의료장비 구입 및 유지 운영, 의약품 구입에 관한 업무를 주는 거예요. 장례식장 운영, 주차장 등 이런 건 말할 나위 없죠. 그 부대사업을 전부 자회사에 몰아넣고, 거기에서 이윤을 남겨서 투자자들에게 배당하기 시작하면 병원 경영이 어떻게 되겠어요? 진료 서비스라든가 치료라든가 부대 서비스 이런 것들이 전부 자본주의식, 시장경제식으로 조직되는 거예요. 치료비는 보험공단에서 통제한다지만 나머지가 다 오르면 결국 국민 의료비 부담이 올라가게 돼요.

● 오건호 이 자회사가 직접 진료 행위를 하지는 못하죠. 이른바 의료 관련 행위를 해야 되는데 그 범위를 확 늘려줬어요. 의료법 시행규칙 중에서 부대사업 조항이 있는데, 현행 의료법은 환자와 병원 종사자를 위한 소규모의 편의시설에 한해 부대사업을 하도록 해놨어요. 이번에 확 넓혔습니다. 수영장, 종합 체육 시설을 만들 수 있고, 건물을 지어서 임대할 수 있죠. 의료만 이번에 살짝 보류됐죠.

▲ 유시민 시행 규칙을 개정하는 내용이 법률의 위임 범위를 넘어선 거예요. 이건 불법이죠.

■ 노회찬 이것은 국회의 권한을 침해했기 때문에 헌법재판소에서 권한쟁의 심판의 대상이 되는 거예요. 무엇보다 우려되는 점이 영리 병원으로 가는 과정에서 건강보험제도가 가장 큰 타격을 받는 겁니다. 건강보험제도가 국민들을 위해 할 수 있는 일이 적어지고 반쪽짜리가 돼요. 그렇게 되면 건강보험제도를 꼭 의무화해야 하나? 선택적으로 하면 되지, 이런 여론이 형성되죠. 이명박 대통령의 공약이었던 의무지정제 폐지가 실현되면, 즉 건강보험을 취사선택할 수 있게 하면, 민간보험 전성시대가 오게 됩니다. 어렵게 만들어온 의료보장 체계가 굉장히 후퇴하게 되는 겁니다.

▲ 유시민 오바마 이전의 미국 시스템이 되는 거죠.

● 오건호 의료시장의 핵심은 병원을 자주 이용하시는 어르신들입니다. 75세까지 가입할 수 있는 노인 실손보험도 허용했습니다. 민간 의료보험과 국민건강보험은 상쇄 관계에 있어요. 민간 의료보험이 커지면, 그만큼 공적인 국민건강보험은 작아지는 거죠.

▲ 유시민 의료법인의 영리 자회사에 투자하실 분들이 얼마나 계실지 모르지만, 제가 책임지고 말씀드리는데 투자하지 마세요. 규칙 개정안과 지침이 모법인 의료법의 위임 범위를 넘어서는 위헌 규칙이기 때문에 법적 안전성이 굉장히 취약해요. 그런데 거액을 투자하게 되면 나중에 날릴 수도 있거든요.
　이렇게 하다 보면 어디까지 갈 거냐? 하는 극단적인 경우를 생각하게 되죠. 돈 없는 사람은 지금보다 훨씬 더 병원에 가기 어려워지고, 큰 병에

걸리면 가정경제가 파산할 수 있는 의료시스템으로 가는 거예요. 그렇게 못 가도록 해야 됩니다. 지금 정권을 움직일 수 있는 건 여론조사밖에 없어요. 여론조사 지지율 하나만 보고 국정 운영을 하기 때문에, 의료민영화 관련 여론조사 전화가 오면 무조건 받고 답해야 합니다.

● 오건호 저 한 번 끊었는데…….

▲ 유시민 그러면 안 되죠. 우리가 여론조사에 참여함으로써 국가 운영에 기여할 수 있다고요. 꼭 하셔야 돼요.

■ 노회찬 세월호 참사가 국민들에게 만들어준 공감대와 교훈이 '돈보다 생명'이라는 겁니다. 그런데 의료영리화의 구호는 '생명보다 돈'이에요.

● 오건호 지금처럼 빠른 속도로 고령화 사회가 되면 중간 계층에서 절대 빈곤으로 추락하는 대표적인 경우가 중병에 걸렸을 때예요. 병원비 때문에 내려앉는 거예요. 나이가 들수록 병원비 부담이 커져서, 아프더라도 병원비 때문에 병원에 가지 못하는 상황이 벌어진다는 거죠.

✦ 진중권 요약하면 이런 것 같아요. 명문과 조례 위에 법률이 있고, 법률 위에 헌법이 있는데, 헌법 위에 가이드라인이 있다.

■ 노회찬 가이드라인 위에 해석이 있고요.

▲ 유시민 장관직을 수행하다 보면 이 방식에 유혹을 느끼게 돼 있어요. 저

도 장관일 때, 입법이 필요한 사항은 천천히 추진하고, 입법이 필요하지 않고 시행령만으로 할 수 있는 건 시행령 개정부터 역량을 집중해서 하자고 말했어요. 그래도 모법의 위임 범위를 벗어나거나, 모법을 무력화시키면 안 되죠.

✤ 진중권 또 하나 이야기해야 될 게, 2014년 2월 생활고에 시달리던 세 모녀가 스스로 목숨을 끊은 송파 세 모녀 사건이 있지 않습니까? 이를 계기로 이른바 '송파 세모녀법'으로 불리는 국민기초생활보장법·긴급복지지원법 개정안과 사회보장급여의 이용·제공 및 수급권자 발굴에 관한 법률 제정안이 각각 통과됐죠.

● 오건호 이것도 꼼수인데, 전혀 엉뚱한 곳을 건드리고 있습니다. 예를 들면 지금 기초생활수급자는 생계급여도 받고 주거급여도 받고 의료급여도 받습니다. 그래서 보통 '올 오어 낫싱(all or nothing)'이라고 말해요. 수급자가 되면 다 받고, 그렇지 않으면 아무것도 못 받으니까요. 그래서 급여를 다 쪼개서 맞춤형으로 하겠다는 건데, 일리가 있습니다.

✤ 진중권 그걸 다 쪼개는 것이 가능한가요?

● 오건호 급여 체계를 통합형으로 하느냐, 맞춤형으로 쪼개느냐는 현행 기초생활보장제도의 근본 문제가 아닙니다. 부차적인 문제예요. 더 심각한 것은 수급 자격을 가로막는 여러 기준이에요. 예를 들어 부양의무자가 있다고 수급 자격을 탈락시키고, 재산을 소득으로 환산해 가공의 소득을 버는 것으로 만들어버리죠. 성인이면 일정한 소득이 있을 거라 간

주하는 추정소득제도 있고요. 이 중에서도 부양의무자제도 가장 심각한 독소 조항이에요. 부양의무자, 즉 자식이나 며느리, 사위가 250만 원 정도를 벌면, 부모가 따로 살고 있더라도 기초생활수급자가 안 돼요. 그래서 정부 개정안이 부양의무자 조건을 완화시킨다는 것인데 여전히 한계가 큽니다.

요즘 3인 가족이 300만 원을 벌 경우, 부모님에게 제대로 용돈을 드릴수 있습니까? 부양의무자제도가 거의 폐지 수준까지 가야 기초생활보장제도가 온전히 역할을 할 수 있습니다. 그리고 송파 세 모녀는 또 다른조항 때문에 수급 자격을 얻지 못해요.

♣ 진중권 대통령이 이분들이 제도를 잘 몰라서 신청을 안 했다고 했죠. 그런데 확인해보니까 세 모녀는 안 받은 게 아니라 못 받는 거였잖아요.

● 오건호 세 모녀 집안에는 성인인 두 딸이 있었어요. 실제로는 지병이 있어서 일하지 못하는 형편이었지만, 노동능력이 있는 것으로 간주돼 1인당 60만 원씩 120만 원으로 가공의 소득이 잡히는 거예요. 이게 바로 추정소득제라는 것입니다. 역시 바뀌어야 하는 항목인데 정부 개정안에는그대로 남아 있어요.

♣ 진중권 허구의 소득이네요.

● 오건호 그렇죠. 이 제도는 놔두고 통합급여를 쪼개면 여러 사람이 혜택을 보게 될 것이라 홍보하고 있는데, 큰 문제부터 손봐야 됩니다. 세 모녀와 같은 처지에 있는 분들은 수급자가 되기 어려워요.

▲ 유시민 참여정부 때 '부양의무자 문제를 독일식으로 해결하면 안 될까?'
이렇게 제안했더니 현장에 있는 공무원들이 반대했습니다. 독일식은 이
겁니다. 신청이 들어오면 실태를 조사해서 부양의무자 유무, 부양의무자
의 소득 이런 걸 따지지 말고 이 사람이 필요한 상황이면 일단 지급하라
는 거예요. 그러면 가족은 뭐하느냐는 질문이 나오죠. 살면서 위험한 일
이 닥치거나 어려움이 생겼을 때는, 가족 같은 작은 공동체부터 그 문제
를 해결하기 위해서 마음을 모아야 하는데, 이렇게 국가가 다 해야 한다
고 하는 게 옳냐는 철학적인 논쟁이 있어요.

저는 일단 이걸 해결해주고 그다음에 부양의무자가 부양할 수 있는
충분한 능력이 있는 게 확인되면, 국가가 부양비를 징수해도 좋다고 생
각해요. 소송을 거는 거죠. 이 일은 모두 국세청에서 하는 겁니다. 그런
데 독일에서 실제로 부양의무자에게 소송을 거는 경우가 많지 않대요.
왜냐하면 부모 부양을 안 했다고 통지서가 날아가는 즉시 그 사람의 사
회적 명성이 엄청난 손실을 입기 때문에, 부모를 최대한 부양하려고 노
력한다는 거예요. 어쨌든 이 제도를 도입하자고 했더니 다들 반대했어
요. 반대 이유가 재미있어요. 할아버지들은 별 문제가 없대요. 그런데 할
머니들은 자식한테 해가 간다고 안 된답니다.

■ 노회찬 최근에 우리나라 노인 빈곤율이 심각해지고 있지 않습니까? 노
인 자살률도 세계에서 제일 높고요. 70% 이상이 경제적인 이유라고 하
는데, 과거 세대와 달리 현재의 노인들이 부양을 덜 받는 거예요. 그러
면 아래 세대의 부양의무자들이 도덕적으로 패륜아여서 부양을 안 하
는 걸까요? 그게 아니라 부양의무자들의 부양 능력 자체가 과거에 비해
서 현저히 떨어진 면도 있는 거예요. 그러니까 부양의무자가 있다고 해

서 수급 대상에서 빠지게 하면 안 되는 거죠. 일단은 현재 상황에 맞게끔 적용하고, 능력이 있는데도 불구하고 부양하지 않은 사람들에게 구상권을 청구하는 방식도 필요하죠.

● 오건호 이명박 정부 시기를 보더라도 급식, 보육 등의 복지는 좀 늘었어요. 그런데 가장 가난한 사람들의 복지는 그대로예요. 복지 예산이 절박함의 순위대로 가지 않는다는 게 문제입니다. 결국 목소리가 큰 순서인데, 가장 가난한 사람들의 정치적 목소리가 제대로 조직되지 못하고 있는 거죠.

■ 노회찬 복지의 부담을 분산시키는 것도 필요하죠. 바로 재정 문제인데요. 기초생활수급대상자의 대상 범위가 좁은 건 돈이 부족하기 때문입니다. 재원을 확보하려면 세금을 확 걷어야죠. 물론 저는 세금을 더 걷는 걸 찬성하지만, 세금을 더 걷어서 복지를 확대하는 게 유일한 해법은 아니에요. 왜냐하면 복지는 일종의 2차 분배잖아요. 그러면 1차 분배에서 개선할 점은 개선해서 복지 수요 자체를 줄여야 하는 거죠. 예를 들어 최저임금을 올리는 건 1차 분배라고 볼 수 있습니다. 노동자를 해고해서 실업자로 만든 다음에, 실업 수당을 2배로 주겠다, 기초연금을 올리겠다고 하는 조치는 1차 분배의 잘못을 2차 분배로 메꾸는 거죠. 이렇게 되면 2차 분배의 가랑이가 찢어집니다. 지속 가능한 복지를 위해서도 1차 분배에 대한 노력이 절실합니다.

가장 좋은 복지 정책은 제일 좋은 경제 정책이죠 더 많은 복지만 약속하면 가짜일 가능성이 높아요

● 오건호 경제민주화와 복지국가는 동전의 양면, 수레의 두 바퀴입니다. 우리나라에서 말하는 보편 복지 담론은 독일, 스웨덴 등의 서구 복지국가를 따라가는 건데, 이 나라들의 복지는 1960~1970년대에 형성된 겁니다. 즉, 그들은 1차 분배 영역이 안정화된 상태에서 2차 분배를 만든 거예요. 그런데 노동시장이 불안정한 우리나라에서 서구적 복지국가 모델이 과연 지속 가능한 모델이 될 수 있을까, 라는 근본적인 질문도 있죠.

■ 노회찬 제일 나쁜 의사는 병 주고 약 주는 의사예요. 병 자체를 줄인 후에 필요한 환자들에게 약을 공짜로 주든 2배로 주든 해야죠. 한 손으로는 고용 정책을 엉망으로 만들어놓고, 다른 한 손으로 복지를 늘리겠다고 하니까 이 약속은 지켜질 수 없어요.

▲ 유시민 지금 유럽연합에서 독일이 고용안정성, 경제성장, 분배 등 모든 지표가 가장 좋잖아요. 그리고 대연정을 하기는 했지만 동독 출신의 보수 정치인인 앙겔라 메르켈이 연방 총리를 하고 있죠. 그러면 앙겔라 메르켈의 리더십이 좋아서 독일이 잘나가느냐? 그게 아니라, 독일은 전후 복구 과정에서 경제 분야의 리더들이 사회적 시장주의를 구축해뒀기 때

314

문이에요. 1950년대 독일 초대 경제 장관을 했던 루트비히 에르하르트가 내세운 대표적인 명제가 지금 노회찬 씨가 말한 것입니다. 가장 좋은 복지 정책은 제일 좋은 경제 정책이고, 경제 정책의 핵심은 고용에 있다. 즉, 복지 정책의 부담을 최소화하는 좋은 경제가 만들어질 때 복지 정책도 제대로 되는 거죠. 이런 관점 아래에서 노동자가 경영에 참가하는 공동 결정법 같은 게 1970년대 사민당 정권 때 도입됐고, 그 밖에 강력한 노동 보호 정책이 취해졌죠. 산업별 노동조합에 대한 완전한 인정과 존중이 이루어지고, 총리실에서는 주기적으로 노사정이 만나 국가 거시적인 문제에 대해서 논의하는 '라운드 테이블'을 주최합니다. 이런 데서 지금 독일 경제의 경쟁력이 생긴 겁니다.

그런데 우리는 경제 성장률이 낮아진다고 경쟁을 더 심화시키고 사람들을 몰아대고 있죠. 문창극 총리 후보자가 그랬나요? 우리에게 게으른 DNA, 나태한 DNA가 있다고. OECD 국가 중에서 한국이 제일 많이 일하는데도 살기가 너무 힘들어요. 즉 경제 정책이나 노사 관계 정책, 노동시장 정책 전반의 전환 없이는 증세를 통한 복지 확대조차도 굉장히 어려운 국면에 와 있다는 겁니다. 더구나 2050년이 되면 경제활동가능인구 2명 대비 1명이 65세 이상인 시대로 들어가잖아요. 지금 이대로 가면 30년 후에는 대한민국이 사회적 재앙을 맞이하게 될 겁니다.

■ 노회찬 저는 여기서 교훈을 하나 얻었어요. 앞으로 여야 어느 당이든 더 많은 복지를 약속할 거예요. 그래서 어느 게 진짜이고 가짜인지 정확하게 감별해야 한다는 거죠. 일단 더 많은 복지만 약속하면 가짜일 가능성이 매우 높아요. 좋은 노동, 제대로 된 고용과 함께 복지를 이야기할 때 건강한 해법이 나올 수 있습니다.

✦ 진중권 어찌 됐든 복지라는 목표 자체는 옳잖아요. 그런데 이런 옳은 목표마저 불신하게 되는 상황이 제일 나쁘죠.

● 오건호 2012년 대통령 선거 전에는 진보 진영에서 '2013체제'를 이야기했어요. 경제민주화와 복지국가라는 두 기둥을 세우자. 그런 대한민국을 이룰 거라는 꿈같은 기대가 있었으니 그런 담론이 생겨나지 않았습니까? 그런데 왜 이렇게 좌절하고 있느냐. 저는 경제민주화 운동, 복지국가 운동, 혹은 진보적 정치운동까지 합쳐 2011, 2012년에 대한 꼼꼼한 검토가 필요하다고 봐요. 우리가 다시 새로운 꿈을 키우고자 한다면요.

■ 노회찬 2018체제를 말할 수 있겠죠.

▲ 유시민 사람들이 종종 물어봐요. 당신은 예전에 노무현 대통령과 같이하지 않았느냐. 문재인 의원도, 박원순 시장도, 안철수 의원도 새정치연합인데, 왜 당신은 정의당이냐고요. 왜일까요? 그 당이 복지나 사회정의 실현을 위해 열심히 행동하는 때가 딱 하나 있어요. 바로 더 왼쪽에 있는 진보정당이 커지고, 복지 의제를 활발히 논의할 때예요. 지금 새정치연합이 복지 논의에 소극적인 이유는 왼쪽 날개가 무너져 있기 때문이에요.

■ 노회찬 왼쪽이 지금보다 더 강해져야 되는 이유죠.

▲ 유시민 네, 그러면 중간도 강화되고, 사회가 조금 다른 방향으로 갈 수 있을 겁니다.

우리나라 노인 빈곤율이 점점
심각해지고 있지 않습니까?
노인 자살률도
세계에서 제일 높고요

✦ 진중권 내만복 오건호 공동위원장님과 이야기를 나누다 보니 이런 생각이 들었습니다. 우리나라는 40, 50대 노동자를 자르면 경영 효율화, 구조조정이라고 부르잖아요. 그런데 독일에서는 기업의 노하우 상실이라고 부르더라고요. 경제를 누가 이끄느냐에 대한 관점이 다르죠. 우리나라는 주로 CEO가 이끌고, 나머지는 따라 하면 된다는 식이고요. 독일의 경우에는 노동자도 주체, 경영자도 주체죠. 우리의 관점으로는 불평등과 불균형이 심해질 수밖에 없는 거예요. 임금 격차, 소득 격차로 인해 빈곤층으로 전락한 부분에 대해 2차 분배를 해야 하지만, 그마저도 포퓰리즘이라는 비판 때문에 제대로 안 되는 것 같습니다. 그래서 앞에서 말한 1차 분배와 2차 분배라는 관점에서, 우리 사회의 경제민주화와 복지를 다시 설정해야 하는 거죠. 이를 위해서 사회적 의제를 제대로 설정할 수 있는 정치적 세력, 정당도 필요하고요.

▲ 유시민 일단 '내가 만드는 복지국가'와 같은 곳이 잘돼야죠. 마음껏 소개해주세요.

● 오건호 내만복이 지향하는 건 풀뿌리 복지 시민운동입니다. 2012년 2월, 그해 총선을 앞두고 만들었죠. 정치권에서 복지 담론이 부풀어 올랐지만 복지를 누리고 복지를 책임질 당사자인 시민들이 조직화되고 목소리를 내지 않으면, 복지국가를 건설하기 어렵고 지속 가능하지도 않다고 판단했기 때문입니다. 그래서 지금 복지 현장에 계신 사회복지사, 복지 수급 당사자들을 만나고 있어요. 특히 청년 사회복지사, 사회복지학도들과도 적극 교류해요.

또한 복지 재정을 해결하기 위해서는 증세 장벽을 넘어서기 위한 시민들의 운동도 필요해요. 우리는 '복지에만 쓰는 세금, 사회복지세' 도입을 주창합니다. 중간 계층부터 누진적으로 더 내자는 시민 주도의 증세 운동이죠. 복지로 돌아오는 것을 명확히 해서 세금을 거둔다면 시민들의 동의를 이끌어낼 수 있으리라고 기대해요. 지켜봐주시기 바랍니다.

13

진화심리학과 생존 본능

+ 전중환 진화심리학자

인간이
이기적인 건
당연한 건가

강한 이들만 살아남는
세상?

✚ ^{진중권} 흔히 약육강식, 우승열패라는 말을 씁니다. 강한 사람들이 살아
남고 번영하는 게 자연의 섭리이고, 약한 사람들은 도태되는 게 진리라
지만, 이를 그대로 받아들이기에는 껄끄러운 부분이 있어요.

▲ ^{유시민} 진화심리학에서는 인간의 어떤 심리 현상도 다윈이 말한 '진화'의
틀을 통해서 분석할 수 있다고 하잖아요. 진화론 하면 다윈, 적자생존,
자연선택, 강자에 의한 약자의 지배 같은 것들이 생각나는데, 그 의미가
단순하지는 않은 것 같아요. 전중환 박사님, 혹시 우리가 지나치게 틀에
갇혀 생각하는 건가요?

● ^{전중환} 네, 말씀하신 대로 진화론에 대해서 많이 오해하고 있습니다. 예
전에 어떤 대학 신문과 인터뷰를 한 적이 있어요. 질문이 이겁니다. '요즘
학생들이 스펙 쌓기에 열심입니다. 집에 돈이 많은 학생들은 외국에 해
외 연수도 갔다 와서 대기업 입사가 수월한 반면, 집에 돈이 없는 학생들
은 공부할 시간에 아르바이트를 해야 하니까 번번한 스펙도 쌓지 못하

고 나중에 대기업에 취직하기도 어려운 상황입니다. 이런 현상을 진화를 연구하는 입장에서 어떻게 보십니까?'

■▲✦ 모두 허허허.

● 전중환 요즘 말로 '답정너'죠. 답은 정해져 있고 너는 대답만 해라. 당연히 '진화론에 어긋난다' 그런 대답을 기대한 것 같아요. 그래서 저는 학생 기자의 손을 꼭 잡고 진화론은 결코 그런 학문이 아니라고 설명했어요. 보통 크고 강하고 힘센 개체가 살아남는 것, 즉 약육강식이 적자생존의 의미라고 많이들 오해하는데, 그렇지 않습니다. 적자생존에서 '적'은 '핏 (fit)'을 뜻해요.

■ 노희찬 적합성이죠.

비겁한 토끼가 살아남을까
용감한 토끼가 살아남을까

● 전중환 맞습니다. 생물체가 자신이 처한 생태적인 환경에 그야말로 딱 들어맞는다는 의미입니다. 예를 들어 어떤 동굴에 토끼들이 살고 있는데, 사람들이 동굴 바깥에 늑대를 많이 풀어놓았다고 가정해볼까요. 배가 고파서 나갔다가 늑대가 무서워서 다시 동굴에 들어가는 비겁한 토끼가 있고, 그와 반대로 행동하는 용감한 토끼가 있을 거예요. 보통 용감한 토

322

끼가 마지막까지 살아남을 거라고 생각하기 쉽죠.

✦ 진중권 하지만 마초 토끼는 늑대한테 잡아먹히고 말죠.

● 전중환 그렇습니다. 늑대가 아주 많은 섬에서는 비겁한 토끼가 많이 살아 남아서 더 많은 자식을 남깁니다. 세월이 지나 대륙에 있는 토끼들과 비교했을 때 이 섬에서는 훨씬 더 소심하고 겁 많은 토끼들만 번성하겠죠.

■ 노회찬 그렇다면 이런 문제를 제기할 수도 있을 것 같아요. 일단 결과로 서는 사실인 것 같지만, 그건 결과로 과거를 유추한 결과론적인 해석 아 닐까요. 실제로 어떤 과정에서 선택이 거듭되면서 그 방향으로 진화된 것임을 따로 입증해야 되지 않느냐는 거죠.

● 전중환 좋은 지적입니다. 진화생물학자들이 강조하는 것은 크고 강하고 힘센 자가 살아남는다가 아닙니다. 지금 당장 처한 환경에서 생존과 번 식에 유리한 효과를 주는 형질을 소유한 개체가 상대적으로 생존과 번 식에 도움을 덜 주는 형질을 지닌 개체들보다 결과적으로 유리하다는 거죠. 그래서 여러 세대가 지나면 그런 형질이 개체군에서 다수를 차지 하게 된다는 이야기입니다.

▲ 유시민 이렇게 말하면 어떻게 되나요? 세상에 대드는 사람을 잡아넣어 밥줄을 끊고, 시위에 참여했던 사진을 대기업과 주고받아서 취직도 안 시켜준다는 소문이 있었잖아요. 이럴 때는 비겁한 개체일수록 대기업에 취직할 확률, 높은 연봉을 받을 확률이 높아지잖아요. 용감하게 나가서

'이건 잘못된 거야! 우리는 정의를 위해서 싸워야 해'라고 행동하는 사람들은 다 손해를 보는 거죠. 이렇게 가면 나중에 대한민국은 겁이 많은 토끼만 살아남는 나라가 되는 거 아닌가요?

● 전중환 진화는 아주 오랜 시간에 걸쳐 작동됩니다. 예를 들어 인간의 한 세대는 30년 정도인데, 더 비겁하고 더 사악한 형질이 생존과 번식에 유리한 조건으로 발현되려면 수만 년, 수십만 년 지속돼야 한다는 겁니다. 특히 저 같은 진화심리학자들이 연구하는 보편적인 심리적 적응은 훨씬 더 오랜 세월이 필요합니다. 약 10만 년 전에 인류의 조상이 아프리카에서 살다가 전 세계로 퍼져나갔잖아요. 그러면서 환경에 따라 어떤 인종은 머리카락이 직모, 어떤 인종은 곱슬머리, 이런 식으로 생리적 외형적인 변화가 이뤄졌지요. 이처럼 단순한 생리적 변화도 아직 완결되지 않았어요. 이보다 훨씬 더 많은 유전자들이 개입해야 하는 심리적인 적응은 훨씬 더 오랜 세월이 필요합니다.

▲ 유시민 사회가 잘못된 방향으로 가더라도, 그것 때문에 인간적 본성이 변할 가능성은 낮다는 이야기이군요.

● 전중환 그렇습니다.

▲ 유시민 안심이 좀 되네요.

◆ 진중권 10만 년 정도 걸린다고 하니까요.

● ^{전중환} 진화심리학에서는 말하는 인간의 마음이란 수렵·채집 생활에서
생존과 번식에 유리하게 작용했던 심리적 적응들의 집합입니다. 상한 음
식을 어떻게 가려낼 것인가, 배우자의 바람기를 어떻게 다스릴 것인가
같은 도구들의 집합이 바로 마음이라는 거죠.

✚ ^{진중권} 그렇게 문제를 해결해온 인간의 역사와 늘 함께한 것이 바로 '정
치'가 아닐까요. 진화심리학의 관점에서 보는 정치는 어떤가요? 특히 정
치학의 가장 큰 화두가 '유권자는 어떤 후보를 선택하느냐'인데, 진화심
리학자로서 정치인들이 유권자들의 심리를 제대로 이해하고 있다고 보
시나요?

▲ ^{유시민} 예를 들어 '계급 배반 투표' 같은 현상은 어떻게 설명해야 하나
요? 가난한 이들이 보수 정당에 투표하는 현상 말입니다. 과거에는 보통
'사람들이 정보를 잘 모르니까'라는 식으로 설명했어요. 잘못된 미디어
에 속아서, 혹은 정치 문제를 잘 몰라서 그렇다고 생각했습니다.

● ^{전중환} 물론 유권자들이 당장의 현실적이고 경제적인 이득을 약속하는
후보를 찍기도 하지만, 정치심리학자들에 따르면 이는 상당히 제한적인
행동이라고 합니다. 그러한 이득이 크고, 즉각적이고, 널리 홍보됐을 때
만 가능하다는 거죠. 예를 들어 노인들에게 매달 20만 원씩 호주머니에
꽂아주겠다는 공약 같은 경우에는 표를 얻는 데 효과적이었습니다. 그
러나 많은 경우 도덕적인 동기에서 투표가 이루어집니다. 나의 경제적
이득을 높이기 위해서가 아니라 비도덕적인 후보를 심판하기 위해서 투
표를 한다는 겁니다. 즉, 유권자들이 보기에 비도덕적인, 그러니까 처벌

을 받아야 하는 행동을 한 사람들을 단죄하기 위해서 투표한다고 이야기하는 학자들도 있습니다.

▲ 유시민 내가 이익을 얻기 위해서 투표하기도 하지만, 싫은 사람을 혼내주기 위해서 투표하기도 한다는 거네요.

● 전중환 그런 면도 있다는 겁니다. 사실 투표는 그야말로 비용만 들고 이득은 거의 없는 행동이잖아요? 국회의원 선거만 해도 수만 명 중에 나 하나 투표 안 했다고 해서 당락에 영향을 끼치는 것도 아니죠. 그럼에도 불구하고 사람들은 추위를 무릅쓰고 밖에 나가서 차례를 기다려 투표를 하고 오지 않습니까. 이득은 사실상 제로에 가까운 행위죠.

▲ 유시민 그 순간만 보면 그렇죠.

● 전중환 내가 투표를 한 덕분에, 원래 아슬아슬하게 떨어질 후보가 극적으로 당선됐다면 뿌듯한 기분이라도 맛보기는 하겠죠. 하지만 사실 내 표는 몇만 분의 1, 대통령 선거 같은 경우에는 몇백만 분의 1 역할을 할 뿐이잖아요. 실제 결과에 영향을 끼친 정도는 수학적으로는 0에 가까운 거죠. 그럼에도 불구하고 사람들은 비용을 감수하면서 상대방에게 더 큰 비용을 부과하기 위한, 즉 비용이 드는 처벌을 하기 위해 투표를 한다는 겁니다.

▲ 유시민 여론조사 결과를 보면 학력이 낮을수록, 월 평균 가구 소득이 낮을수록, 나이가 많을수록 새누리당을 압도적으로 지지해요. 보통 저학

대한민국은
겁이 많은 토끼만 살아남는
나라가 되는 거 아닌가요?

력, 저소득 계층에서는 기득권 세력을 제재하기 위해 진보세력에 표를 주는데 우리나라는 그렇지 않은 거죠. 때문에 계층·계급적인 이해가 투표에 반영되기 힘들고, 그에 따른 정치 지형이 만들어지기도 매우 어렵습니다.

● 전중환 그 문제에 대해서는 조너선 하이트 같은 심리학자들의 해석이 도움이 될 것 같습니다. 조너선 하이트는 보수와 진보의 도덕이 다르다고 주장하는데, 여기에 주목해서 설명해보겠습니다. 보통 우리는 옳다 그르다를 이야기할 때, 공평, 정의, 공정 등 개인 차원의 도덕만 생각하기 쉬워요. 그런데 도덕에는 세 가지 종류가 있습니다. 첫째, 개인적 차원의 도덕이 있습니다. 즉 각자 받을 것 이상으로 욕심을 부리면 안 된다, 그보다 더 욕심을 부리는 사람은 벌을 받아야 하고, 불쌍한 사람들을 보살펴야 한다는 것입니다. 둘째, 공동체의 도덕이 있습니다. 윗사람은 아랫사람에게 모범을 보이고 아랫사람은 충성을 다하고 자기 집단을 위해서 협력하는 것이 '옳은 일'이라는 겁니다. 특히 보수적인 사람이나 비(非)서구 지역에서 중시하는 도덕입니다. 세 번째로 우리의 몸은 신성한 영혼이 깃드는 공간이니까 탐욕이나 욕정을 멀리해야 한다는 차원의 도덕이 있어요. '신성'이나 '순결'라고 말할 수 있죠.

그런데 하이트 같은 이들이 연구해보니 진보 성향의 사람들은 주로 개인적 차원의 도덕을 공동체나 신성의 도덕보다 더 중시하는데, 보수적인 사람들은 상대적으로 셋을 다 중요하다고 생각한다는 겁니다. 그러니까 보수적인 사람들이 보기에는 진보 진영의 사람들이 국가 안보에 해가 되고 사회 통합을 저해하는 사람들이라는 겁니다. 그래서 비도덕적이라는 거죠. 통합진보당의 경우, 국가 안보에 해가 되는 비도덕적 집단이라는 겁니다. 사상의 자유 같은 이야기가 안 통하는 거예요.

■ 노회찬 저는 좀 다르게 봅니다. 결국 투표는 '개인적 이익'의 문제인 것 같아요. 레닌도 똑같은 지적을 했는데, 너무 못살 경우에는 혁명에 관심이 없다는 겁니다. 변화가 필요하다는 생각조차, 미래를 위한 꿈을 키울 여지도 없는, 하루하루 생존 그 자체가 급급한 사람들도 있지 않습니까? 그런 이들은 장시간 노동을 하기 때문에 9시 뉴스조차 제대로 본 적이 없죠. 정치인이라고 해봐야 노회찬 같은 사람은 아예 모르고 박근혜 대통령 정도만 아는 거죠. 반면, 고학력에 평균 350만 원 이상의 월급을 받고 중산층 이상의 생활을 하는 사람 중에도 사회운동가 백기완 씨가 나오면 무조건 찍는 이도 일부 있어요. 자신의 이성적 판단으로 수준 높은 투표 행위를 하는 층도 있는 거예요.

하지만 대부분은 '나에게 도움이 되느냐, 안 되느냐'를 우선 따집니다. 그런 관점에서 보면 가난한 사람들이 새누리당을 찍는 건 당연한 거예요. 제가 볼 때 어떤 이들에게는 새누리당이 신뢰도가 높아요. 경제 문제를 더 잘 해결하는 집단으로서요. 한국의 고도 성장기 대부분은 보수 정권이 집권했을 때죠. 우리는 개혁적인 세력의 집권을 10년밖에 경험하지 못했기 때문에 진보가 밥 먹여준다는 인식이 별로 없습니다. 한국의 고도성장은 물론 이 땅의 많은 노동자들이 일군 성과죠. 하지만 그들을 산업 역군으로 불러주고, 자신들의 체제로 끌어들였던 이들은 보수적인 세력들, 즉 지금의 새누리당이라는 겁니다. 반면 진보 진영은 먹고사는 문제에서 자신들이 더 능력 있다는 믿음을 못 주고 있는 거죠.

▲ 유시민 19세기 말에서 20세기 초에 활동했던 미국의 경제학자이자 사회

학자인 소스타인 베블런은 "모든 사회제도는 그 제도가 만들어지던 시기, 그 사회의 지배적 사고방식의 산물, 표현이다"라고 말했어요. 즉, 지배적 사고방식은 계속 변한다는 거예요. 그렇다면 어떤 상황에서 변하느냐고 묻자 베블런이 이렇게 답했어요. 요약하자면 인간은 원래 관성의 법칙에 지배받기 때문에 보수적일 수밖에 없다. 혁신을 한다는 것은 사고방식과 생활 태도를 바꾸는 것이라서 에너지가 많이 소모된다. 특히 정신적인 에너지가. 고로 오늘을 살기가 벅찬 사람들은 그 변화에 필요한 에너지를 확보할 수가 없기 때문에, 계속 보수로 남는다.

● 전중환 성격심리학자들에 따르면 진보와 보수라는 정치적 성향은 사회 안에서 안정적으로 관찰되는 개인차 가운데 하나입니다. 물론 중도 성향도 있지만, 대다수 사람들은 진보 혹은 보수라는 두 봉우리 중에 어느 하나에 속하고, 이런 개인차가 계속 유지된다는 거죠. 진보와 보수라는 정치적 성향의 개인차를 만드는 데는 유전적 요인이 상당한 것으로 알려져 있습니다. 양육 환경이 달라도 키가 큰 부모는 키가 큰 자식을 낳는 경향이 뚜렷한 것처럼, 부모가 진보적이면 자식도 진보적인 경향이 있습니다.

■ 노회찬 대부분의 사람들은 본능적인 것에 종속되지 않을까요? 그런 점에서 마오쩌둥이 문화혁명 직후에 "인간의 본성은 주자파(중국 공산당 내에서 자본주의 노선을 주장하는 파)인 것 같다"라고 말한 게 기억에 남습니다. 당시는 덩샤오핑 같은 사람을 자본주의의 앞잡이라는 이유로, 또는 자본주의를 추구한다는 이유로 척결하던 때였는데, 마오쩌둥 스스로가 인간의 본성에 자기 이익을 추구하는 욕망이 있다고 말한 거죠. 즉,

이기적인 유전자가 더 지배적이라는 뜻입니다. 이처럼 우리 중 다수는 가치 추구형이 아니라 본인의 이해관계에 급급한 사람들이 아닐까 생각합니다. 그게 나쁘다 좋다라고 나눌 수는 없어요. 다만 이해관계에 급급한 사람들이 볼 때 과연 누가 삶의 문제를 해결해줄 것이냐는 거죠. 한국에서는 진보정당이 제대로 된 진영으로, 힘을 가진 집단으로 강하게 존재했던 시기가 없습니다. 심지어 야당마저 굉장히 약한 존재로 느끼죠. 점점 더 그런 경향이 강해지고 있고요. 그러니 늘 집권 가능성이 높은 집단이 경제 문제를 해결해줄 수밖에 없다고 생각합니다. 즉, 우리 정치가 아직 가야 할 단계가 많이 남은 거예요.

▲ 유시민 베블런의 말을 다시 인용하면, 기존의 지배적인 사고방식과 행동양식을 바꾸지 않고서는 도저히 생존할 수 없다는 압박을 받을 때 사람들이 비로소 변화를 받아들인다고 합니다. 그래서 부유층은 바뀌지 않는다고 해요. 돈이 많아서 생활의 압박을 받지 않기 때문이죠. 오늘 하루를 살기가 바쁜 사람들은 도저히 못 견딜 때 변화하기 시작하고요. 이를 우리 역사에 비추어 생각해봤어요. 6월 항쟁 후에도 노태우 대통령을 뽑았습니다. IMF 후에 여권 분열이 일어났을 때 처음으로 정권이 교체됐어요. 그럼 또 언제가 될까요? 지금보다 문제가 훨씬 더 심각해져야 된다는 거예요.

◆ 진중권 허허허. 그건 별로인데요.

▲ 유시민 그렇다고 일부러 상황을 나쁘게 만들자는 뜻은 아닙니다. 저는 어느 계층이든 어느 집단이든 변화를 잘 받아들이고 앞장서서 변화를

주도해가는 사람과, 죽어도 변하지 않으려고 하는 사람이 일정한 비율로 섞여 있다는 걸 경험적으로 느껴요. 그럼에도 불구하고 좀 더 큰 흐름으로 바뀌려고 할 때 사회 변화가 일어나는데, 태평성대에는 변화가 일어나지 않아요. 인간 세상은 무시무시한 어려움과 혼돈이 닥치고 나서야 조금 변하지 않나요?

✦ ^{진중권} 중요한 건 보수정당의 지지자들에게 정서적이고 본능적인 측면이 있다는 점 같네요.

● ^{전중환} 진화심리학의 관점에서 보면 우리는 자신의 진화적인 이득에 도움이 되는 사람에게 투표하는 성향이 있습니다. 과거 수렵 생활을 할 때 나의 생존과 번식에 도움이 되는 행동을 하려고 애를 쓰는 것과 마찬가지겠죠. 만약 과거에도 대통령 제도가 있었다면 결과적으로 나의 진화적 이득에 도움이 되는 이에게 투표했을 거예요. 그러니까 경제적인 이득, 도덕적인 측면 등을 통틀어 누구에게 결과적으로 끌리는지를 이해하면 더욱 좋을 것 같습니다.

인간의 진화에 이득이 되는 게 과연 무엇일까? 오히려 분배가 도움이 되지 않나?

✦ 진중권 진화적인 이득이라는 게 무엇일까 생각해보면 도움이 될 것 같은데요. 당장 내가 권력을 쥐는 게 아니라면, 투표를 통해 얻을 수 있는 것은 뭘까요? 결국 나를 위한 대표자를 뽑는 거잖아요. 그러한 관점에서 '분배'에 대한 문제가 오히려 인류에게는 매우 중요하다고 생각해요. 보수와 진보를 나누는 기본적인 기준 중의 하나도 '분배'에 대한 관점일 것 같고요. 사회적인 생산물을 사적으로 분배할 것이냐, 공동으로 분배할 것이냐? 이건 언제나 합의점을 찾기 힘든 논쟁거리이기도 하고, 아주 중요한 이슈죠. 과거에 수렵하고 채집하던 시절에도 분배의 원칙이 있지 않았나요? 그 이야기를 좀 해주시죠.

● 전중환 수렵·채집사회를 연구한 인류학자들이 상당히 재미있는 점을 발견했습니다. 나무 열매, 나물, 각종 뿌리 같은 식물성 음식은 채집해 와서 자기 가족하고만 나눠 먹는데, 고기는 사냥을 해서 그 집단에 속한 모든 가족들과 나눠 먹는다는 겁니다. 왜냐? 나무 열매나 나물 같은 것들은 어느 날 갑자기 산더미같이 채집하는 것도 불가능하지만, 그렇다고 아무것도 구하지 못하고 빈털터리로 오지도 않는다는 거죠. 그러니까 변이가 크지 않다는 겁니다. 그런데 동물성 음식은 하루 종일 사냥해도 빈털터리로 올 확률이 매우 높죠. 반면 사냥에 성공만 하면 아주 큰 고기

333

를 갖고 올 수 있고요. 그리고 사냥을 잘하는 남자 사냥꾼이 사냥에 익숙하지 않은 남자 사냥꾼보다 평균적으로 고기를 많이 사냥할 수는 있지만, 상당 부분 운에 따라서 좌우된다는 거예요. 어떤 기술이나 노력에 의해서가 아니라요.

▲ 유시민 맞아요. 낚시만 봐도 그래요. 그래서 자꾸 낚시를 가게 되는 거죠.

● 전중환 냉장고가 있었던 시절도 아니니 자기가 배 터지게 먹고 남은 건 고스란히 썩어서 버릴 테고, 그러니까 다 나눠 먹는다는 거죠.

✚ 진중권 그게 합리적이죠.

● 전중환 자신이 잡은 고기는 평등하게 분배함으로써, 사냥에 허탕 치고 쫄쫄 굶는 상황을 줄일 수 있다는 거예요.

■ 노회찬 급식할 때도 밑반찬이나 김치 같은 건 자기 양껏 가져가는데 생선 같은 것은 한 마리씩 따로 주잖아요.

■▲✚ 모두 하하하.

✚ 진중권 예컨대 사냥 성공률이 4분의 1이라면, 하루 먹으면 3일 동안은 굶어야 하잖아요. 하지만 4명이 있을 때라면 1명만 사냥에 성공해도 매일 고기를 먹을 수 있으니까 더 안정적인 거죠.

▲ 유시민　진화적 이익이 있는 거네요.

✦ 진중권　식물 같은 경우에는 반대겠네요.

▲ 유시민　노력만 하면 누구나 다 할 수 있는 거니까요.

● 전중환　존 투비, 리다 코즈미디스 같은 진화심리학자들은 누가 어떤 음식을 확보하는 데에 얼마만큼의 노력 혹은 운이 작용하는가에 따라서 분배에 대한 관점이 달라진다고 주장합니다. 운이 없어서 오늘 하나도 얻지 못한 사람한테는 음식을 나눠 주는 것이 당연하다는 심리가 진화했어요. 반대로 열심히 노력만 하면 나물을 많이 얻을 수 있는데도 채집을 거의 못 했다면, 그 사람이 별로 노력하지 않은 거니까 내가 힘들게 얻은 자원을 나눠 줄 필요가 없다는 심리가 진화했다는 거죠.

✦ 진중권　쉽게 말하면 사냥을 못 했다는 건 운이 나쁜 것일 수 있지만, 산나물을 못 캐왔다는 건······.

▲ 유시민　게으른 거죠. 예를 들어 같이 사냥을 해서 만날 나눠 먹는데, 어떤 한 남자만 자기가 해온 걸 혼자 다 먹고 안 나누면 어떻게 돼요?

● 전중환　처벌을 받죠.

▲ 유시민　그러면 남들도 안 나눠 주겠네요. 나눠 주고 살았는데.

■ 노회찬 징계를 하겠죠.

● 전중환 그렇죠.

✦ 진중권 왕따죠, 뭐.

보수는 모두
채식주의자입니까?

▲ 유시민 저는 사냥해 온 걸 나눠 먹는 게 사회보험이라고 생각해요. 자식도 없는데 늙어서 재산도 없어, 먹고살 방도도 없어, 이러면 매우 불운한 거잖아요. 실업자가 되거나 병에 걸리거나, 일하다가 산재를 당하거나 교통사고를 당하는 것도 마찬가지죠. 본인한테 책임을 묻기 어려워요. 예를 들어 전염병에 걸렸는데 순전히 그 사람이 위생 관리를 잘못한 탓이라고 할 순 없잖아요. 자식들이 부모를 안 돌보는데 그 이유가 순전히 당신이 양육을 잘못했기 때문이라고 말하기도 어려워요. 그런 건 사회보험으로 서로 보장해주고, 대신 돈을 벌 때는 본인도 돈을 넣어야죠. 안 넣으면 적용이 안 되는 거죠.

✦ 진중권 그게 우리가 세금을 내는 이유죠. 그런데 복지가 과잉되면 국민이 나태해진다는 주장도 있는데, 이런 주장에 대해 어떻게 생각하세요? 이건 사냥은 고려하지 않고 온 국민이 산나물 채집만 한다고 생각하는

336

꼴인데, 새누리당은 모두 채식주의자인가?

● ^{전중환} 사냥꾼이 열심히 사냥을 하면 당연히 성공 확률이 더 높아지죠. 그건 어떤 음식이냐, 얼마나 얻기 어려운 것이냐에 따라 달라요. 다만 식물성 음식은 운보다는 노력이 더 많이 좌우되는 것일 뿐이죠. 그래서 진화심리학자 투비와 코즈미디스 같은 사람들이 말하는 분배의 문제를 복지에 적용시켜보면 이렇습니다. 보수적인 사람들은 상대적으로 어떤 특정한 자원에 대해 노력이 더 많이 좌우한다고 생각하는 거죠. 그러니까 노력을 하지 않은 사람한테 나눠 줄 필요가 없다고 하는 거예요. 과잉복지는 국민을 나태하게 만든다는 생각도 이런 관점에서 나오는 거고요. 상대적으로 진보적인 사람들은 열심히 노력했는데 운이 안 좋아서 혹은 자기가 어찌할 수 없는 사회 구조 때문에 빈곤층으로 떨어질 경우도 많으니까 우리는 어떤 자원을 갖지 못한 사람이랑 기꺼이 나눠야 한다고 생각하는 거고요.

■ ^{노회찬} 노력도 운도 중요하지만 그것과 무관하게 그 자체가 필수적인가 역시 중요하다고 봅니다. 물을 예로 들어볼게요. 물을 발견하기 쉬운가 아닌가의 문제도 있겠지만, 모두가 다 먹기에 물의 양이 좀 부족할 때는, 서로 먹는 양이 다르면 생존에 위협이 되잖아요. 때문에 공적으로 관리해서 비슷한 양을 마시게 하는 등의 조치를 취해야 하는 거죠. 우리가 교육, 의료, 교통 등 필수적인 공공재 내지는 공공사업을 서비스화해서 관리하는 것은 이러한 맥락에서 봐야 하지 않을까요.

● ^{전중환} 그렇죠. 보수적인 사람들은 상대적으로 공동체의 도덕에 더 관심

이 많아서 이런 무임승차자, 예를 들어 일 안 하고 연금만 타 먹는 사람들이 많으면 사회가 무너지니까 복지 문제에 대해 상당히 엄격한 태도를 보이는 거고요.

▲ 유시민 보수가 무임승차를 굉장히 싫어하죠?

● 전중환 네. 사회 통합에 저해되니까요.

▲ 유시민 무임승차를 싫어하는 것은 일리가 있다고 봐요. 다만 문제는 이런 거예요. 우리 사회에서 진짜 무임승차가 어떤 거지? 병역 기피, 이런 게 진짜 무임승차잖아요.

● 전중환 그렇죠.

▲ 유시민 헌법에서 병역의 의무를 모두에게 줬잖아요. 신체 조건이 허용되는 남자는 군대를 가야 해요. 국가 안보라는 공동체의 선을 실현하기 위해서 모두가 자기 힘닿는 만큼 보태야 하는데, 요리조리 빠져나와서 면제받고, 무임승차하는 사람들 많잖아요.

♣ 진중권 의료보험, 건강보험료도 안 내는 사람이 많죠.

▲ 유시민 보수가 진짜 싫어하는 게 무임승차인데, 이렇게 군대 안 가고, 기본적인 보험료도 안 내는 무임승차자들을 왜 가만히 보고만 있는 거죠?

● ^{전중환} 유시민 씨나 노회찬 씨를 포함해서 진보적인 정치인들이 효과적으로 좀 물고 늘어질 필요가 있어요.

▲ ^{유시민} 저는 정치인도 아니고, 노회찬 씨는 쫓겨나서…….

■ ^{노회찬} 떨거지인데요, 뭐.

● ^{전중환} 효과적으로 물고 늘어져서 사람들의 감성을 자극할 필요가 있어요.

✚ ^{진중권} 우리가 의료보험이 필요하다는 이야기를 강조하지만, 건강보험료를 내지 않는 걸 옹호하지는 않습니다. 누구나 다 내야 한다고 이야기하죠. 양심적 병역 거부 이야기는 하지만, 군대 안 가는 걸 옹호하지 않죠. 어떤 양심적인 이유 때문에 병역 의무를 지지 않으려는 이들은, 그보다 더 큰 노력으로 대체해야 한다고 말하잖아요. 대체복무와 무임승차는 엄연히 다르죠.

● ^{전중환} 개인적인 생각인데, 병역 회피 같은 것으로 문제가 되는, 말하자면 무임승차한 정치인들을 비판할 때는 '결과적으로 이런 무임승차자들 때문에 우리 사회가 무너진다' 이렇게 강조하는 게 효과적이라고 생각합니다. 그 개인을 비난하면 안 되는 거죠. 보수는 공동의 선을 중시하니까 '전체에게 해를 준다'라는 방식의 어법을 사용하는 게 매우 중요합니다.

✚ ^{진중권} 카를 마르크스가 이렇게 말했습니다. "원시 공산주의 사회에서는 모든 사람들이 모든 것을 동일하게 나눴다. 그런데 실제로 보니까 그렇지

는 않았더라." 고기는 공유했지만 열매는 따로 먹었더라…….

■ 노희찬 그건 생산수단이 사유화되지 않았다는 이야기예요. 꼭 시금치를 똑같이 나눠 먹었다는 이야기는 아니잖아요.

● 전중환 그래도 고기를 많이 가지고 오는 사람은 높은 지위를 차지했다는 거죠.

▲ 유시민 하지만 그 높은 지위는 고기를 가지고 온 사람에게 주어지는 거죠. 높은 지위에 있다고 날로 먹은 건 아니었다는 거지. 그러고 보면 보수들의 어법에 우리가 당하고 있죠. 노상 보수 진영에서는 복지 정책을 무임승차론으로 공격해요. 그러면 진보 진영은 '그건 가난한 사람들을 비방하는 거다, 가난한 사람을 폄훼하는 거다, 가난한 사람들은 착해서 무임승차 안 한다' 이런 식으로 방어를 합니다. 경우에 따라서는 '그 정도 무임승차 내지 낭비가 있는 건 자연스러운 거다'라고도 하죠.
　　그런데 이건 진짜 효과가 없는 말이에요. 저는 '못된 무임승차를 잡아내고, 진정으로 자격이 있는 이들, 진정 필요한 이들에게 복지를 확대하겠다'라고 말해야 한다고 생각해요. 진짜 못된 무임승차는 능력이 있는 사람들이 하는 거니까, 그걸 잡아내야 한다고 말해야죠. 그것만 말해도 충분하거든요.

● 전중환 그렇죠. 오히려 분배를 해야 사회가 발전한다, 사회 통합에 도움이 된다, 이렇게 지속적으로 말해야 보수적인 사람들의 마음에 더 다가갈 수가 있겠죠. 전체를 위한 일이다, 이 말은 보수적인 이들에게 세계

작동합니다.

▲ ^{유시민} 정말 어이가 없는 게, 보수 진영에서 무상급식에 대해 이렇게 비판하잖아요. 그러면 대기업 손자에게도 무상급식을 주는 거냐? 아니, 대기업 손자라도 세금을 냈으면 밥을 줘야죠. 제대로 내기만 했다면 그 세금이 얼마나 크겠어요.

■ ^{노회찬} 밥을 안 주면 세금을 안 내요. 세금을 얼마라도 받기 위해서는 밥을 줘야 해요. 그렇게 말해야지. 대기업에게 세금 받으려고 밥 준다고.

▲ ^{유시민} 아니, 세금을 많이 낸 게 죄냐고요. 왜 그 손주한테 밥을 안 주는 거야…….

✚ ^{진중권} 그러게 말입니다.

■ ^{노회찬} 어떤 한국 여성이 영국 남자와 결혼한 이야기를 들었는데, 그 남자가 보수당 당원이었어요. 영국은 세금이 세잖아요. 그래서 한국인 아내가 그걸 불평했더니, 남편이 "우리는 많이 버니까 많이 내야 나중에 우리 아이가 길 가다가 칼을 안 맞는다"라고 했대요. 자기들을 위해서, 불쌍한 사람들을 도와주기 위해서가 아니라 내가 안전하게 살아가기 위해서 세금을 내는 거고, 많이 내는 게 당연하다고 생각하는 거죠. 이런 게 제대로 된 보수의 태도가 아닐까요.

● ^{전중환} 그렇죠.

✦ 진중권 빌 게이츠도 그렇게 말했잖아요. 상속세를 깎아준다고 해도 깎지 말라고 했죠. "그래야 자본주의가 유지된다"라면서…….

▲ 유시민 그렇기도 하고, 어차피 그 사람은 엄청 기부할 텐데요, 뭐.

■▲✦ 모두 하하하.

● 전중환 우리는 진화를 약육강식이나 우생학으로 흔히 생각해요. 그러나 폭력이나 바람기처럼 인간의 악한 측면도 본성의 일부로 진화했지만 동시에 약자의 고통에 공감하는 능력, 다 같이 상생하려는 도덕적인 심성도 인간 본성의 일부로 진화했습니다. 즉, 인간 본성에는 선한 측면도 있고 악한 측면도 있으며, 이들이 적절한 사회적·조건에서 발휘되는 것이죠. 때문에 선한 심성이 더 잘 발휘될 수 있는 사회적 환경을 만들기 위해 우리가 함께 노력할 필요가 있습니다.

14

'쎄'누리당과 진보정당

1등과 꼴찌의 성적표도 바뀝니까?

열흘 붉은 꽃은
없는 겁니다

◆ ^{진중권} 정치적으로 보이지 않고 싶은 저희들이 이번에는 선거 이야기를 해보겠습니다.

▲ ^{노회찬, 유시민} 우리는 아닌데요.

◆ ^{진중권} '정치는 곧 선거다.' 이런 사고가 언제부터 한국 사회를 지배하게 됐는지 모르겠는데요. 이 문제도 이야기하려면 끝이 없겠지만, 일단 가장 가까운 2014년 지방선거 성적표를 가지고 이야기를 해볼까 합니다. 이게 고등학교 때 시험공부 하나도 안 하고 받은 성적표 같은 느낌이 들어요. 부모님 도장을 받아 와야 되는데, 이 성적표로 도장을 어떻게 받지? 걱정이 앞섭니다.

▲ ^{유시민} 저는 어렸을 때 아버지 도장을 훔쳐서 찍어 갔는데.

◆ ^{진중권} 제 친구는 아예 부모님 도장을 따로 새겨뒀습니다.

344

▲ 유시민 저는 선거 결과가 곧 정치 지형이라고 보지는 않아요. 왜냐하면 이런 평가가 일정 부분 현실을 왜곡하기도 한다고 생각하기 때문입니다. 원래 민주주의에서 선거란 유권자들이 지지 정당을 옮겨 감으로써 권력 교체나 개선을 이루기 위한 수단이잖아요. 그래서 모빌리티(mobility), 즉 유동성 개념이 중요합니다. 유권자 이동성이 너무 높거나 낮아도 문제 죠. 너무 낮으면 정당들이 변하지 않고, 너무 높으면 이슈에 따라서 정당 들이 죽고 살기 때문에 안정성이 없어집니다. 선거 등 투표에서 어떤 후 보에게 투표할지 결정하지 못한 유권자들을 '스윙 보터(swing voter)'라고 하는데, 이들의 이동 정도와 규모가 중요하죠. 그런 점에서 지금 한국 사 회에서는 이들이 어디에 있는지를 잘 봐야 합니다.

세월호 참사와 같은 사건이 있었음에도 불구하고 새누리당의 성적표 가 대단하네요. 새누리당이라는 이름은 그 당을 잘 설명하지 못해요. '새'롭지 않은 당이죠. '세'누리당이라고 불러야 해요. 진짜 세요. 옛날에 차떼기 하고도 살아남았고, 대통령 탄핵심판을 하고도 살아남았고, 국 민들을 몇백 명씩 죽게 만드는 이런 무능을 저지르고도 끄떡없죠. 대한 민국에서 '세'누리당, 진짜 세다.

■ 노회찬 달도 차면 기울고, 열흘 붉은 꽃도 없는 겁니다.

▲ 유시민 그런데 이 꽃은 365일 붉은 것 같아요.

■ 노회찬 조화라서 그래요.

▲ 유시민 참 신기하지.

✦ 진중권 세대 간 투표율 차이가 너무도 큽니다. 또한 여촌야도라고 해야 하나요? 광역단체장 선거를 빼면, 그 아래 선거에서는 지역 격차가 엄청나죠.

▲ 유시민 여촌야도는 60년이나 된 현상이죠. 세대별 투표율 차이가 극단적으로 벌어진 건 2002년부터인데, 이제 10여 년이 넘었네요. 여기에 고령화 영향도 큽니다.

✦ 진중권 새정치연합의 안희정 씨가 충남 도지사에 재당선됐어요. 시골 할아버지들이 '우리 희정이, 우리 희정이' 한다는데, 그런 건 어떻게 보세요?

■ 노회찬 충청남도 도지사 선거만 그랬죠. 물론 안희정 도지사가 그런 보수적인 성향을 뚫고 광역단체장 선거에서 승리한 의미가 있어요. 나이 들면 다 보수라고 낙인찍을 필요는 없다고 봅니다. 지역구에서도 자신의 사회적 지위에 대한 인식이 나이를 초월하는 경우를 많이 봅니다. 나이 드신 분들 중에도, 내가 서민이니까 서민을 대변하는 후보를 찍겠다는 분들도 있죠.

단, 50대가 결정적인 역할을 하는 시대인 건 맞는 것 같습니다. 사실 지난 대통령 선거도 50대가 결정한 선거였죠. 어찌 보면 과거에 40대가 했던 역할을 지금 50대가 하고 있는 상황이에요. 그래서 50대 이상 층에 진보 개혁 세력이 어떻게 어필할 수 있는가, 하는 과제가 던져진 것이죠.

그리고 매번 이야기하지만 선거 제도 문제를 고려해야 합니다. 지금 국회의원 선거만 봐도 인구가 적은 곳에서 인구가 많은 곳과 같은 수의 국회의원을 뽑는 등, 과잉 대표되는 문제들이 있습니다. 독일은 국회의원 1명을 선출하는 선거구 인구 수가 가장 많은 지역과 적은 지역의 인구 비율이 1 대 1.2 또는 1 대 1.3 정도를 넘지 못하도록 제한하고 있어요. 그런데 우리는 1 대 3까지 갑니다. 3배까지도 허용하고 있죠. 인구 10만 명이 국회의원 1명을 선출하는 곳이 있는가 하면 30만 명이 1명을 선출하는 곳도 있습니다. 1표의 가치가 3배나 차이 나죠. 이렇게 되면 표의 등가성 원칙이 훼손됩니다.

다음과 같은 현상도 문제예요. 두세 명씩 뽑는 기초의원 선거에서는 다양한 정치적 성향의 인물들로 구성되는 데 반해, 1명씩 뽑는 시도의원, 광역의원은 다 새누리당입니다. 부산시의회가 대표적이죠. 이번에 부산시 시장은 가까스로 새누리당이 당선됐습니다. 시의회 42석은 모두 새누리당입니다. 거의 1당 지배 체제예요.

▲ 유시민 결과만 보면 공산당이지.

■ 노회찬 네, 이건 2중대도 없는 겁니다. 왜 이런 일이 벌어지느냐? 한 선거구에서 2~3명 뽑아 구성되는 기초의회 즉 구의회 의원은 새누리당의 비율이 50%는 넘지만 모두 차지하지는 못해요. 그런데 한 선거구에서 1명씩 뽑는 광역의원, 즉 부산시의회 의원은 100% 새누리당인 거죠. 시의회가 모두 같은 정당으로 구성되니, 이래서 민주주의가 이루어지겠습니까.

▲ 유시민 다른 곳도 마찬가지예요. 중대선거구 효과 때문에 예전과 달리 1번, 2번 외에 다른 번호의 후보들이 들어갈 여지가 없어요. 경기도 의회만 봐도 4년 전에는 정당비례대표도 들어가고, 야권이 연대해서 민주노

동당 후보도 들어가고 했는데, 지금은 100% 1번 아니면 2번입니다. 현재 대한민국에는 정당이 2개밖에 없죠. 그나마 영남이나 호남으로 가면 1개밖에 없고.

✦ 진중권 영호남 지역 모두 일당 지배 체제가 되면서 사실 의회가 행정부를 규제해야 하지만, 다 한 집안인데 어떻게 합니까. 역설적으로 민주적인 방법으로 독재가 돼버린 거죠.

■ 노회찬 두 당 다 당명 앞에 '새' 자가 붙어 있네. 새누리, 새정연.

✦ 진중권 우리도 바꿉시다.

▲ 유시민 진짜 새로울 때 '새' 자를 붙여야죠.

✦ 진중권 교육감 선거는 진보적 인물들이 다 휩쓸었잖아요?

▲ 유시민 일단 교육감 선거는 번호가 없잖아요. 거기에 따른 효과가 있죠. 사람들은 1번은 새누리당, 2번은 새정연이라고 알고 있으니까, 둘 다 싫은 사람만 3번 이후를 봅니다. 그런데 교육감은 기호가 없어지고 투표용지에 적힌 후보 순서도 지역마다 달라요. 그러니 사람들이 후보를 선택할 때 선거 공보나 선거 포스터를 들여다보거나, 사람들의 이야기를 들어보는 겁니다.

■ 노회찬 지금 말씀하신 효과는 분명히 있죠. 번호를 없앤 것은 잘한 거라고

봅니다. 그런데 번호가 없기 때문에 보수 후보가 난립한 면도 있습니다.

▲ 유시민 같은 이야기입니다. 새누리당이 '센' 이유가 뭘까요. 우리 정치사에서 보수정당이 지금처럼 강고하게 하나로 통합된 적이 없어요. 2014년 지방 선거 광역비례대표 득표율을 보면 새누리당이 전국에서 48.5%를 차지했어요. 받을 수 있는 최대치를 다 받은 거예요. 세월호 참사 와중에도 이처럼 강고한 보수 대오의 정치적 위력이라니. 놀랍습니다. 번호가 없어진 교육감 선거만이 이 강고한 대오를 허물어뜨린 거죠. 게다가 정치적으로 조율해서 후보를 단일화한 건 대부분 진보 쪽이고요.

■ 노회찬 그렇다고 선거 번호를 없앨 수는 없잖아요. 유권자들이 어떻게 투표하는지 유심히 보면, 광역단체장이나 기초단체장은 나름대로 정보를 가지고 자기 판단과 소신으로 투표해요. 그런데 그다음의 광역의원, 기초의원은 선거공보물을 들여다봐도 누가 누군지 잘 몰라요. 한편으로는 누가 뽑히더라도 내 생활에 무슨 영향을 주겠어, 이런 의식까지도 있어요. 그러다 보니 앞에 2개를 찍으면서 그 번호에 따라 뒤도 결정하는 겁니다. 그걸 하나하나 따지는 사람들은 매우 특별한, 까다롭고 준비를 많이 하는 유권자죠. 그런 점에서 정당별 고유번호를 부여하는 것은 줄줄이 투표, 묻지 마 투표의 폐단을 낳기도 하는 거예요.

▲ 유시민 번호도 당명도 없는 교육감 투표도 잘만 찍는데요, 뭘. 저는 당명과 이름만 적고, 순서는 지역마다 같은 비율로 돌아가게 인쇄하면 좋겠어요.

♣ 진중권 정당 득표율을 보면 새누리당이 48.55%입니다. 새정치연합이 41%인데, 여기에 나머지를 합치면 51%가 됩니다. 민주진보개혁세력이 51%로, 새누리당보다 조금 더 받은 셈이죠.

▲ 유시민 그러니 새누리당이 세다는 겁니다. 다 합쳤는데 50 대 50이라니.

♣ 진중권 가장 센 새누리당 이야기보다 가장 약한 진보정당 이야기를 하고 싶은데요. 그 전에 이번 선거를 통해 드러난 차기 대선 주자들, 이른바 잠룡들에 대한 이야기만 잠깐 하고 갈까요?

▲ 유시민 여론조사 결과, 여야 종합 1등이 박원순, 2등이 문재인, 3등이 안철수, 4등 남경필, 5등 김문수, 그 뒤에 정몽준, 안희정 이 순서예요. 1, 2, 3등을 합치면 지지율이 40%가 넘으니까, 대권 구도로만 가면 정권 교체가 필연적이라는 낙관적 전망을 할 수도 있죠. 그런데 새누리당이 무서운 게 있어요. 지금 '비박(非朴) 투톱'인 김무성 당대표, 유승민 원내대표 체제가 됐잖아요? 세월호 참사 이후 선거에서 그들이 보인 '석고대죄' 퍼포먼스도 있고, 경제민주화와 복지 아젠다도 계속 선점하고 있죠.

♣ 진중권 막상 대선 때가 되면 어떤 변수가 있을지 모르죠.

■ 노회찬 그렇죠. 지난번에도 그랬으니까요.

▲ 유시민 어쨌든 이 와중에도 48.55%를 받는 새누리당을 생각해야 한다는 거죠.

지금의 정치 상황이
1987년 체제의 완성형이라고 봅니다

✦ 진중권 진보정당의 현황을 살펴보죠. 2014년 지방 선거 정당 득표율을 보면, 새누리당이 48.55%로 1위, 새정연이 41.3%를 얻었습니다. 양당이 전체 지지율의 약 90%를 차지한 셈입니다. 진보정당의 경우 정의당이 3.61%, 정의당과 통합진보당, 노동당, 녹색당을 다 합쳐 9.8%였습니다. 통진당 사건도 있고, 진보정당이 서넛으로 갈라져 있어서 좋은 성적을 기대하기는 어려웠지만, 막상 성적표를 보니 아쉽습니다.

■ 노회찬 선거 수치로만 보면 2004년 민주노동당의 원내 진입 전에 있었던 2002년 지방 선거와 비슷합니다. 즉 민주노동당이 원내에 진입하기 전으로 퇴보했다고 볼 수 있죠. 현 상태에서 아무 변화도 이뤄지지 않는다면 2016년, 2017년의 결과도 크게 다르지 않을 것입니다.

▲ 유시민 저는 지금의 정치 상황이 1987년 체제의 완성형에 가까운 결과라고 봅니다. 1987년 6월 항쟁 이후에 소위 1노 3김, 노태우, 김대중, 김영삼, 김종필이 합의했죠. 대통령은 5년 단임제로, 결선 투표는 도입하지 않고, 국회의원 선거제는 소선구제로 하는 것으로요. 그리고 1991년에 지방의회선거를 실시하고 1994년부터 단체장 선거를 시작해서 오늘까지 87년 체제가 제도적으로 구축됐습니다.

그 전에는 김종필의 신민주공화당, 김영삼의 통일민주당, 노태우의 민정당으로 나뉘어 있었는데, 이 3당이 합쳐져서 자민당이 되고 그 후신이 지금의 새누리당입니다. 그때 3당 합당에 합류하지 않았던 통일민주당 일부 세력과 재야에서 새로 진입한 세력, 그리고 김대중의 평민당이 합쳐져서 만들어진 세력이 민주당입니다. 즉, 이전에는 4당 구도였던 것이 이때 2당 체제가 됐고, 이후 양당 체제가 대한민국 정치를 완전히 장악했습니다. 때문에 보수 세력도, 자유주의 정당도, 진보정당도, 제3의 정치 세력을 구축하려는 시도들은 계속 실패로 끝났습니다.

■ 노회찬 제가 좋아하는 표현으로 말하자면, 실패로 끝난 게 아니고 실패하고 있는 중이죠. 계속해서.

✦ 진중권 아직 진행형입니다. 완료형이 아니라.

▲ 유시민 진보정당이 잘했든 못했든, 27년 동안 모든 형태의 시도들이 성공하지 못했습니다. 그렇다면 뭔가 구조적 원인이 있다고 봐야 하는 거 아니냐는 거죠.

✦ 진중권 그 구조적 원인이 외적 요인일 수도 있고 내적 요인일 수도 있죠. 예를 들어 양당 체제에서 3당이 살아남기가 얼마나 힘든가라는 측면이 있는가 하면, 왜 우리는 대안 세력으로 인지되지 못하는가, 안철수같이 여도 야도 아닌 부분들을 왜 점거하지 못하는가 하는 문제도 있죠.

▲ 유시민 이럴 때는 참고로 할 게 있어야 합니다. 우리 안에서 참고 사례라면 2004년 민주노동당의 사례가 있어요. 민주노동당이 총선에서 13%대

실패로 끝난 게 아니고
실패하고 있는 중이죠. 계속해서

의 정당 지지율을 얻고, 지역구 2석을 포함해서 10석을 원내에 진출시켰잖아요. 민주노동당이 어떻게 이런 성공을 거둘 수 있었나? 그 성공은 왜 더 큰 성공으로 연결되지 않았나? 그 과제를 여전히 풀지 못하고 있는 거 아닌가요?

■ 노회찬 당시 민주노동당에 있던 사람으로서 보면, 1인 2표제 정당 투표 방식, 노무현 대통령 탄핵 정국 역풍의 덕도 봤습니다. 그렇게 13%대의 높은 지지를 받았으니, 현실 정치세력으로 인정받은 거죠. 선거 후에도 지지율이 점점 올라갔습니다. 2004년 말에는 20% 가까이까지 올라갔죠. 그런데 이 지지율은 이를테면 약속어음이지, 현찰이 아니죠. 현찰이 되려면 지지율을 굳히는 과정이 필요한데, 내부에서 사건 사고가 터지는 등 여러 문제가 많아서 지지율이 이후 떨어졌습니다. 당시 제가 어느 인터뷰에서 1년 안에 8%까지 지지율이 내려갈 거라고 재수 없는 예언을 해서 야단도 많이 맞았죠. 민주노동당이 변하지 않으면 더 내려갈 수밖에 없다, 그러니 바꾸자는 말이었습니다. 그런데 내부에서는 오히려 경직된 구조를 만들어갔죠. 현 상태에서 열심히 한다고 잘되는 게 아닙니다. 질적, 양적 변화가 반드시 필요합니다.

▲ 유시민 툭 터놓고 이야기해보죠. 제가 2002년에 개혁당이라는 자유주의 정당을 만들어보고, 열린우리당으로 M&A를 해봤다가, 국민참여당이라는 리버럴한 정당도 한번 해봤다가, 이후 통합진보당으로 가고, 지금 정의당으로 왔잖아요. 생각해보면 민주노동당 분들과 많이 다퉜고, 진중권 씨도 제 욕을 엄청 했죠. 그런 사람들이 이제는 이렇게 마주 앉아 이야기하니까, 사람들이 신기하다고 하더라고요. 그때 제 생각은 그

랬습니다. 한나라당은 차떼기 하고 탄핵 때문에 역풍을 받았으니, 이제 망했다. 그리고 민주 정부가 2번이나 연속 집권한 데다 민주노동당 지지율이 엄청나게 올라가고 있으니, 보수자유주의 정당인 민주당의 허상이 폭로되고 여기마저 무너지면 진보정당에게 엄청난 기회가 올 것이다. 이렇게 생각했어요.

◆ 진중권 잘못 판단하신 것 같은데요. 우리 민주노동당은 스스로를 그렇게 대단하게 생각하지 않았어요.

■ 노회찬 어느 게 맞다 틀렸다가 아니라, 그런 느낌은 있었죠. 저는 진보정당을 만들기 위해 10년 이상을 보냈던 사람인데, 2004년에 10석이나 얻었을 때 좀 놀랐죠. 그런 일이 10년, 20년 후에 올 것으로 생각했거든요. 그러니 우리가 정치적 성과를 얻는 게 좀 두렵기도 하고, 이렇게 계속 커나갈 수 있을까 하고 의심하는 측면도 있었어요. 예컨대 당시 열린우리당과의 관계에서 유연하지 못하고 경직됐던 점도, 우리가 세력이 약하니 여전히 책임이 우리에게 더 많다고 보지 않았던 겁니다. 그래서 현실 정치세력으로 국민들의 선택을 받아놓고도, 정치할 생각을 하지 않고 운동을 하고 있었던 거죠.

심지어 민주노동당 안에서는 당직과 공직 겸직을 금지시켰습니다. 그러니까 의회에 들어간 사람이 당 내에서 리더십을 가질 수 없죠. 말이 안 돼요. 국민들이 뽑은 선출직이 대중정당 안에서는 아무 발언도 못하는 겁니다. 세속 정치와 우리는 다르다는 생각이 있었던 거죠. 지금은 그렇지 않지만 당시에는 그랬습니다.

▲ 유시민 그래서 당시 참여정부가 어려웠다는 건 아니고요. 저는 집권당인 열린우리당에 몸담고 있었지만, 이 당이 혁신될 가능성이 없다고 판단했다는 거죠. 민주노동당이 외연을 넓혀가기 위해서는, 참여정부를 지지하면서도 더 진보적인 성향을 가진 유권자들을 안아야 한다고 생각했고, 그게 한국 정치의 미래라고 봤습니다. 그런데 당시 민주노동당의 행보는 그런 미래를 그리지 않는 것 같았습니다.

✤ 진중권 그건 느낌의 차이인데요. 제가 그때 최전선에서 열린우리당과 많이 싸웠잖아요. 두 가지 이유에서였던 것 같아요. 하나는 파병 문제죠. 그건 필연적으로 싸울 수밖에 없었고, 또 하나는 사표 논리를 막아야 한다는 것이었습니다. 진보정당을 찍으면 사표가 된다는 것이 언제나 야권의 논리잖아요. 그래서 그랬던 거죠. 우리 민주노동당이 열린우리당이 힘들어할 정도로 힘이 세지는 않았어요.

▲ 유시민 그때 민주노동당 셌어요.

✤ 진중권 에이, 세봤자…….

성공한 좌파는
누구보다 대중적이었습니다

▲ 유시민 중요한 건 지금까지 이어져오는 진보 정치의 주체 문제죠. 그걸

짚어봐야 해요.

✚ 진중권 유권자들 입장에서 헷갈리죠. 통진당, 정의당, 노동당, 녹색당? 대다수의 유권자들 눈에는 통진당은 그렇다 치더라도 나머지 정당들은 사실 차이가 거의 없을 텐데요.

■ 노회찬 어떤 변화 없이 합친다 해서 무엇이 달라질 수 있을까 싶어요. 때문에 정당들의 통폐합을 기계적으로 추진할 상황은 아니지만, 분명한 건 현재와 같은 상황이 계속돼서는 그 누구도 전망이 없다는 거죠.

▲ 유시민 저는 어찌 보면 정치적으로 이리저리 전향한 것 같은 사람인데요. 왜 유권자들이, 국민들이 진보정당을 안 알아줄까? 제가 가볍게 말하는 것일 수도 있지만, 내 편이라는 느낌보다는 약간 무서운 게 있거든요.

■ 노회찬 아, 그럼요. 많이 무섭죠.

▲ 유시민 특히 진보정당 내부에서 논쟁을 할 때 그런 모습이 나타납니다. 온라인상에서 4개 정당 지지자들이 서로 다른 진보정당 지지자들에게 하는 언사를 보면, 정말 무서워요. 막스 베버, 존 스튜어트 밀도 사회주의자들에게 그런 말을 했는데, 과격함이 미덕으로 통하는 정치 집단이 과연 건전한 사회를 만들 수 있을까요? 맥락까지 그대로 인용하는 건 아니겠지만, 저는 그런 문제도 여전히 있다고 봅니다.

■ 노회찬 맞습니다. 하지만 저는 그것이 이른바 진보세력 내지 좌파의 생

래적, 체질적인 요소라고 보지는 않습니다. 예를 들면 비대중적이고 과격한 구호를 외치거나, 대중의 정서를 무시하는 게 좌파의 전통인가? 그렇지 않죠. 성공한 좌파들은 누구보다 대중적이어서 성공했습니다. 기가 막히게 유연해서 성공했죠. 지금의 모습이 원래 좌파의 본질은 아니라는 겁니다.

✦ 진중권 저는 정치를 바라보는 관점의 문제를 생각합니다. 정치는 이해관계의 조정이기도 하고, 실용적인 관점에서 접근해야 하죠. 그런데 어떤 절대적인 가치관과 세계관의 실현이라는 측면만 부각되면, 생각이 조금만 다른 사람이더라도 동료가 아니라 적이 됩니다.

▲ 유시민 저는 진보정당에 계신 분들이야말로 우리 사회에 필요한 분들, 존경받을 분들이라고 생각합니다. 이분들이 한국 정치사에서 현실적으로 성공한 모델을 만들어야 한국 사회가 희망이 있죠. 지금 대한민국이 여기까지 온 것도 바로 그 같은 분들의 노력 때문입니다. 그리고 지금도 우리 사회의 공공성을 강화하기 위한 일들을 다 이분들이 하고 있어요. 지역에서의 활동도 그렇습니다. 예컨대 공공보험의 공공성 강화라든가 빈곤 고령층의 생계 대책과 관련한 기초연금 문제, 재활자원센터, 지역아동센터 등이 다 그와 같은 일이죠. 그런 노력이 꼭 정치 제도 속에서 인정받아야 하는 것은 아니지만, 정치 제도 안에서 이런 일들을 실현하기 위해서라도 정당 정치는 필요해요. 무엇보다 재주는 곰이 부리고 돈은 누가 가져가는 꼴입니다. 아이고, 푸념입니다. 푸념.

■ 노회찬 일단 당이 활로를 뚫어야죠. 개별 인적 자원에게만 진보 정치의

책임을 맡겨서는 안 돼요. 정의당, 노동당, 녹색당에 계신 분들에게는 선거에 떨어져도 너무 좌절하지 마시라고 말씀드리고 싶습니다.

♣ 진중권 솔직히 기초의회 같은 곳에 진보정당이 그렇게 신경을 많이 쓰지는 않은 거 아닌가요?

■ 노회찬 그렇지는 않죠. 실제로 선거에서 유권자들과 가장 밀착해서 한번 승부를 걸어볼 만한 데가 기초의원이기 때문에 많이 출마했습니다.

♣ 진중권 외국 진보정당의 경우, 노동조합이라는 아주 튼튼한 기반을 가지고 있어요. 그런데 우리는 노조 조직률도 10%밖에 안 되지 않나요? 아마 그 이하죠? 그렇다면 뭔가 다른 대중 조직을 기반으로 만들어야 한다는 생각이 듭니다.

▲ 유시민 무엇보다 당의 정체성이 분명해야 합니다. 지금 진보정당의 힘은 오로지 당원들인데, '야, 이 당은 이런 당이야, 좋아, 한번 입당해봐'라고 말할 수 있는 거리가 있어야죠. '시민들이 정치에 참여해야 한다는 것은 인정해, 그렇더라도 그게 꼭 정의당이어야 할 이유는 뭐야?' 이에 대한 답이 있어야 합니다. 그런 점에서 진보정당이니까 당연히 시민들에게 좋은 당이다, 이런 동어반복식 설명은 그만해야죠. 그래야 진보정당이라는 단어도 버릴 수 있고요.

■ 노회찬 아주 좋은 말씀입니다. 이제 진보정당이라는 네 글자만으로 자신을 설명하는 것은 의미가 없는 상황이죠.

✦ 진중권 그런 점에서 정의당은 좀 이상해. 녹색당? 이러면 쏙 들어오거든요.

▲ 유시민 정의당 천호선 대표가 이런 말을 하더군요. 경남 어느 시골에 갔더니 한 할아버지가 막 야단을 치시더래요. 언제적 전두환인데 아직도 정의당을 하느냐고. 기억력이 무지하게 좋은 분이세요.

■ 노회찬 의식도 괜찮네요.

✦ 진중권 민주노동당이라는 이름이 정말 좋았습니다. 그때 제가 어땠냐 하면, 선거운동원으로 등록을 하고 학교에 강의를 나가면서 선거 홍보 어깨띠를 두르고 다녔어요.

▲ 유시민 아휴, 그때 민주노동당은 사기가 정말 높았…….

✦ 진중권 학교 들어갈 때는 어깨띠를 떼고, 지하철 탈 때는 다시 하고 그랬죠. 지하철 안에서 '4번, 4번' 구호를 외치다가 공익요원들에게 막 쫓기기도 했습니다. 공익들이 안 된다고 하면 밖으로 나가요. 지하철 입구에서는 해도 되거든요. 입구에서 '4번, 4번' 외치고 다시 들어갔죠. 그 열정을 되살려야 한다는 이야기도 나옵니다. 당시 서울시장 선거 때 당에서는 후보를 안 냈는데, 당원들이 만들어서 냈잖아요.

▲ 유시민 그러니까 질서가 없는 당이지.

✦ 진중권 뭐 질서가 없어도, 그렇게 잘하면 되는 거죠. 2008년 한미 FTA

반대 촛불집회 때 나온 컬러TV도 당에서 주도해서 만든 게 아니잖아요. 시민들이, 당원들이 만들었죠.

■ 노회찬 그때 진중권 씨 같은 분들은 진보신당 지도부를 관료 집단과 비슷하게 보더라고요.

▲ 유시민 저렇게 자기주장이 강한 당원들이 너무 많으면 당이 힘들어.

✚ 진중권 그래도 그때 당 지원 없이 선거를 치러냈습니다.

■ 노회찬 당의 지원 없이 하면 안 되죠. 함께해야죠.

✚ 진중권 아, 당의 지원이 없지는 않았네요. 상당히 힘들어하면서 지원해주셨죠. 저놈들 사고 쳤구나 이러면서……. 아무튼, 반성하겠습니다. 앞으로 당이 결심하면 우리도 한다, 이런 태도로 바뀌겠습니다. 저 같은 사람도 스스로 바뀌겠다고 했으니까, 진보정당도 반드시 해답을 찾으리라 믿습니다.

세대 변화와 앞으로 50년

+ 한귀영 여론연구가

이 좋은 밭에
어떻게 농사를
지을까

여론조사 결과가
체감하는 것과
왜 다르지?

▲ 유시민 새해가 되면 누구나 한 해를 구상하며 계획을 세우지 않습니까. 매년 되풀이되는 일이지만, 또 안 할 수 없죠. 구상하고 결심해보는 것 자체가 중요하니까요. 그러니 한 사회나 공동체가 어떤 계획을 세워보느냐가 얼마나 중요하겠습니까. 이번에는 우리가 세상을 어떻게 만들어보면 좋을지 생각해보겠습니다. 그러려면 뭔가 근거가 있어야 할텐데, 〈한겨레〉가 광복 70주년 기념 특집으로 대대적인 여론조사를 했습니다. 이 결과를 토대로 우리의 미래를 그려보죠. 한겨레사회정책연구소 연구위원이신 한귀영 박사님께 물어보겠습니다.

● 한귀영 많은 사람들이 노, 유, 진 이 세 분하고 이야기하는 걸 거절하신다면서요? 속된 표현으로 대한민국 최고 이빨들이니까요. 그런데 저는 왜 냉큼 여기에 함께하고 있는지 모르겠네요.

▲ 유시민 선거 때 번호가 1번이신 분들만 어려워하지 다른 분들은 그렇지

않습니다. 한귀영 박사님은 여론조사 전문가이신데, 대통령 지지율에 대해 물어보겠습니다. 지금 지지율이 높냐 낮냐가 문제가 아니라, 대한민국이 마치 2개의 사회가 돼버린 느낌인데요.

● 한귀영 이 정권의 가장 큰 잘못이 바로 그것이겠지요. 지지하든, 지지하지 않든, 다 같이 안고 가야 하는 게 리더인데, 리더를 지지하지 않으면 마치 국민이 아닌 것처럼 몰아가는 시대가 됐으니까요.

▲ 유시민 이런 이야기를 먼저 꺼낸 것은, 여론조사 결과가 나 자신이나 주변이 체감하는 것과 다를 수 있음을 먼저 인지하기 위해서입니다. 자, 이제 키워드 3가지로 대한민국의 오늘을 살펴보려고 합니다. 첫 번째가 '세대'예요. 정치만이 아니라 다른 분야에서도 세대 격차가 많이 납니까?

● 한귀영 세대 갈등이야 어제오늘 일이 아닌데, 저도 이번 조사 결과를 보고 매우 놀랐습니다. 2014년 12월 말 조사에 여러 항목이 있었습니다. 현재 대한민국에 산다는 것에 대해 만족하는지, 대한민국이 좋은 혹은 나쁜 방향으로 가고 있는지, 미래를 낙관 혹은 비관하는지 등이 있었습니다. 그런데 세대별로 봤을 때, 20대가 미래 전망에 대해 가장 비관적인 것으로 나타났습니다. 반면 60대가 가장 덜 비관적이었습니다.

이번 조사는 10년 전 여론조사 때와 동일한 문항으로 물어봤다는 데 의의가 있습니다. '지금 대한민국에 산다는 것에 대해서 어떻게 생각하십니까?'라는 항목에 대해 만족한다는 답변이 10년 전 조사결과와 비교해 10% 정도 늘었습니다. 이 결과에 대해서는 다양한 해석이 가능하겠죠. 10년 전인 2004년과 비교해서 한국 사회가 차지하는 세계적인 위상이 높아졌기 때문일 수도 있고요. 반면 대한민국에서 산다는 것에 만족한다는 20대 응답 수는 늘지 않았는데, 60대 이상에서 만족한다는 답변은 20% 이상 늘었습니다. 10년 전에는 20대가 모든 측면에서 낙관적이었는데, 10년 사이에 20대가 가장 비관적인 세대로 변했다는 것이죠. 이로 인해 세대 격차도 엄청 커졌고요.

▲ 유시민 노회찬 씨도 일상에서 이런 차이를 체감하세요?

■ 노회찬 현실에 대한 20대의 불만족이 높아지는 건 분명한 것 같습니다. 국내 소셜커머스 업체 위메프에서 수습사원 11명을 고용했다가 해고시키는 사태, 대한항공 회항사건 등 소위 갑질 사건에 대한 거부 반응이 20대에서 가장 격렬하게 나오고 있어요. 그렇다면 10년 전의 20대는 행복했냐? 그건 아니라고 봅니다. 10년 전에도 청년실업률은 높았고, 경쟁을 뚫기 위해 개인이 몸부림치던 상황이었습니다. 그러나 지금 20대들은 앞서 20대를 보낸 30, 40대와 달리 그런 개인의 노력 자체가 무망하다는 생각을 하고 있죠. 그만큼 현실에 대한 절망감이 깊은 겁니다.

▲ 유시민 한국의 노인 빈곤율이 OECD 국가 중에서 가장 높고, 노인 자살률이 OECD 평균의 5배가 넘어요. 그래서 우리나라가 노인 지옥이라고 보는 전문가들도 있거든요. 객관적 지표는 20대만큼 60대도 나쁜 것으로 나오는데, 왜 현실 만족도나 미래에 대한 낙관적인 전망은 20대보다 노인들이 높을까요?

● 한귀영 그 부분이 의문인데, 제 생각에 60대는 끊임없이 성장을 경험한

세대이고, 그래도 나아질 거라는 경험적 희망이 있다는 거죠. 어떻게 보면 후퇴를 경험해보지 않은 세대이기 때문에 상대적으로 낙관적일 수도 있습니다.

■ 노회찬 제 해석은 이렇습니다. 지금 20대는 이 상황에서 강한 분노와 불만을 표출해야 합니다. 그래야만 자신에게 남은 50년이 조금이나마 나아질 수 있죠. 반면 60대들은 현재를 만족하지 않거나 미래를 낙관적으로 보지 않으면 여태껏 일궈온 삶을 부정하게 되는 겁니다. 인생 자체가 허망하다고 느낄 수 있죠. 때문에 아직까지는 자기 보호 차원에서의 합리화가 작동하고 있는 겁니다. 나이가 들면서 보수화된다는 게 다른 의미가 아니라, 이런 측면이 있는 거죠.

▲ 유시민 영화 〈국제시장〉 관객 수가 천만 명이 넘었어요. 왜 이 영화가 세대별 논쟁의 핵심이 되었는지 모르겠는데, 어떻게 보십니까? 영화 〈명량〉에도 이런 대사가 나오죠. "우리들이 이렇게 고생하는 거 후손들이 알기나 알까 몰라." 이런 말들이 단순히 영화 대사로 안 들리게 된 이유가 무엇인지…….

■ 노회찬 어릴 때 도저히 납득하지 못했던 어른들의 말씀이 뭐였냐면 '그래도 일제 강점기가 나았다'였습니다. 그 말을 했던 어른들이 살던 '현재'는 박정희 시대였죠. 그런 걸 되짚어보면, 어떤 시대가 실제로 나았다기보다 누구에게나 고통은 현재로만 느껴지기 때문이 아닐까요. 고통은 기억이 아니라 현실로 다가오거든요. 그리고 오늘의 고통을 벗어나기 위한 좋은 방법은 과거에 고통이 있었다는 것 자체를 잊어버리는 거예요. 그

런 점에서 현재 60대가 정말 행복해서 긍정적인 답변을 하는 경우도 있겠지만, 지금이 힘들기 때문에 혹은 힘들게 살아왔기 때문에 자신의 존재를 합리화시키는 자긍심의 표출일 수도 있다고 봅니다.

● 한귀영　그런데 실제로 기초노령연금제도와 같은 노인에 대한 복지가 많이 좋아진 영향이 있습니다. 최근에 어느 아파트 내 경로당 오픈식에 갔는데, 국회의원이 축사를 하시더라고요. 그러면서 기초노령연금 20만 원을 언급하니, 우레와 같은 박수가 나오더라고요.

■ 노회찬　다 20만 원이 나오는 건 아니지만요.

▲ 유시민　그중에 10만 원은 제가 드렸는데……. 하하.

● 한귀영　다음에 경로당에 가면 꼭 그 이야기를 해야겠네요.

표면적으로는 세대갈등이지만 실제는 계층갈등이라는 점이 중요하죠

▲ 유시민　현재 사회에 대한 만족도가 평균 40%가 안 됩니다. 특히 20대에서 만족한다는 답변은 28%이고요. 중요한 건 미래 전망에 대한 부정적인 답변이 늘었다는 겁니다.

● 한귀영 이번 조사에서 일관되게 드러나는 핵심 키워드는 빈부격차와 불평등 문제입니다. 국민들이 우리 사회의 가장 큰 걸림돌로 꼽은 게 부정부패 다음으로 빈부격차입니다. 전문가 조사에서도 우리 사회의 가장 중요한 문제로 대부분 빈부격차를 지목했습니다. 즉, 세대 간 갈등보다 더 중요한 건 세대 내 갈등입니다. 한국 사회의 불평등 연구를 하고 있는 신광영 교수에 따르면 지난 10년간 세대 간 갈등보다 세대 내 갈등이 더 크다는 겁니다. 즉 2030세대와 5060세대의 갈등보다 20대 내에서 잘사는 사람과 못사는 사람, 50대 내에서 잘사는 사람과 못사는 사람 간의 갈등이 훨씬 크고 근본적인 문제입니다.

▲ 유시민 지난 10년간 세대론이 유행했잖아요. 저는 세대론이 본질적인 문제를 은폐할 수 있기 때문에 세대론 자체에 불만이 있습니다. 그리고 50, 60대 세대 내부 문제와 20대의 세대 내부 문제는 차이가 있겠죠?

● 한귀영 신광영 교수의 연구를 보면 세대 내 격차가 가장 심한 연령이 40대와 50대입니다.

▲ 유시민 20대는 아직 가진 게 별로 없으니까. 객관적 수치로 보면 4050세대 내 격차가 심한 거네요.

■ 노회찬 그런데 그 갈등이 동일 세대 내에서의 갈등인가요? 아니면 일자리를 잃은 40대가 부모 덕에 임원이 된 20대에게 느끼는 갈등인가요? 비슷한 처지의 각 세대끼리 정서적 연대가 이루어지는 면도 있을 것 같거든요.

● 한귀영 두 가지가 다르지 않을 거라 생각합니다. 지금의 세대 간 갈등은 회사 임원도 하고 어느 정도 성공한 40대와, 아버지는 하우스 푸어이고 자신은 등록금에 허덕이는 20대 간의 갈등으로 나타나고 있습니다. 이것이 표면적으로는 40대와 20대 간 세대 갈등으로 보이지만 실제는 계층 갈등이라는 점이 중요하죠.

▲ 유시민 제가 2008년 4월에 대구에서 국회의원 선거를 치렀습니다. 그때 여론조사를 할 때마다 항상 20대와 50대 의견이 같이 움직이는 겁니다. 물론 대구 지역에만 나타나는 특수현상일 수도 있겠죠. 그 이유를 물어봤더니, 대구 청년들이 부모님 말씀을 잘 듣는답니다. 어차피 청년들은 정치에 관심이 없는데, 부모님이 지지하는 게 맞겠지, 하고 대부분 따라간다는 겁니다. 그런데 30대가 되면 50대와 의견 차이가 뚜렷해집니다. 즉 20대는 자기가 돈을 버는 세대가 아니니까 40, 50대 아버지 세대를 따라간다는 건데, 그러면 부모 세대 내에 존재하는 격차가 그대로 20대 내부로 투영되는 거 아닌가요?

● 한귀영 실제로 그렇다면 20대의 다수가 50대처럼 보수화돼야 합니다. 물론 최근 20대의 보수화 현상을 우려하는 목소리도 높습니다만, 여론조사를 보면 20대는 확실히 진보적인 성향으로 나타나요. 유시민 씨가 말씀하신 내용과 관련해서 흥미로운 부분이 있습니다. 부산 지역의 한 교수가 대학생을 대상으로 정치적 성향을 조사했는데, 경제력이 넉넉한 집에서는 20대가 50대 아버지의 정치 성향을 따라갑니다. 반면 경제력이 중산층 이하면 자녀 세대와 아버지 세대의 정치 성향이 확연히 나뉜다는 거죠.

2060년이 되면 제일 많은
연령대가 1975년생,
지금의 마흔이라고 합니다

▲ 유시민 아버지가 고소득, 고학력일수록 집안 내 권한이 세기 때문이죠. 40대부터는 소득 수준이 중하위일수록 자식들 앞에서 약해집니다.

■ 노회찬 그래서 2002년 대선 당시 보수논객 조갑제 씨가 "노무현에게 투표하는 자녀에게 등록금, 용돈을 주지 말라"고 이야기했죠. 전체적으로는 50대를 기점으로 정치적인 태도가 확연히 다른 것 같은데요?

▲ 유시민 50대도 하나가 아니라는 분석도 있던데요? 55세를 기점으로 의견이 다르다고요.

■ 노회찬 그렇게 되면 시간이 우리 편인 겁니까?

● 한귀영 하하하, 흔히 말하는 386세대 즈음의 연령들은 확실히 덜 보수적입니다. 사회 전체가 민주화가 되던 시기여서 그 영향을 많이 받았죠. 그래서 5060 세대 비중이 높아지는 인구 고령화가 진행됐을 때, 한국 사회가 더 보수화되지 않겠냐는 전망도 있습니다. 하지만 저는 반드시 그렇지는 않을 거라고 봅니다.

▲ 유시민 카이스트 김대식 교수님 말이 생각이 나는데요. 일반적으로 구성원들이 고령화되면 사회가 보수화되는 게 사실이죠. 변화의 가능성도 줄어들고, 사고의 유연성도 떨어지고, 시대의 변화에 빨리 못 따라가니까요. 김대식 교수에 따르면 포유류에는 뇌 형성에 결정적인 시기가 있답니다. 오리의 경우 알에서 깬 직후 3시간 동안 본 것이 뇌의 사고 패턴 대부분을 결정한다고 해요. 사람은 뇌가 형성되는 시기가 포유류 중에

가장 긴데, 그 시간이 13년 정도랍니다. 그래서 13살 이하까지 객관적으로 참과 오류의 구분이 가능한 수학, 물리학을 가르쳐야 하고, 정치, 사회, 경제는 13살 이후에 가르치는 게 맞다는 겁니다.

이런 관점에서 보면 지금 20대들에게 대통령은 김대중, 노무현부터 시작이고, 60대 이상에게는 18년간 우리 대통령이 박정희뿐이었어요. 결정적 시기에 받았던 경험, 교육, 정서가 굉장히 오래간다는 겁니다. 어느 데이터를 보니 2060년이 되면 제일 많은 연령대가 1975년생 86살인데, 그 수가 70만 명쯤 된답니다. 1975년생이면 지금은 마흔입니다. 그래서 저는 마흔의 여론 동향을 눈여겨봅니다.

● 한귀영 제가 보기엔 지금 마흔쯤 된 이들이 한국 사회에서 가장 급진적인 세대입니다. 1980년대에 20대였던 이들은 대학 등에서 민주화 운동을 겪으면서 자기 정체성을 가지게 됐어요. 반면 지금 마흔이 되는 이들은 1990년대 중후반에 대학을 다녔고, 민주적인 변화를 생활로 체험한, 생활 진보의 특성을 가지고 있습니다. 나아가 1997년 IMF 사태로 취업이 어려워진 첫 세대로, 경제적 불황과 사회불평등 문제에 대해서도 다른 세대에 비해 훨씬 이해도가 높습니다.

▲ 유시민 그들을 X세대라고 했죠? 최근 유행했던 1990년대 토토가 열풍에 열광하던 세대 아닙니까.

● 한귀영 맞습니다. 문화적으로 정치적으로 굉장히 자유로운 세대였는데 경제적으로는 IMF의 직격탄을 맞은 겁니다. IMF 직후도 그랬지만 이후에 한국 경제가 어려웠던 시기가 지속되면서, 이들의 취업 시기와 바로

맞물려 있었죠. 40대가 아마 처음으로 이런 걸 느낀 세대인 것 같습니다. 사회에 나가보니 본인이 공부를 잘한 것보다 부모가 나를 돌봐줄 수 있는 사회적, 경제적 자본이 있느냐가 중요하다는 것을.

▲ 유시민 그게 상속자본주의로 가고 있다는 징후죠. 이번 여론조사를 보면 미래 전망을 부정적으로 보는 이유로 부정부패, 빈부격차, 실업, 고용 불안, 정치, 이념대결, 이념갈등을 꼽았습니다. 우리 사회에 대한 어두운 전망을 밝게 만들기 위해 필요한 게 무엇인지, 여론조사에서 나타났나요?

● 한귀영 네, 우리 사회에서 가장 시급히 해결해야 될 선결 과제를 물어봤더니 가장 높게 나온 게 정치혁신이었습니다. 눈여겨볼 것은 현실에 불만이 많은 사람들이 정치혁신을 더 강하게 요구합니다. 20대와 30대에서 정치혁신 요구가 높았습니다.

▲ 유시민 20대, 30대는 10년 전, 아니 5년 전만 해도 정치에 관심이 별로 없었는데?

■ 노회찬 정치 말고는 사회 문제를 풀 수 없다고 판단하게 된 거죠.

● 한귀영 그렇죠. 정치혁신을 꼽은 비율이 전체적으로 32%인데, 새누리당 지지층이나 보수층에서 정치혁신을 시급한 문제라고 답한 비율은 19% 밖에 안 됩니다. 야당 지지층, 진보 성향층에서 정치혁신을 최우선 과제로 꼽았습니다.

■ 노회찬 여기서 야당 지지층이라는 이들이 새누리당의 정치로 정치혁신을 이룰 수 있을 거라고 생각하는 사람은 아니잖아요. 야당의 정치혁신을 기대하는 겁니다. 여론조사를 보면 국민들이 바라는 것은 부정부패 척결, 빈부격차 해소입니다. 분단과 이념 대립이 중요하다고 꼽은 답변은 14.8%밖에 안 됩니다. 그런데 지금 여러 곳에서 마치 이념 대립 때문에 정치 개혁이 안 되는 것처럼 오도하고 있습니다. 한 택시 기사가 세월호 가족들에게 보상금을 주기 위해 담뱃값을 올렸다고 주장하다가 승객과 싸웠다는 이야기를 들었습니다. 택시 기사의 주장은 카카오톡 등을 통해서 유포되는 유언비어 중 하나예요. 2007년에는 북한 퍼주기 때문에 경제가 어렵다고 했듯이, 지금 민생 문제가 잘 안 풀리니까 이런 이데올로기 마케팅을 펼치고 있는 겁니다.

▲ 유시민 여론조사 결과에서도 방금 노회찬 씨가 말한 것처럼 비이성적이고 합리적으로 설명하기 어려운 견해를 표현하는 심리가 드러납니까?

● 한귀영 그게 데이터로는 확인되지 않습니다. 좌담회(F.G.I, Focus Group Interview)라고 하는 질적 조사에서 그런 부분들이 좀 보입니다. 저도 택시를 타면 기사님들과 이야기를 많이 하는 편인데, 그런 게 일종의 질적 조사의 한 영역이기도 하거든요. 이념의 문제가 아니라, 사람들은 자신이 힘들고 어려운 원인을 자기가 싫은 사람에게 뒤집어씌우는 경향이 있죠.

국민들은 준비돼 있으니
너무 기다리게 하지 맙시다
분발하겠습니다

▲ 유시민 이번 조사에서 역대 대통령 선호도 조사도 있었습니다.

● 한귀영 10년 전 조사에서는 박정희 대통령 선호도가 50%로 가장 높았습니다. 언제나 가장 높았지요. 그런데 박정희 대통령 선호도가 35%로 줄었다는 게 특징입니다. 10년 전에 현직 대통령이었던 노무현 대통령에 대한 선호도는 11.6%였는데, 이번에는 31.1%였습니다.

▲ 유시민 이렇게 변한 이유가 뭔가요?

● 한귀영 여러 가지로 볼 수 있죠. 평이하게 해석하면, 세대가 바뀌었다는 게 답이겠지요. 그때는 박정희 향수층이 전 세대에 광범위하게 포진돼 있었다면, 지금은 박정희 대통령을 잘 모르는 20, 30대도 많습니다. 이보다 더 중요한 점은 박정희로 대변되는 성장주의 신화가 균열되고 있다는 징후로 해석할 수 있다는 겁니다.

▲ 유시민 60대는 64%가 박정희 대통령을 택했고, 50대는 54%네요? 40대에는 박정희 대통령 선호도가 35.6%이고 노무현 대통령 선호도가 35.8%, 김대중 대통령이 10%로 노무현, 김대중 대통령 선호도가 합쳐

서 46%예요. 그런데 이 격차가 30대로 내려가면 18.9% 대 60%로 벌어지고요. 20대로 내려가면 노무현, 김대중 대통령 합친 게 67%가 넘어요. 박정희 대통령 선호도가 떨어지는 건 시간 문제네요.

● 한귀영 당연히 진보적인 성향은 노무현, 김대중 대통령을 선호하고, 보수적인 성향은 박정희 대통령을 선호하잖아요. 그런데 중도층에서 노무현 대통령 선호도가 박정희 대통령보다 높게 나타나고 있습니다.

▲ 유시민 이게 10년 전하고 차이가 많이 난다는 거죠?

● 한귀영 그렇죠. 권위주의적이라도 강력한 지도자와 민주적이고 소통을 중시하는 지도자 중 선호하는 지도자상을 물었는데 10년 전에는 전자가 60%, 후자가 40%였다면 이번에는 40% 대 60%로 수치가 뒤바뀌었습니다. 이걸 보면 새누리당이 기대온 박정희라는 후광의 역사적 시효가 다 되어가고 있다는 거죠. 그러면 이제 기댈 수 있는 다른 축을 찾으려고 하겠죠.

▲ 유시민 여론조사에서 나타난 박정희 대통령 선호도 38.5%는 새누리당의 지지율이기도 한가요?

● 한귀영 새누리당 지지율은 40%대 초반으로 조금 더 높습니다.

▲ 유시민 반면 노무현 대통령 선호도 31%와 김대중 대통령 선호도 12%를 합치면 43%예요. 새정치민주연합은 안철수 씨까지 가세했는데 왜 지

지율은 새누리당보다 낮을까요?

■ 노회찬 허허허. 왜 아는 걸 묻습니까?

● 한귀영 그게 언제나 딜레마입니다. 박근혜 대통령의 지지도와 새누리당의 지지도는 대체로 일치하는데 2004년 당시 여당이었던 열린우리당 지지도는 노무현 대통령 지지도보다 낮았습니다. 우선 야권, 진보개혁적인 성향의 지지층들은 정당에 대해 쉽게 마음을 주지 않는다, 그만큼 정당에 대한 기대가 크다고 해석할 수 있겠죠. 이 지지층은 평소에는 무당파쪽으로 빠져 있다가, 선거 때가 되면 다시 결집하는 현상을 반복합니다. 그런데 최근에는 이 탄력성이 낮아졌습니다.

▲ 유시민 노무현 대통령 지지도는 박정희 대통령 못지않게 높은데, 왜 새정치민주연합에서 친노는 타도 대상인가요? 그것도 이상하네.

● 한귀영 그걸 왜 저한테 물으시나요. 하하하.

▲ 유시민 여론조사 전문가로서 가능한 부분인가 해서 여쭤봅니다.

● 한귀영 해석이 잘 안 됩니다. 민감한, 델리키트한 문제입니다.

▲ 유시민 아니 박정희는 안 델리키트한데 노무현은 델리키트해요? 이런 특별대우가 어디에 있을까?

● 한귀영 박정희와 같이하는 정치 세력이 하나의 정파로서 존재하지는 않 잖아요. 반면 노무현 전 대통령은 하나의 정파로 존재하고요.

▲ 유시민 제가 보기에는 박정희 대통령과 같이 가는 정치 세력보다 노무현 쪽이 훨씬 약한 것 같은데요?

● 한귀영 그건 논란의 여지가 있을 것 같은데요?

▲ 유시민 하여튼 살아서나 죽어서나 문제가 많은 분이셔. 하하하.

● 한귀영 우리 사회가 보수화됐다고도 하고 한편에서는 아니라고도 하는 데, 2004년부터 지금까지 이념 성향 조사를 보면 확실히 진보는 줄어드 는 반면 보수는 늘어나고 있습니다. 여기서 이념 성향이라는 건 스스로 생각하기에 어떤 이념에 가까운지 답하는, 주관적인 정치적 이념 성향 을 말합니다. 그 이유는 여러 가지가 있겠죠. 2005년과 2006년에 진보 와 보수 중 어느 쪽에 더 호감이 있냐고 물어보면 7 대 3 정도로 진보가 우세했습니다.

  그러나 지금은 오히려 진보에 대한 이미지가 좋지 않습니다. 통합진보 당 사태 등을 통해 진보의 이미지가 타락했다, 오염됐다는 이유도 있을 겁니다. 어쨌든 주관적 이념 성향으로 보면 보수화되는 측면이 여러 조 사에서 나타나고 있는데, 의외인 것은 특정 이슈에 대한 태도를 측정을 해보면 꼭 그렇지 않습니다. 이를테면 성장과 분배 문제, 비정규직 문제 에 대한 사회경제적 지표를 토대로 한 여론조사 결과를 보면 진보적인 경향이 우세합니다.

▲ 유시민 그러니까 밭은 좋은데 농사를 잘못 지은 거 아니에요?

● 한귀영 맞습니다. 그래서 유권자로서의 판단은 성장보다는 분배와 복지를, 비정규직에 대해선 연대와 평등을 지지하는 방향으로 변하고 있는 거죠. 이전보다 사회 정의에 대한 요구가 일관되게 높아지고 있는데, 이걸 담을 수 있는 정치적 그릇이 없습니다. 정치적인 선택을 하고 싶어도 마땅한 선택지가 없는 거죠. 그래서 밭은 스스로 훨씬 좋아지고 있으니 농사꾼은 밭을 탓하지 말라는 거예요. 이번 여론조사에서도 염원하는 사회상으로 복지와 평등이 잘된 사회를 꼽은 응답자가 75%였어요.

▲ 유시민 오랫동안 농사를 지어오신 노회찬 농사꾼께서 한 말씀해주세요.

■ 노회찬 진보화 정도를 가늠할 수 있는 두 가지 사안이 있습니다. 하나는 민생이고, 다른 하나는 남북관계 문제입니다. 민생에 대해서는 과거보다 세금을 더 내더라도 복지를 더 이뤄야 한다는 의견이 많아지고 있죠. 비정규직에 대한 문제의식도 굉장히 높아졌습니다. 문제는 새누리당과 새정치민주연합이 민생 문제와 관련해서는 별 차이를 보이지 않는다는 겁니다. 새누리당은 2012년 경제민주화를 팔아서 대통령 선거에서 이겼죠. 솔직히 야권이 경제민주화, 복지와 관련해서 국민이 감동할 만큼 약자의 편에 서왔다고 생각하지 않습니다. 진보정당의 경우 그 정책이 더 급진적일지 몰라도, 실현 가능성이 적어 보이니까 유권자들에게 유효한 선택지는 아니죠. 그러나 진보정당에 대한 지지율이 높으면 야권을 견인하는 데 강력한 힘이 될 수 있습니다. 그런 점에서 진보정당은 지지율을 높이지 못한 책임이 있어요.

여기에 발목을 잡은 게 진보가 평화통일을 앞당기는 세력으로 보이기
보다는, 북한과 뒷거래를 하고 있다는 오해를 불러일으킨 측면이 매우
크다고 봅니다. 통합진보당 해산, NLL 문제가 대표적으로 이념 마케팅에
당한 꼴이잖아요.

▲ 유시민 한귀영 박사님, 여론조사 전문가로서 밭은 좋은데 농사가 이렇게
폐농이 됐다면 어떻게 해야 된다고 보세요?

● 한귀영 폐농이라도 잘 일궈서 농사를 짓는 게 정치의 역할이잖아요? 혁
신을 해야죠. 새정치민주연합만 하더라도 국민들은 기득권 세력이라고
봅니다. 이게 문제죠. 기득권 세력으로 보이지 않아야 선택받습니다. 그
런데 이걸 탈피하려 하지 않으면 어떤 혁신에 대한 말도 공허하게 들릴
수밖에 없다고 봅니다.

▲ 유시민 그럼 기득권도 없는 작은 진보정당들은 어떻게 해야 하나요?

● 한귀영 저는 한국 사회에 정치적 대안으로 진보정당을 지지하는 이들이
언제나 10~15%는 있다고 봅니다. 그만큼 안 나오고 있는 이유를 찾아
야죠. 결코 적은 수가 아니고, 결코 힘이 약한 지지층이 아닙니다.

▲ 유시민 결론적으로 한국 사회에서 가장 필요한 것은 현 야권의 정치 리
더십 혁신이네요.

● 한귀영 그걸 하려면 야권, 진보정당 지지자들 사이에서 정치적인 열정이

넘쳐야 하는데 지금은 너무 가라앉아 있습니다.

▲ 유시민 미래 전망은 어떻게든 밝게 해야죠. 어두우면 안 돼.

● 한귀영 그래도 밭이 좋지 않습니까?

▲ 유시민 농부가 제대로 된 종자를 가져와서 제때 뿌리고, 물을 줘야 하는
데……

■ 노회찬 예, 종자를 개량해야죠. 쭉정이도 뽑아서 버려야죠.

▲ 유시민 이게 고양이 목에 방울 달아주기와 비슷한 것 같아요. 여론조사
결과를 살펴보고, 토론을 해보면 결국 문제는 정치라는 결론이 나오거든
요. 개인의 삶을 고달프게 만들고 미래마저도 어둡게 만드는 그 걸림돌이
정치혁신이라는 데 의견이 모아지고 있고, 해결 방향에 대한 공감대도 넓
어지고 있어요. 하지만 정작 그 구슬은 꿰지 못하고 있는 것 같아요.

● 한귀영 그렇죠. 어느 성공회 신부님이 복지와 평등에 대한 국민적 요구
가 10년 전에 비해 높아진 여론조사 결과를 두고, 어둠이 짙어지니까 빛
이 보이기 시작한다고 하시더라고요. 저는 그 말씀이 굉장히 와 닿았습니
다.

▲ 유시민 그런데 해가 떠올라야 돼. 하하하.

● ^{한귀영} 해는 또다시, 곧 떠오르지 않습니까. 지금은 지리멸렬해 보이고 어느 곳에서도 가능성을 찾기는 쉽지 않습니다. 하지만 변화의 시작은 갑자기 이뤄지거든요. 변화를 준비하는 이들이라면 지금의 균열에서 가능성을 발견하고, 그걸 하나의 열매로 맺을 수 있을 겁니다.

■ ^{노회찬} 국민은 준비됐다. 여기까지는 확인된 거죠.

▲ ^{유시민} 끝으로 우리 모두에게 덕담 한마디 해줍시다.

● ^{한귀영} 2015년이 광복 70주년입니다. 그래서 한국 사회가 새로운 30년을 준비하는 전기가 되지 않을까 생각합니다. 많은 분들이 걱정을 하는 만큼, 우리 사회가 분명 좋아질 거라는 희망을 갖습니다.

▲ ^{유시민} 자, 농사꾼도 희망적인 한 말씀을 하셔야죠.

■ ^{노회찬} 밭은 점점 좋아지고 있고, 국민들은 이미 준비돼 있으니 국민들을 너무 기다리게 하지 맙시다. 분발하겠습니다.

▲ ^{유시민} 마지막으로 저는 이런 이야기를 하고 싶습니다. 저는 변화를 바라는 이들이 덜 똑똑해졌으면 좋겠다는 생각을 합니다. 더 똑똑해져야 하는 거 아니냐고 하실 수도 있습니다. 하지만 우리가 무엇이 맞느냐 틀리느냐, 무엇이 옳냐 그르냐를 어떤 지식과 정보에 의해서 판단하지는 않거든요. 흔히 진보의 정책이 더 우수하니까 진보를 지지하겠지, 보수의 정책이 더 현실성 있으니까 보수를 찍겠지, 이렇게 이야기하죠. 하지

만 그게 아니라는 겁니다. 사람들은 본능적이고 즉각적으로 어느 것이 더 옳은지를 판단하죠. 지금 진보 정치는 시민들에게 이러한 즉각적인 지지를 잃고 있는 거예요. 과거 민주화 시대에 모두 다 세미나를 열심히 하고, 책을 많이 읽어서 민주화를 지지했던 것은 아니잖아요. 그것이 옳다고 느꼈던 거죠.

그런 점에서 어느 순간 진보는 너무 똑똑해서, 너무 가리고 따지는 것에만 힘을 쓰고 있는 듯합니다. 사람들의 마음을 움직일 수 있는 일에는 신경을 안 쓰고, 자신들이 중요하다고 착각하는 일에 몰두하고 있는 거죠. 저는 이제 우리 함께 '덜 똑똑해져서', 그래서 오히려 희망을 만들 수 있기를 바랍니다.

생각해봤어?

초판 1쇄 발행 2015년 3월 25일
초판 14쇄 발행 2019년 7월 15일

지은이 노회찬 유시민 진중권
발행인 이재진 단행본사업본부장 김정현 편집주간 신동해 편집장 김경림
디자인 박대성 마케팅 이현은 이은미 홍보 박현아 최새롬
국제업무 최아림 박나리 제작 정석훈

브랜드 웅진지식하우스 주소 경기도 파주시 회동길 20
주문전화 02-3670-1595
문의전화 031-956-7066(편집) 02-3670-1123(마케팅)
홈페이지 www.wjbooks.co.kr
페이스북 www.facebook.com/wjbook
포스트 post.naver.com/wj_booking

발행처 (주)웅진씽크빅 출판신고 1980년 3월 29일 제406-2007-000046호

ⓒ 노회찬, 유시민, 진중권, 2015
ISBN 978-89-01-20329-4 (03300)

• 도서의 국립중앙도서관 출판예정도서목록(CIP)은 서지정보유통지원시스템 홈페이지(http://seoji.nl.go.kr)와
  국가자료공동목록시스템(http://www.nl.go.kr/kolisnet)에서 이용하실 수 있습니다.(CIP2015007597)
• 책값은 뒤표지에 있습니다.
• 잘못된 책은 구입하신 곳에서 바꾸어 드립니다.